Das Minecraft Insider-Buch

Stephen O'Brien ist ein in Australien geborener Autor und Unternehmer, der nach vielen Jahren im Silicon Valley nun in Sydney lebt und arbeitet. Er hat bislang 27 Bücher in mehreren Auflagen verfasst – darunter mehrere Bestseller – und mit Verlagen wie Prentice-Hall und Que zusammengearbeitet. Er hat darüber hinaus mit Typefi das weltweit führende, automatisierte Publikationssystem begründet, und in seiner Freizeit mit mypressi eine neue Art von Espressomaschine entwickelt. Er spielt Minecraft seit dessen frühesten Tagen und ist immer noch begeistert von der unvergleichlichen Kreativität, die es freisetzt.

Zu diesem Buch – sowie zu vielen weiteren dpunkt.büchern – können Sie auch das entsprechende E-Book im PDF-Format herunterladen. Werden Sie dazu einfach Mitglied bei dpunkt.plus⁺:

www.dpunkt.de/plus

Stephen O'Brien

Das Minecraft Insider-Buch

dpunkt.verlag

Stephen O'Brien

Lektorat: Boris Karnikowski
Übersetzung: Michael Schmithäuser
Copy-Editing: Petra Kienle, Fürstenfeldbruck
Herstellung: Susanne Bröckelmann
Satz: Michael Schmithäuser
Umschlaggestaltung: Helmut Kraus, www.exclam.de
Druck und Bindung: M.P. Media-Print Informationstechnologie GmbH, 33100 Paderborn

Bibliografische Information der Deutschen Nationalbibliothek
Die Deutsche Nationalbibliothek verzeichnet diese Publikation in der Deutschen Nationalbibliografie; detaillierte bibliografische Daten sind im Internet über http://dnb.d-nb.de abrufbar.

ISBN:
Buch: 978-3-86490-254-3
PDF: 978-3-86491-665-6
ePub: 978-3-86491-666-3

1. Auflage 2015
Copyright der deutschen Übersetzung © 2015 dpunkt.verlag GmbH
Wieblinger Weg 17 · 69123 Heidelberg

Copyright der amerikanischen Originalausgabe: © 2015 by Que Publishing
Titel der Originalausgabe: The Advanced Strategy Guide to Minecraft
Published by Que Publishing
ISBN 978-0-7897-5356-4

Minecraft ist eine Marke von Mojang AB.

Die vorliegende Publikation ist urheberrechtlich geschützt. Alle Rechte vorbehalten. Die Verwendung der Texte und Abbildungen, auch auszugsweise, ist ohne die schriftliche Zustimmung des Verlags urheberrechtswidrig und daher strafbar. Dies gilt insbesondere für die Vervielfältigung, Übersetzung oder die Verwendung in elektronischen Systemen.

Es wird darauf hingewiesen, dass die im Buch verwendeten Soft- und Hardware-Bezeichnungen sowie Markennamen und Produktbezeichnungen der jeweiligen Firmen im Allgemeinen warenzeichen-, marken- oder patentrechtlichem Schutz unterliegen.

Alle Angaben und Programme in diesem Buch wurden mit größter Sorgfalt kontrolliert. Weder Autor noch Verlag können jedoch für Schäden haftbar gemacht werden, die in Zusammenhang mit der Verwendung dieses Buches stehen.

5 4 3 2

Inhaltsübersicht

	Einleitung	1
KAPITEL 1	Los geht's!	5
KAPITEL 2	Automatisierte Farmen	23
KAPITEL 3	Bergbau und Erzgeneratoren	53
KAPITEL 4	Mob-Farmen, -Fallen und Verteidigung	67
KAPITEL 5	Bauen für Fortgeschrittene	95
KAPITEL 6	Unter Strom	131
KAPITEL 7	Imperien errichten mit BuildCraft	155
KAPITEL 8	Faszination IndustrialCraft	181
KAPITEL 9	Unter Dampf mit Railcraft	205
KAPITEL 10	Aufnehmen und Teilen	219
KAPITEL 11	Dein eigenes Abenteuer bauen	237
ANHANG	Index	257

Inhaltsverzeichnis

Einleitung 1
Werde zum Minecraft-Experten! 2
Der Inhalt dieses Buchs 2
So verwendest du dieses Buch 3

Kapitel 1 Los geht's! 5
Minecraft organisieren 5
Startkontrolle 6
Mod Management 10
Alternative Launcher 11
  Mods zu MultiMC hinzufügen 15
Modpack Installers 20
Zusammenfassung 22

Kapitel 2 Automatisierte Farmen 23
Der BUD-Schalter 24
Automatische Zuckerrohrernte 27
Automatisch sammeln und transportieren 32
Automatisierte Kürbis- und Melonenfarmen 36
Automatische Getreide-, Kartoffel- und Karottenfarmen 44
Automatisches Sortieren 47
Zusammenfassung 51

Kapitel 3 Bergbau und Erzgeneratoren 53
Bruchstein erzeugen 53
Stein erzeugen 59
Obsidiangenerator 61
Zusammenfassung 65

Kapitel 4 Mob-Farmen, -Fallen und Verteidigung 67
Böse Mob-Farmen 67
  Mob-Spawn-Chaos 68
  Bau einer wasserbasierten Mob-Farm 70
  Mobs töten und Beute einsammeln 73

Heimtückische Mob-Fallen   82

   Hinterhältige Gräben   82

   Killer-Kaktus   84

   Wertvolle Werfer   87

   Pulverisierende Kolben   91

Zusammenfassung   93

Kapitel 5 **Bauen für Fortgeschrittene   95**

Den richtigen Baustil wählen   96

   Mittelalterlicher Stil   96

   Viktorianischer Stil   101

   Japanischer Baustil   106

   Zeitgenössischer Stil und Vorstadtidylle   108

   Wikingerstil   111

   Ägyptischer Stil/Wüstenstil   113

   Steampunk-Stil   114

   Elfischer/märchenhafter Stil   115

   Ein Iglu bauen   116

Dekorationstechniken für Profiarchitekten   118

Natürliche Landschaften und Bäume   122

2D-Pixelbilder malen   123

Eine 3D-Statue gestalten   124

   Kugeln, Kreise und Bögen bauen   127

Bauen im Nether und im Ende   129

Zusammenfassung   130

Kapitel 6 **Unter Strom   131**

Kombinationsschloss   131

Intelligentes Verteilersystem   140

Project:Red   142

   Eine Kürbisfarm automatisieren   144

   Was kann man noch alles mit Project:Red anstellen?   148

Zusammenfassung   152

Kapitel 7	**Imperien errichten mit BuildCraft**	**155**

Grundkonzepte von BuildCraft   155

Traumhafte Rohre   157

Motoren   162

   Ein Kraftwerk bauen   163

Minenbohrer   165

Verbrennungsmotoren   167

Öl raffinieren   171

Automatisierte Steinbrüche   172

Blaupausen und Schablonen für Gebäude   175

BuildCraft kann noch mehr   178

Zusammenfassung   179

Kapitel 8	**Faszination IndustrialCraft**	**181**

Grundkonzepte von IC2E   181

Landwirtschaft deluxe   183

   Guide: Pflanzen kreuzen   185

   Streifenfarmen für Profit   186

   Quadratisch, praktisch, gut!   189

   Verwendung des Samenanalysierers   190

   Wachstum durch Dünger   193

IC2E: Rüstungen, Waffen und Werkzeuge   194

Energie (EU) erzeugen   196

Bergbau, Zerkleinern und mehr   198

   Automatisierter Bergbau   198

   Zerkleinerer und mehr   199

Aufbruch ins Atomzeitalter   200

Zusammenfassung   203

Kapitel 9	**Unter Dampf mit Railcraft**	**205**

Erste Schritte in Railcraft   206

Normale Schienen herstellen   208

Verstärkte Schienen   212

Tunnelbohrer   213

Ein Gleisbett wie in der realen Welt   216

Mehr Mods   216

Galacticraft 216

Forestry 217

ComputerCraft 217

Zusammenfassung 217

Kapitel 10 Aufnehmen und Teilen 219

Die richtige Software auswählen 220

FRAPS for Windows 221

Bandicam for Windows 222

QuickTime Player for Mac 222

Hardware-Aufnahmegeräte 224

AVerMedias Live Gamer Portable 224

Elgato Game Capture HD Recorder 224

Kamerafahrten und Animationen 224

Audio und Titel hinzufügen 227

Videobearbeitung mit iMovie – OS X 227

Videobearbeitung mit Movie Maker – Windows 230

Auf YouTube und Vimeo publizieren 231

Zusammenfassung 235

Kapitel 11 Dein eigenes Abenteuer bauen 237

Abenteuermodus 238

Planung und Umsetzung 239

Was ist deine Geschichte? 239

Befehlsblöcke meistern 240

So setzt sich die Befehlszeile zusammen 241

Selektoren 242

Befehle 242

Spezifikation 245

Der Komparator 248

Der Befehl tellraw 249

Werkzeuge und Hilfsmittel zur Weltgestaltung 253

Dein eigenes Abenteuer publizieren 254

Zusammenfassung 255

Anhang Index 257

Widmung

Für Mika, der stets geduldig war, wenn ich endlose Wochenenden durchgearbeitet habe. Vielen Dank, geliebter Sohn. Dein Dad könnte dich nicht mehr lieben.

Danksagung

Das war ein interessantes Projekt. Nach einer überaus wechselhaften Karriere, die auch rund 30 Bücher beinhaltet, kann ich mich an kein Projekt erinnern, das herausfordernder gewesen wäre. Der Markt für Minecraft-Mods explodiert förmlich mit einer wahren Flut an kreativen Werken, was fast schon an die Pionierzeit des Wilden Westens erinnert. Westen ist irgendwo am anderen Ende des Pazifik in irgendeiner Himmelsrichtung.

Es war eine gewisse Herausforderung, Ordnung in dieses Chaos zu bringen.

Auch für meinen stets so geduldigen Verleger war dieses Projekt eine große Herausforderung. Rock Kughen, danke für deine endlose Geduld. Du kannst das Beste aus jedem herausholen. Mein Dank gebührt auch Tim Warner, der zu meinem Komplizen wurde. Seth Kerney, du bist stets ruhig geblieben – auch dann, wenn alles den Bach runterzugehen drohte. Ich denke nicht, dass ich selbst solch ein Organisationstalent an den Tag legen könnte.

Des Weiteren möchte ich einem Team danken, das ich seit vielen Jahren kenne und schätze: Alex und Hayley Smith. Sie haben viele Kapitel durchgesehen, zahllose Beiträge geleistet und sind in jeder Hinsicht wunderbar. Vielen Dank ihr beiden – ohne euch würde dieses Buch nicht existieren.

Last but not least ein Dank an Preeti Davidson. Du hast mir alles gegeben, was man sich vorstellen kann. Du bist ein Geschenk Gottes (das war für deine Mutter).

Dankeschön an alle. Lieber Leser, ich hoffe, du genießt die Lektüre und hast große Freude daran.

Einleitung

In den vergangenen Jahren avancierte Minecraft zu einem der meistbeachteten Spiele, das bemerkenswerterweise alle Gesellschaftsschichten durchdringen konnte. In überraschend kurzer Zeit hat es in Bildungseinrichtungen (K-12 und höher) Fuß gefasst, in Rehabilitationszentren und anderen Märkten, in die sich traditionelle Spiele niemals vorgewagt hätten.

Doch was machst du selbst, wenn du dich in der Welt von Minecraft etabliert hast? Du hast überlebt, geplündert und dir deinen Weg durch Hügel, Verliese und Tempel gebahnt. Du hast den Enderdrachen bezwungen und das Drachenei als Hauptgewinn mit nach Hause genommen. Was folgt als Nächstes?

Ganz einfach: Der Spaß geht jetzt erst so richtig los – das ist eine der Quellen des enorm hohen Wiederspielwerts von Minecraft.

Viele Features der Standardinstallation von Minecraft – Redstone-Verkabelungen, komplexe automatisierte Farmen und die Möglichkeit, Standardfunktionen auf unerwartete, kreative Weise zu nutzen – machen Minecraft zum ultimativen Sandbox-Spiel. Hinzu kommen handgemachte Abenteuerkarten zum Herunterladen, riesige Mehrspieler-Server mit angepassten Handelssystemen, Mini-Games und riesige Communities, die das Spiel zu einer wahrhaften Parallelwelt machen.

Doch damit nicht genug: Fantastische Add-ons erweitern das Standardrepertoire von Minecraft um jede Menge neue Ziele und kreative Fertigkeiten. Damit wird Minecraft in das industrielle Zeitalter katapultiert – inklusive Atomkraft, Hochgeschwindigkeitszüge, automatisierte Herstellung mit Röhrensystemen und vielem mehr. Allein diese kostenlosen Add-ons verleihen Minecraft einen Wiederspielwert, der weit über das Original hinausgeht.

Doch wie alles in Minecraft lassen sich all diese Dinge nur sehr schwer entdecken. Die entsprechenden Infos sind als Mischmasch von YouTube-Videos und Wikis von Enthusiasten über das Internet verteilt und damit alles andere als konsistent. Obwohl das natürlich keinesfalls die Schuld der entsprechenden Sites ist, findet sich im ganzen Netz kein einziger Guide, der den Spieler schnell, sicher und vor allen Dingen komplett durch all die Features führt, die über die Grundlagen von Minecraft hinausgehen und dieses Spiel so wundervoll gestalten.

Aus diesem Grund soll dir dieses Buch beim Entdecken all der Features helfen, dich auf den richtigen Weg bringen, und dir zeigen, wie weit du noch gehen kannst in einem Spiel, von dem du dachtest, dass du es eigentlich schon durchgespielt hast.

Werde zum Minecraft-Experten!

Gehe mit diesem Guide weit hinaus über das grundlegende Minecraft-Spiel. Du wirst lernen, die Standard-Features auf überraschend neue Art und Weise zu nutzen, und vieles mehr:

- Installiere Mods und verwalte Versionen, Spiele und Profile von Minecraft.
- Automatisiere Bergbau, Landwirtschaft und Bauprojekte in jeder Hinsicht.
- Erzeuge bei Bedarf unendliche Mengen von Erzen.
- Baue Mob-Spawner und -Fallen für schnelle Erfahrungspunkte und Beute.
- Zeichne faszinierende 2D- und 3D-Grafiken.
- Gestalte Bauwerke noch ästhetischer.
- Baue spannende Redstone-Schaltkreise – zeitgesteuerte Maschinen, Kombinationsschlösser und andere interessante Gerätschaften.
- Führe Minecraft ins industrielle und atomare Zeitalter und erreiche damit neue Ziele, Werkzeuge und Fähigkeiten.
- Errichte ein Schienennetz mit Tunneln.
- Präsentiere deine Kreationen der Welt und lerne, wie du professionelle YouTube-Videos mit gesprochenen Kommentaren anfertigst.

Der Inhalt dieses Buchs

Eine Vielzahl neuer Tipps, Tricks und Strategien führen dich weit über die Grundlagen von Minecraft hinaus. Jedes Kapitel in diesem Buch beschäftigt sich mit einem wichtigen Aspekt des Spiels – vom Überleben am Anfang bis hin zum Bau eines Imperiums. Hole noch heute das meiste aus deiner Minecraft-Welt heraus:

- Kapitel 1, „Los geht's", blickt hinter die Kulissen des Minecraft-Launchers, um dir beim Installieren von Mods für erweiterte Funktionalität zu helfen.
- Kapitel 2, „Automatisierte Farmen", beinhaltet die besten Techniken für selbst laufende Systeme zur Produktionen von Gütern, die ich in vielen Gameplay-Stunden perfektioniert habe. Mit Loren, Schienen und ein paar pfiffigen Tricks kannst du Kisten sortieren und einlagern lassen.
- Kapitel 3, „Bergbau und Erzgeneratoren", macht manuellen Bergbau obsolet. Endloser Nachschub an Bruchsteinen ist ebenso möglich wie kontinuierlicher Nachschub an Diamanten zum Errichten von Netherportalen.

- Kapitel 4, „Mob-Farmen, -Fallen und Verteidigung", beschreibt, wie Mob-Grinder für endlosen Nachschub an Gegenständen und Erfahrungspunkten sorgen.
- Kapitel 5, „Bauen für Fortgeschrittene", versorgt dich mit faszinierenden Tipps für ästhetischere Gebäude. Erschaffe 2D- und 3D-Kunstwerke, stilvolle Dekorationen und lebensechte Gärten. Verändere die Spielwelt von Grund auf mit Terraforming-Werkzeugen.
- Kapitel 6, „Unter Strom", fördert die Kreativität im Umgang mit Redstone – baue ein Kombinationsschloss für deine Festung, statte deine Schienenwege mit Weichen aus und bringe die Energie auf das nächste Level.
- Kapitel 7, „Imperien errichten mit BuildCraft", beleuchtet einen der komplexesten Mods. Lerne, wie man Dinge sortiert, riesige Steinbrüche ausbeutet, Ölpumpen errichtet, Treibstoff destilliert und kraftvolle Motoren baut.
- Kapitel 8, „Faszination IndustrialCraft", zeigt dir, wie du neue Pflanzenarten kreierst, mächtige Waffen und Werkzeuge und sogar ein Atomkraftwerk baust.
- Kapitel 9, „Unter Dampf mit Railcraft", verbessert das Minenlorensystem in vielen Belangen – damit du immer schön in der Spur bleibst.
- Kapitel 10, „Aufnehmen und Teilen", hilft dir dabei, deine Inhalte der ganzen Welt mitzuteilen. Drei der besten zehn YouTube-Channels werden von Minecraftern betrieben. Du erfährst Wissenswertes über die richtige Hard- und Software, wie man Kamerafahrten unternimmt, Audiokommentare einfügt und das Ergebnis wie ein Profi publiziert.
- Kapitel 11, „Dein eigenes Abenteuer bauen", ist dein eigenes Spiel im Spiel. Lerne, wie du Karten selbst erstellst, diese mit jeder Menge versteckter Extras füllst (inklusive Teleportation) und das Ergebnis an andere übermittelst. Das ist der perfekte Weg, Neulinge zu verschrecken.

Wie du siehst, erwarten dich jede Menge interessante Informationen, Tipps, Tricks und coole Add-ons, die Minecraft auf überraschende Art und Weise erweitern.

So verwendest du dieses Buch

Auf den folgenden Seiten wirst du immer wieder auf folgende drei Elemente stoßen: „Info", „Tipp" und „Achtung!":

INFO

Infokästen versorgen dich mit interessanten Zusatzinformationen, die jedoch nicht entscheidend für das Spiel selbst sind.

TIPP

Tipps sind wertvolle Informationshappen, die dir beim Lösen diverser Problemstellungen helfen können. Ideal, wenn du im Spiel nicht mehr weiterkommst.

ACHTUNG!

Diese Meldungen warnen dich vor typischen Fallen und Problemstellen. Nicht ignorieren!

Los geht's!

In diesem Kapitel

- richtest du angepasste Profile ein,
- startest du frühere Versionen für Abwärtskompatibilität,
- separierst du Minecraft-Installationen, um Spielwelten zu schützen,
- startest du mit einem kompletten Set von zusammengefassten Mods,
- legst du Sicherheitskopien von gespeicherten Welten an.

Minecraft ist weniger ein Spiel als ein System mit zahllosen beweglichen Teilen, die eng zusammenspielen. Wenn du lediglich das Standardspiel spielst, wird dich das nicht weiter tangieren. Doch wenn du damit beginnst, Minecraft auf, sagen wir, interessantere Art und Weise zu nutzen, benötigst du Zugriff auf verschiedene Versionen des Spiels, auf Sicherheitskopien deiner Welten und vielleicht auch einen komplett neuen Launcher für den Spielstart.

Die Lektüre dieses Kapitels ist nicht zwingend, doch du findest hier einige wertvolle Tipps für die Installation und den problemlosen Betrieb von Minecraft mit all den Mods, die ich weiter hinten im Buch vorstelle.

Ich setze in diesem Kapitel voraus, dass du Minecraft erworben und installiert sowie deine Login-Daten eingegeben hast, um gleich loslegen zu können.

Minecraft organisieren

Anders als viele andere Spiele, die (abgesehen von gelegentlichen Patches) als fertige Produkte auf den Markt kommen, handelt es sich bei Minecraft um „Work in Progress": Es verändert sich andauernd. Das schwedische Entwicklerstudio Mojang hat nie aufgehört, die Funktionen und die Architektur der Software zu erweitern. Zugleich entwickelten die Fans des Produkts Tausende von Mods (Abkürzung für „Modifikationen" – Zusatzcode, der Minecraft so erweitert, wie es von Mojang nie vorgesehen war) sowie komplexe Mehrspielerserver und Abenteuerkarten, für deren Nutzung auf der Clientseite ganz eigene Anforderungen erfüllt sein müssen.

> **INFO**
>
> **Was muss ein Mod können?**
>
> Ganz einfach gesagt (wirklich stark vereinfacht, denn Mods sind alles andere als einfach): Ein Mod kann dem Spiel eine riesige Bandbreite an Features, Funktionalität und Gameplay-Elementen hinzufügen. Einige Mods verändern die Landschaft, während andere neue Tiere oder Charakteranimationen hinzufügen. Einige bringen eine Kartenfunktion mit, verändern die Funktionsweise des Inventars oder integrieren neue Gebäude und Ruinen ins Spiel. Die komplexesten Mods fügen komplett neue Gegenstände, Systeme und Interaktionen hinzu – vom mächtigen Redstone-Ersatz bis hin zur Implementierung des Industrie- und Atomzeitalters. Mehr dazu in der zweiten Hälfte dieses Buchs.

Das Zusammenspiel der verschiedenen Bestandteile von Minecraft ist also sehr komplex. Da das Spiel regelmäßige Updates erfährt, hinken die Mods in Sachen Aktualität stets hinterher, was über die Jahre hinweg zu Inkompatibilitäten führen kann. Auch Abenteuerkarten sind nur zu bestimmten Versionen von Minecraft kompatibel. All diese Mods mit unterschiedlichen Spielversionen zusammenarbeiten zu lassen, ist wahrlich kein leichtes Unterfangen. Außerdem kann die Verwendung bestimmter Mods (z.B. solchen, die helfen sollen, Schummeleien zu verhindern) bei unbedarften Spielern ganz schnell zu einem Bann führen. Oftmals kommen sich verschiedene Mods auch ins Gehege, beschädigen gespeicherte Spiele oder verhindern gar den Start von Minecraft.

Doch nicht jeder nutzt mehrere Mods – bevor ich ins Detail gehe, möchte ich dir noch ein paar nette Tricks mit dem Standard-Minecraft-Launcher präsentieren, damit du zumindest die richtige Version für das Spielen auf einem Mehrspielerserver oder mit bestimmten Mods einstellen kannst.

Startkontrolle

Der Launcher von Minecraft bietet viele Funktionen und einige von ihnen sind überaus wichtig. Seine wichtigste Aufgabe umfasst die Speicherung der Login-Informationen für dein Minecraft-Konto sowie die Aktualisierung der Spielinhalte und den Start des Spiels. Darüber hinaus erlaubt der Launcher die Erstellung individueller Profile mit einigen angepassten Parametern, um unterschiedliche Versionen des Spiels zu starten. Des Weiteren kannst du damit auf die sogenannten *Snapshots* zugreifen – Vorabversionen zukünftiger Updates, die wöchentlich von den Entwicklern bei Mojang eingespielt werden.

Wenn du den Launcher startest, siehst du einen ähnlichen Screen wie in Bild 1.1, natürlich mit deinem persönlichen Login-Namen. Sicherlich bist du bereits mit diesem Prozess vertraut. Nun nehmen wir dein aktuelles Profil und stellen einige interessante Dinge damit an.

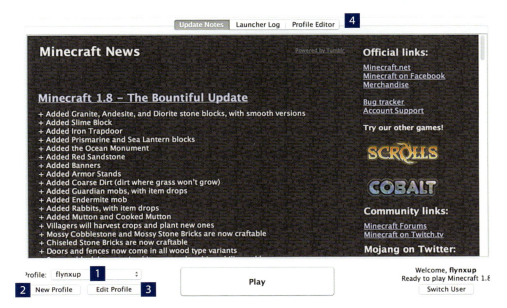

BILD 1.1 Der Standard-Minecraft-Launcher ermöglicht mehrere Profile für unterschiedliche Spielinstanzen.

1. Wähle ein vordefiniertes Profil aus.
2. Erstelle ein neues Profil (basierend auf den Parametern des aktuell ausgewählten Profils).
3. Bearbeite das ausgewählte Profil.
4. Betrachte, bearbeite und lösche alle Profile.

Zum Aufwärmen erstellen wir ein Profil, das stets die neuesten experimentellen Versionen herunterlädt. Dabei handelt es sich um die Snapshots, die beinahe wöchentlich von Mojang veröffentlicht werden. Da sie immer Bugs enthalten und gespeicherte Spiele beschädigen können, solltest du deine Welten sichern. Die folgenden Schritte sowie Bild 1.2 zeigen, wie es geht:

1. Klicke auf **New Profile**. Es erscheint der Dialog aus Bild 1.2, wobei als „Copy of …" dein Login-Name zu sehen ist.
2. Ändere den **Profile Name** zu **Snapshots**.
3. Wähle **Game Directory** und füge, falls du OS X verwendest, **„/saves/snapshots"** am Ende des dargestellten Dateipfads hinzu. Unter Windows fügst du „\saves\snapshots" hinzu. Ändere keinesfalls den kompletten Pfad zum im Screenshot 1.2 dargestellten Pfad. Der Anhang erzeugt ein Verzeichnis namens „snapshots" im Unterverzeichnis von Minecraft, in dem auch gespeicherte Welten und Ressourcenpakete abgelegt werden. Würdest du lediglich „/snapshots" als Verzeichnis angeben, würde dieses im Hauptverzeichnis von Minecraft landen und eventuell zu Problemen führen. Vergiss nicht, beim

Anlegen eines neuen Verzeichnisses stets „/saves/" hinzuzufügen (oder „\saves\" unter Windows).

4. Aktiviere **Enable experimental development versions („snapshots")** und bestätige die nun erscheinende Warnung mit **Yes**.

5. Stelle sicher, dass das Dropdown-Menü für **Use version** auf **Use Latest Version** steht. Beim Anklicken werden dir die neuesten Snapshots angezeigt. Diese sind nach Jahr und Woche des Jahres benannt und alphabetisch sortiert. Ein Beispiel: 14w25b bedeutet 2014 und Woche 25, wobei das *b* für den zweiten Release in dieser Woche steht. Ist **Enable experimental** deaktiviert, erscheinen in diesem Feld die Versionsnummern des jeweiligen finalen Release.

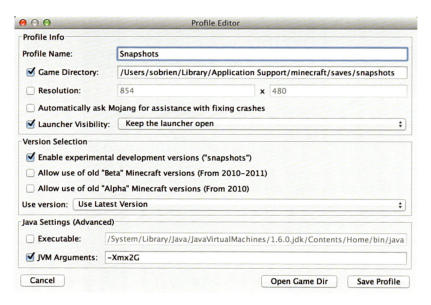

BILD 1.2   Ein angepasstes Profil

Des Weiteren gibt es noch einige optionale Einstellungen:

- **Resolution** – setzt die Breite und Höhe des Spielfensters. Im Spiel kannst du das auch mit den Standardfensterkontrollen erledigen. Diese Einstellung wirkt sich nicht auf den Vollbildmodus aus, den du in den **Optionen** unter **Videoeinstellungen** aktivierst (ich bevorzuge diesen Modus, da er mich mehr in die Spielwelt hineinzieht).

- **Automatically ask Mojang for assistance with fixing crashes** – diese Option schickt Bugmeldungen an Mojang, allerdings ohne dass man dort antwortet, geschweige denn Hilfestellungen anbietet. Immerhin hilfst du so den Entwicklern, künftige Versionen des Spiels stabiler zu machen.

- **Launcher Visibility** – hier wähle ich stets **Keep the launcher open**, damit ich ein Spiel schneller verlassen und mit einem anderen Profil neu starten kann. Auch beim Spielen auf einem Laptop ist diese Option sinnvoll – Minecraft saugt den Akku regelrecht leer, sodass schnelles Beenden und Neustarten des Spiels der Batterielebensdauer zugute kommt.

- **Allow use of old "Beta" and "Alpha" versions** – du kannst Minecraft in allen früheren Versionen bis hin zur allerersten Ausgabe spielen. Diese Option eignet sich allerdings höchstens für Nachforschungen oder einen nostalgischen Touch, sodass sie deaktiviert bleiben sollte.

- **Java Settings (Advanced)** – du kannst Minecraft unter einer anderen Java Virtual Machine laufen lassen, doch davon rate ich ab. Dennoch kann der Einsatz von JVM Arguments Sinn machen, da sich damit die Speicherzuweisung für das Spiel verändern lässt. Die Grundeinstellung **-Xmx1G** reserviert 1 GB RAM für das Spiel (siehe das „1G" am Ende). Wenn du mit Mods oder hochauflösenden Ressourcenpaketen spielst, möchtest du diesen Wert vielleicht erhöhen, wobei du allerdings nie mehr als die Hälfte des Gesamtspeichers reservieren solltest. Bei 8 GB Speicher sollte deshalb maximal **-Xmx4G** für 4 GB reservierten Speicher eingegeben werden, wobei 2 GB durch **-Xmx2G** in den meisten Fällen ausreichend sind.

Wenn du alle Einstellungen vorgenommen hast, klicke auf **Save Profile**, um zum Hauptfenster des Launcher zurückzukehren. Nachdem du das Snapshots-Profil im Pulldown-Menü ausgewählt hast, klicke auf **Play**. Wenn du diesen Snapshot noch nie gespielt hast, wird der Launcher alle nötigen Dateien herunterladen, bevor das Spiel gestartet wird. Erstelle eine beliebige neue Welt mit einem einprägsamen Namen (z.B. „Neuester Snapshot") und verlasse das Spiel nach dem Laden. Die gespeicherte Welt findest du unter **Edit Profile** und **Open Game Dir**. Im ausgewählten Snapshot-Verzeichnis siehst du die Dateien deiner neuen Welt.

INFO

Ressourcen horten

Ressourcenpakete werden im selben Verzeichnis abgelegt wie gespeicherte Spiele. Um Pakete für ein Profil verfügbar zu machen, musst du entweder ein bestehendes Verzeichnis in dieses Verzeichnis kopieren oder ein neues, leeres Verzeichnis erstellen. In jedem Fall sollte der Verzeichnisname „resourcepacks" lauten, sodass sie vom Button im Spiel korrekt geöffnet werden. Kopiere die entsprechenden Dateien einfach in diesen Ordner.

Dieses Weltverzeichnis kannst du an beliebiger Stelle sichern, um später wieder Zugriff auf die ursprünglichen Daten zu erhalten. Auch das Kopieren auf einen anderen PC ist damit möglich. Du kannst das Verzeichnis ebenso auf einen Mehrspielerserver kopieren und es durch Umbenennen auf „world" für alle Spieler zugänglich machen, die sich auf dem Server einloggen.

Der Launcher enthält noch zwei weitere Sektionen. Die **Development Console** ganz oben versorgt dich mit einem Log der Nachrichten von Server und Client. Der Minecraft-Client – also der Teil, den du benutzt – läuft über einem darunterliegenden Server, selbst wenn du nicht mit einem anderen Server verbunden bist. Da die Konsole nicht interaktiv ist, eignet sie sich nur als Debugging-Werkzeug für Mod-Entwickler.

Hinter dem Reiter **Profile Editor** verbirgt sich eine Liste mit allen vorhandenen Profilen. Per Doppelklick auf ein Profil öffnet sich der Profil-Editor, den du auf den vorangegangenen Seiten kennengelernt hast. Per Rechtsklick erscheint ein Schnellzugriffsmenü zum flinken Hinzufügen, Bearbeiten und Löschen von Profilen.

Mod Management

Wie du gesehen hast, kannst du schon mit dem Standard-Launcher angepasste Konfigurationen anlegen, jede mit ihrem eigenen Set an gespeicherten Welten und Ressourcenpaketen. Doch das löst längst nicht alle Probleme beim Mod Management, da jedes Profil (auch mit eigenem Verzeichnis) dieselbe Instanz von Minecraft startet (du könntest genauso versuchen, einen Sack Flöhe zu hüten). Dies lässt sich manuell verhindern. Detaillierte Anweisungen findest du unter http://minecraft.gamepedia.com/Mods/Installing_mods. Doch das ist jede Menge Arbeit – deshalb hat die Community zwei alternative Lösungswege ersonnen:

- **Alternative Launcher** – spezielle Minecraft-Launcher erleichtern den Umgang mit mehreren Installationen (als *Instanzen* bezeichnet) der Software inklusive Ressourcenpaketen und Mods. Damit kannst du unter spezifischen Mods wählen, die du in verschiedenen Instanzen verwenden möchtest. Du erstellst sozusagen deine eigene angepasste Version des Spiels, ohne Konflikte mit der Standardversion (Fachjargon: „Vanilla") befürchten zu müssen.

> **INFO**
>
> **Einfaches Vanille oder doch etwas Ausgefallenes?**
>
> Der Begriff „Vanilla" meint in der IT eine Software, die in keiner Weise modifiziert wurde. In anderen Worten: Sie läuft so, wie es von den Entwicklern gedacht war. Mods und Ressourcenpakete verändern Minecraft und können das Gameplay komplett verändern. Dann spricht man nicht mehr von „Plain Vanilla", sondern von einer ganz speziellen Sorte ...

- **Modpack Installers** – Modpacks enthalten sorgfältig aufeinander abgestimmte Komponenten inklusive der richtigen Minecraft-Version, um die Kompatibilität sicherzustellen. Das führt zu Spielversionen, die für ein bestimmtes Gameplay maßgeschneidert sind. Ein Modpack kann beispielsweise für das Spiel auf einem bestimmten Server optimiert sein, während ein anderes perfekt mit einer Abenteuerkarte zusammenarbeitet. Andere Mods können das Handwerk verändern, auf bestimmte technische oder magische Elemente abzielen oder verschiedene Überlebensspielstile unterstützen.

Lass' uns einen Blick auf beide Varianten werfen.

Alternative Launcher

Alternative Launcher helfen beim Umgang mit Mods in bestimmten Instanzen von Minecraft. Gründe für mehrere Instanzen gibt es viele:

- **Sandboxing** – jede Minecraft-Instanz verfügt über ihre eigenen Ressourcenpakete und Mods, um versionsübergreifende Probleme zu verhindern.
- **Komfort** – Mods mit einem Klick laden sowie ein- und ausschalten
- **Flexibilität** – auch dieselbe Version von Minecraft kann mehrere Instanzen vorweisen. Eine konzentriert sich z.B. auf einen bestimmten Spielstil wie technisches Bauwesen, während eine andere auf Überlebenstraining mit neuen Gegnern und NPCs setzt.

Es gibt zahllose alternative Launcher. Einige davon, wie beispielsweise Magic Launcher, sind überaus beliebt und bilden den Standard-Launcher mit zusätzlichen Optionen nach. Andere verfolgen einen ganz anderen Ansatz, wie beispielsweise MultiMC, den ich wärmstens empfehlen kann. (Die nachfolgend aufgeführten Launcher erlauben ebenfalls die Anlage einer einzelnen Vanilla-Minecraft-Instanz, doch ihre Interfaces sind bei weitem nicht so ausgefeilt wie das von MultiMC.)

Wie in Bild 1.3 zu sehen ist, lassen sich Instanzen mit MultiMC auf elegante und einfache Art und Weise erzeugen. Die überaus intuitive Software funktioniert unter Windows, OS X und Linux.

Du kannst MultiMC unter http://multimc.org herunterladen. Nach der Installation siehst du ein leeres Fenster, das auf neue Instanzen wartet. (Unter OS X kann es sein, dass du zum Öffnen während des Klickens die **crtl**-Taste gedrückt halten und **Öffnen** wählen musst. Siehst du ein Fenster mit einer Liste von virtuellen Java-Maschinen, ignoriere diese ganz einfach und klicke erneut auf **Öffnen**.)

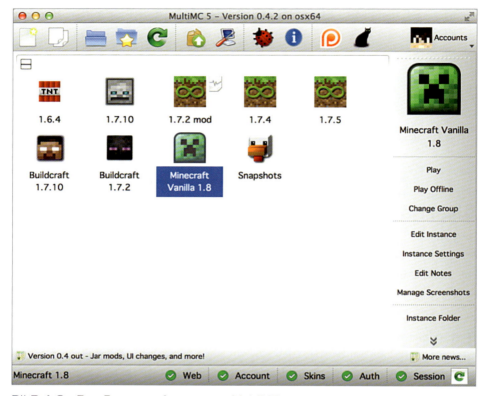

BILD 1.3 Das Programmfenster von MultiMC

Zunächst solltest du dein Mojang- oder Minecraft-Konto hinzufügen:

1. Öffne das Menü **Accounts** in der oberen rechten Ecke des Fensters und wähle **Manage Accounts**, um den Dialog aus Bild 1.4 zu erhalten.
2. Klicke auf **Add**, gib deine Kontodetails ein und bestätige mit **OK**. MultiMC versucht nun, auf dein Konto zuzugreifen, und fügt es bei Erfolg zur Liste hinzu. Mit **Close** gelangst du zurück zum Hauptbildschirm.
3. In der oberen linken Ecke der Werkzeugleiste klickst du nun auf **Add a new instance**.
4. Im nächsten Dialog gibst du einen Namen für die Instanz ein und wählst die gewünschte Version aus dem Popup-Menü. Die Liste enthält sowohl normale Release-Versionen als auch Snapshots. **Refresh** aktualisiert die Liste mit den neuesten Snapshots.
5. Nach einem Klick auf **OK** lädt MultiMC die benötigten Dateien vom Mojang-Server herunter.

Das war's dann auch schon!

BILD 1.4 Das Kontenfenster von MultiMC

Die wichtigsten Funktionen befinden sich im rechten Abschnitt des Hauptfensters. Wenn du nicht alle Einträge sehen kannst, klicke auf den Doppelpfeil am unteren Ende des Bereichs:

- **Play** – spiele die Instanz im Standard-Online-Modus mit Zugriff auf Mehrspieler-Server.
- **Play Offline** – starte Minecraft im Offline-Modus. Du kannst dabei immer noch Spiele über das LAN oder dein lokales Wi-Fi-Netzwerk starten. Der Offline-Modus funktioniert nur, wenn Minecraft mindestens einmal im Online-Modus gestartet wurde.
- **Edit Notes** – füge zur späteren Referenz Notizen zur Instanz hinzu.
- **Change Group** – definiere einen neuen Gruppennamen für diese Instanz oder weise sie einer anderen Gruppe zu. Mit dieser Funktion kannst du Vanilla-Versionen von Minecraft von Versionen mit Mods getrennt halten.

- **Manage Screenshots** – mit der Taste **F2** (oder **fn**+**F2** unter OS X) kannst du in Minecraft Bildschirmschnappschüsse anfertigen. Diese werden im Ordner Screenshots gespeichert, den du im Instanzordner findest (siehe weiter unten). MultiMC ermöglicht den bequemen Upload von Screenshots auf Imgur.com (siehe Bild 1.5), was die Weitergabe über soziale Netzwerke oder die Integration in Blogs deutlich erleichtert.

BILD 1.5   MultiMC kann Screenshots auf Imgur hochladen.

- **Edit Instance** – öffnet das Fenster zum Bearbeiten der Instanzen. Von hier aus kannst du eine Instanz auf eine neue Version von Minecraft umschalten, was bei der Verwendung von Snapshots häufig vorkommt. Vergiss nicht, die Liste mit **Refresh** zu erneuern, denn MultiMC sucht nicht selbsttätig nach Updates. Du kannst auch Forge, LiteLoader oder jeden anderen Typ von Mod laden. Mehr dazu im Abschnitt „Mods zu MultiMC hinzufügen". Alle Einstellungen hier sind auch über das Hauptfenster oder das Bearbeitungsfenster erreichbar.

- **Instance Settings** – hier nimmst du Feineinstellungen wie Bildschirmgröße, Speicherreservierung und mehr vor. Bereits bei der ersten Definition der Instanz hast du diese Werte gesehen, doch wenn du das Hinzufügen großer Mods planst und/oder Minecraft nicht flüssig läuft, solltest du hier reinschauen.

- **Edit Notes** – hier kannst du als Gedächtnisstütze Notizen zur jeweiligen Instanz hinzufügen.

- **Manage Screenshots** – Screenshots betrachten und auf Imgur hochladen

- **Instance Folder** – damit öffnest du den Hauptordner der Instanz und hast Zugriff auf die Unterverzeichnisse mit Screenshots, gespeicherten Spielen, Ressourcenpaket und Mods.
- **Config Folder** – hier finden sich die Konfigurationsdateien eines Mods, üblicherweise Textdateien mit der Endung .cfg. Du kannst die Dateien mit einem Texteditor bearbeiten und damit das Verhalten des Mods beeinflussen. Bild 1.6 zeigt ein Beispiel anhand der Konfigurationsdatei des Railcraft-Mods. Das Erforschen dieser Dateien lohnt sich, da sie weitreichende Möglichkeiten zur Anpassung bieten. Wenn du noch keinen Mod installiert hast, ist dieses Verzeichnis leer.
- **Delete** – entfernt die Instanz inklusive aller Downloads, gespeicherten Welten, Mods und Screenshots. Aus diesem Grund ist diese Option mit größter Vorsicht zu genießen, da die Dateien permanent verloren gehen.

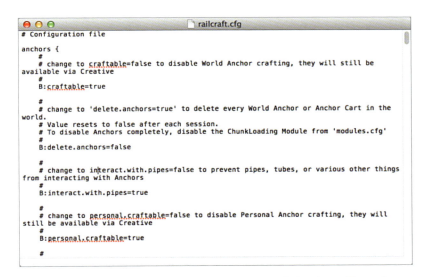

BILD 1.6   Die Konfigurationsdatei von Railcraft in einem Texteditor

Damit haben wir alle Grundfunktionen von MultiMCs abgehandelt – bis auf die wichtigste von allen: Mods hinzufügen.

Mods zu MultiMC hinzufügen

Zwar bietet die Version 1.8 von Minecraft ein API für die Kompatibilität mit allen Mods, doch die Chancen stehen hoch, dass du noch die alten Mods verwenden willst oder musst, bis diese auf die neue Version angepasst wurden. Bei komplexen Mods kann diese Arbeit Jahre in Anspruch nehmen, da die Software von Grund auf neu geschrieben werden muss. In der Zwischenzeit bietet Forge ein API-System, das hervorragend funktioniert (siehe Kasten „Kompatibilität dank Forge"). Da die meisten Mods mit v1.8 geändert werden, liste ich Links für die Version 1.7 auf. Erzeuge eine Instanz für v1.7.2. Die Mods können auch mit höheren Versionen zusammenarbeiten.

Öffne das Fenster **Edit Instance** und klicke auf **Install Forge**. Aus der dann erscheinenden Liste wählst du die neueste Version von Forge, die mit deiner Instanz kompatibel ist. Sollte keine passende angezeigt werden, versuche es mit einem Klick auf **Refresh**. Mit **OK** startest du den Download-Prozess.

Du wirst auch noch ein weiteres API-System namens LiteLoader kennenlernen. Dieses wird für Mods benutzt, die das Gameplay nicht ändern, aber den Minecraft-Client mit neuen Funktionen versorgen, wie etwa einer Landkarte im Spiel. Es arbeitet perfekt mit Forge zusammen und kann daher bedenkenlos installiert werden, doch ohne entsprechende Mods ist es sinnlos. So verwenden z.B. viele Mods aus dem VoxelModPack den LiteLoader. Überprüfe einfach die Abhängigkeiten der Mods beim Download und installiere LiteLoader bei Bedarf. Das VoxelModPack im Technic Launcher, das ich im nächsten Kapitel vorstelle, installiert seine eigene Instanz zusammen mit dem LiteLoader.

Nachdem du Forge geladen hast, kannst du die Mods installieren, indem du auf den Reiter **Loader Mods** klickst (siehe Bild 1.7).

INFO

Kompatibilität dank Forge

Minecraft v1.8 wurde gründlich überarbeitet, sodass der überaus gefährliche Vorgang des Ersetzens oder Erweiterns von Minecraft-Kerncode dank eines neues Systems mit Applications Programming Interface (API) nicht mehr erforderlich ist. Allerdings braucht es seine Zeit, bis alle Autoren von Mods ihre Werke an das neue API anpassen, und einige Mods werden wohl nie entsprechend umgeschrieben. Es werden auch einige sehr nützliche Mods nicht aktualisiert werden, da deren Autoren mit neuen Projekten beschäftigt sind. Deshalb wirst du auch in naher Zukunft trotz des brandneuen API den traditionellen Weg der Minecraft-Instanzen gehen müssen. Forge hat Kompatibilitätsproblemen durch die Integration seines eigenen API in den Code vorgebeugt. Mods, die mit Forge zusammenarbeiten, kommunizieren eher mit Forge statt mit Minecraft selbst, sodass sie noch lange Bestand haben werden.

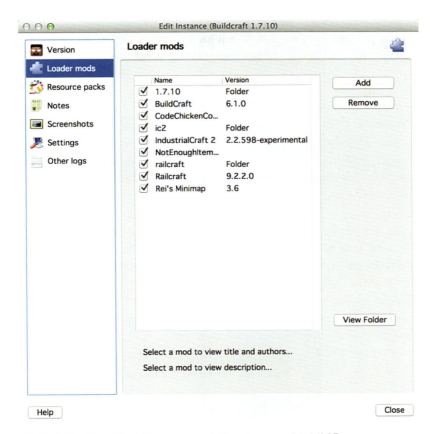

BILD 1.7 Das Mod-Management-Fenster von MultiMC

Nun ist es an der Zeit, sich ein paar Mods zu holen. Es gibt Tausende davon, doch im Moment installieren wir lediglich einige besonders wichtige Mods sowie ein Ressourcenpaket. Unter den verkürzten URLs in Klammern kannst du die entsprechenden Dateien herunterladen:

- **Optifine** – dieser Mod verbessert die Grafik von Minecraft erheblich und erlaubt die Nutzung von hochauflösenden Texturpaketen. Download unter http://optifine.net/downloads (http://goo.gl/ztGSVs). Scrolle auf der Seite nach unten und wähle die Version für Minecraft 1.7.2.
- **VoxelMap** – ein Mod für eine Landkarte im Spiel. Lade die Forge/FML-Version für 1.7.2 unter http://www.minecraftmods.com/voxelmap/ (http://goo.gl/8BqWzO) herunter.
- **NotEnoughItems** – NEI erweitert das über die Taste **E** erreichbare Standardinventar um eine Vielzahl neuer Funktionen für eine einfachere Gegenstandsauswahl im kreativen Modus und für die leichtere Entdeckung von Handwerks-

plänen im Überlebensmodus. Neben NEI selbst musst du auch eine unterstützende Bibliothek namens CodeChickenCore herunterladen. Beide Dateien gibt's unter http://www.chickenbones.craftsaddle.org/Files/New_Versions/links.php (goo.gl/lBeYCl).

Die Mods werden in deinem Download-Verzeichnis abgelegt. Wenn dich die Download-Website zu AdFlay führt, warte einfach die fünf erforderlichen Sekunden ab und klicke dann auf **Skip Ad** in der oberen rechten Ecke der Seite.

Zurück in MultiMC, klickst du auf **Add** im Ladefenster und wählst die entsprechenden Dateien aus. Nach einem Klick auf **Close** führst du einen Doppelklick auf die 1.7.2-Instanz aus, um Minecraft zu starten.

Sollte Minecraft bei diesem Vorgang abstürzen, versuche, eine neue Welt zu starten, gehe zurück zu den Einstellungen (**Settings**) der Instanz, öffne den Reiter **Java** und wähle unter **Java Settings** die Option **Auto-Detect**. Stelle sicher, dass die Java-Version 1.7 oder höher ist, und versuche es nochmals. Bleiben die Probleme bestehen, lade die aktuellste Java-Version von Java.com herunter.

Zu guter Letzt installierst du noch ein Ressourcenpaket, das alle Texturen im Spiel ändert. Eines der umfangreichsten seiner Art ist das ChromaHills-Ressourcenpaket, das du unter http://www.chromahills.com/forum/downloads.php (http://goo.gl/oHB6iX) herunterladen kannst.

Erneut in den Instanzeinstellungen klickst du auf **Resource packs**, gefolgt von **Add**. Wähle die ZIP-Datei von ChromaHills, um den Kopiervorgang zu starten. Nachdem du Minecraft aus MultiMC heraus neu gestartet hast, klickst du auf **Options** und anschließend auf **Resource Packs...** Sollte ChromaHills nicht wie in Bild 1.8 angezeigt werden, prüfe im Ressourcenverzeichnis, ob die Dateien entpackt wurden. Zuletzt aktivierst du das Paket per Mausklick und der Taste **Done**.

BILD 1.8 Mit dem Pfeil auf der linken Seite kopierst und aktivierst du das Ressourcenpaket, sodass es im rechten Bereich angezeigt wird.

Nach der Installation von Optifine findest du nun in den Videoeinstellungen jede Menge neue Optionen. Schau dir die Gruppen Details, Animations, Quality, Performance und Other näher an und schalte sie per **On** ein oder per **Fancy** in den besonders attraktiven Grafikmodus, wie in Bild 1.9 gut zu sehen ist.

BILD 1.9   Minecraft mit installiertem ChromaHills-Ressourcenpaket

TIPP

Mehr Mods

Es existieren so viele Mods für Minecraft, dass eine Auswahl der besten von ihnen schwierig ist. Weiter hinten im Buch gehe ich auf einige sehr interessante Mods ein, die das Spiel auf faszinierende Art und Weise verändern. Darüber hinaus bietet die Modding-Szene eine Vielzahl hilfreicher Programme oder auch nur winzig kleine Änderungen, die mehr Spaß und Funktionalität bringen oder einfach nur sehr beliebt sind. Eine der besten Sites zum Herunterladen von Mods ist http://www.planetminecraft.com/resources/mods/. Diese erlaubt das Filtern nach bestimmten Minecraft-Versionen und die Sortierung nach den beliebtesten Downloads. Achte stets auf die Unterstützung von Forge, um Kompatibilitätsprobleme von vornherein zu vermeiden.

Modpack Installers

Auch wenn MultiMC einen Weg bietet, angepasste Minecraft-Versionen mit jeder Menge Mods zu installieren, muss nicht jeder Mod einzeln geladen werden. Modpack Installer laden alle erforderlichen Mods zusammen mit einer passenden Version von Minecraft und bieten einen komfortablen Launcher mit perfekt aufeinander abgestimmten Komponenten.

Du kannst so viele Modpack Installer installieren, wie du willst, ohne das Risiko von Inkompatibilitäten einzugehen. Probiere folgende aus:

- **Technic Launcher** – dieses Mod-Paket (Bild 1.10) ist die Basis für eine Vielzahl von Mods. Anfangs handelte es sich um ein einzelnes Paket names Tekkit, doch mittlerweile sind zahllose Mods hinzugekommen – heute sind es 109 Mods, die perfekt zusammenarbeiten. Hier ein kleiner Eindruck von den überwältigenden Änderungen und Erweiterungen: Tekkit selbst enthält Galacticraft (Flug zum Mond und Mars, Bau einer Raumstation etc.), Railcraft (siehe Kapitel 9, „Unter Dampf mit Railcraft"), BuildCraft (siehe Kapitel 7, „Imperien errichten mit BuildCraft"), Alchemy und vieles mehr. Die anderen in den Launcher integrierten Mods bieten thematische Änderungen sowie witzige und interessante Variationen des Gameplays. Um den Launcher herunterzuladen, gehe auf http://www.technicpack.net, wähle aus der Liste auf der linken Seite ein Modpack aus und klicke auf **Play**. Wenn du mehr über Tekkit erfahren möchtest, solltest du die Website http://tekkitwiki.com/wiki/Tekkit_Wiki besuchen.

BILD 1.10 Der Technic Launcher ist ein guter Ausgangspunkt für eine Vielzahl ganz unterschiedlicher *Minecraft*-Abenteuer.

Modpack Installers

- **Feed the Beast** – dieser nett gemachte Launcher (siehe Bild 1.11) enthält eine Vielzahl von Modpacks sowie herunterladbare Karten und Texturpakete. Du findest das Paket unter http://feed-the-beast.com/launcher. Probiere das Voxel Pack aus, wenn du ein möglichst originalgetreues Minecraft mit einigen nützlichen Werkzeugen spielen möchtest – z.B. eine eingebaute Karte mit Wegpunkten, damit du dich nie wieder verläufst, sowie der Möglichkeit, zwischen den Wegpunkten zu teleportieren.

BILD 1.11 Feed the Beast geht den ungewöhnlichen Weg der Bereitstellung von Karten mit darauf angepassten Modpacks.

- **ATLauncher** – ATL ist mein Lieblings-Modpack-Installer. Er bietet neben einer übersichtlichen Oberfläche auch viele Modpacks mit detaillierten Beschreibungen (Bild 1.12), unterstützt mehrere Konten und erleichtert die Installation von Forge und Optifein. Das Beste daran: Der Client kann mit nur einem Tastendruck zusammen mit einem Server eingerichtet werden, der über alle notwendigen Mods verfügt – einfacher geht es nicht! Vergiss nicht, deine Zugangsdaten unter dem Reiter **Account** abzulegen und deine originalen Minecraft-Daten zu sichern. ATlauncher kannst du unter http://www.atlauncher.com/downloads/ herunterladen. Wenn du unter OS X spielst, musst du im Bereich **Security & Privacy** in den Systemeinstellungen die Option **Allow apps downloaded from** auf **Anywhere** einstellen, da ansonsten eine Fehlermeldung beim Öffnen von ATL erscheint. Diese Änderung musst du lediglich vor dem ersten Start von ATL vornehmen, anschließend kannst du die Einstellung wieder auf den vorherigen Wert zurücksetzen.

BILD 1.12 ATLauncher lässt sich als bester derzeit erhältlicher Modpack-Launcher bezeichnen.

Zusammenfassung

Dank der bewundernswerten Voraussicht der Mojang-Entwickler können wir Minecraft in mehreren Instanzen und sogar Vorgängerversionen spielen. Die rege Unterstützung der Modding-Community sorgt für immer wieder neue Spielerlebnisse, die weit über das ursprüngliche Minecraft hinausgehen.

Auch wenn du selbst mit viel Sorgfalt deine eigenen Mods bauen könntest, empfehle ich dir den Einsatz von Modpack-Launchern. Sie machen die Einrichtung unschlagbar einfach und können auf einem eigenen Server oder für den Online-Zugriff auf Mehrspielerservern verwendet werden.

Denk daran, dass die in Ressourcenpaketen enthaltenen, hochauflösenden Grafik-Mods echte Speicherfresser sind. Du solltest in den Speichereinstellungen mindestens 2 GB für sie reservieren, um einen reibungslosen und flüssigen Spielbetrieb sicherzustellen. Das „Vanilla"-Minecraft, das du ursprünglich beim Hersteller erworben und heruntergeladen hast, glänzt dank der Erweiterungen mit neuen Features, Funktionen, Gegenständen und Herausforderungen.

Einige der Mods automatisieren sogar Bergbau und Landwirtschaft, doch auch mit einer herkömmlichen Standardversion kannst du unglaublich viel erreichen. Im nachfolgenden Kapitel 2 über „Automatisierte Farmen" erfährst du, wie du ohne aufwendige Mods und nur mit Redstone und Loren deine Landwirtschaft automatisieren kannst.

Automatisierte Farmen

In diesem Kapitel

- errichtest du automatisierte Farmen,
- lässt du ermitteln, wann das Zuckerrohr reif für die Ernte ist,
- erntest du Kürbisse und Melonen mit einem Tastendruck,
- machst du Dorfbewohner zu Mitarbeitern auf deiner Farm,
- verwendest du Loren zum Einsammeln, Ausladen und Sortieren von Erzeugnissen.

Landwirtschaft ist in Minecraft eine Notwendigkeit – zumindest am Anfang des Spiels. Es handelt sich um den einfachsten Weg zum Sammeln von Ressourcen, um deine Hungerleiste zu füllen, wenn du in den Kampf gegen unzählige Mobs ziehst und zum Showdown gegen den sagenumwobenen Enderdrachen antrittst. Doch warum solltest du weiter Gemüse anbauen, wenn du zum Drachentöter avanciert bist? Ganz einfach: Ein wenig Nahrung ist weiterhin erforderlich, da jeder Sprung und Sprint einen kleinen Teil deiner Gesundheit aufzehrt und überall feindselige Mobs herumlungern – egal, was du gerade machst.

Natürlich setze ich voraus, dass du schon einmal eine Farm errichtet hast, womöglich mit geschickter Anordnung der Elemente zum schnellen Sammeln der Ressourcen – wenn nicht, empfehle ich die Lektüre von Kapitel 6 von *Das große Minecraft Buch* (ISBN 978-864902178).

Während die Grundlagen leicht zu meistern sind, will ich dich in diesem Buch zu höheren Zielen in der Welt von Minecraft führen – eines davon ist der Bau einer vollautomatischen Farm. Warum sollst du dir deine virtuellen Hände schmutzig machen, wenn ein paar Kolben, ein Bach und ein wenig Redstone all die Arbeit für dich erledigen können?

Als nützlichen Nebeneffekt lernst du die dem Redstone-Konzept zugrunde liegende Logik kennen – beispielsweise mit dem „Block Update Detector", doch dazu gleich mehr.

Zu diesem Zeitpunkt ist es noch immer nicht möglich, den Prozess des Aussäens und der Aufzucht von Pflanzen zu automatisieren. Das Einpflanzen von Samen muss weiterhin manuell erfolgen und auch die helfenden Dorfbewohner sind nicht ganz unkompliziert: Das Einfahren des Weizens, der Kartoffeln und der Karotten artet oftmals in ein Rennen gegen die Zeit aus, bevor die Dorfbewohner die Erzeugnisse für sich selbst beanspruchen (ein Rennen, das ich selbst übrigens aufgegeben habe).

Bevor wir loslegen, möchte ich dir ein wichtiges Konzept für automatisierte Farmen vorstellen: den BUD-Schalter. Damit kannst du herausfinden, ob bestimmte Pflanzen reif zum Ernten sind und eingesammelt werden können.

Der BUD-Schalter

Die Abkürzung BUD steht für „Block Update Detector", wobei es sich um einen ausgeklügelten Redstone-Mechanismus handelt, der Statusänderungen umliegender Blöcke erkennen kann. Diese Funktionalität war eigentlich nicht für Minecraft vorgesehen, denn sie ist ein Nebeneffekt des entsprechenden, ereignisorientierten Programmcodes. Wann immer sich der Status des Raums ändert, der einen Block umgibt, triggert dies ein Ereignis – etwa wenn ein Kaktus in den darüberliegenden Block hineinwächst oder wenn ein Ofen mit dem Kochen oder Einschmelzen fertig ist. Bei solchen Ereignissen prüft der Code auch den Status der umliegenden Blöcke. Die Prüfung jedes einzelnen Blocks im Spiel würde sehr viel Bandbreite kosten und Minecraft unspielbar langsam machen, sodass dieses ereignisorientierte Modell durch die Beschränkung auf umliegende Blöcke durchaus Sinn macht.

BUD-Schalter verfügen von Natur aus über einen instabilen Status – ähnlich wie Schrödingers Katze. Sie sollten eigentlich ausgewertet werden, doch der Programmcode misst ihnen so lange keinerlei Bedeutung zu, bis in der Nähe ein Ereignis eintritt. Um bei der Parabel mit der unglücklichen Katze zu bleiben: Minecraft beobachtet dann die Blöcke und versucht, die Instabilität aufzulösen, indem ein Redstone-Impuls abgesetzt wird. Danach wandert das virtuelle Auge des Programmcodes weiter durch die Landschaft, ganz ähnlich wie Saurons Auge, und der BUD fällt zurück in seinen instabilen Status – bis zum nächsten Ereignis.

BUD-Schalter sind in der Minecraft-Wiki (http://goo.gl/p50VxV) und auf anderen Sites sehr ausführlich dokumentiert. Deshalb konzentriere ich mich nachfolgend auf den praktischen Einsatz innerhalb eines automatisierten Systems. Am besten lernst du die Funktionsweise kennen, wenn du das System von Grund auf entwickelst.

INFO

Flachländer

In den Bildschirmschnappschüssen auf den nachfolgenden Seiten kannst du eine sehr triste Landschaft erkennen – diese habe ich gewählt, um nicht vom eigentlichen Thema abzulenken. Du kannst solch eine endlose Weite ohne große Details zum Experimentieren auch selbst erzeugen: Starte eine neue Welt, wähle **Weitere Weltoptionen ...** und setze den **Welttyp** auf **Flachland**. Dann klicke auf **Anpassen** und **Vorlagen**, scrolle ans untere Ende der Liste und wähle die Option **Redstone Ready**.

Bild 2.1 zeigt einen horizontal ausgerichteten, klebrigen Kolben, an dessen Vorderseite ein Redstone-Block geflanscht wurde, soweit nichts Besonderes. Doch wenn du nun etwas Redstone-Staub unter den Redstone-Block legst, beginnt der Kolben in schnellem Rhythmus zu pumpen. Bingo! Du hat soeben einen Oszillator gebaut – der Kolben wird unendlich lange aus- und wieder einfahren.

Ist der Kolben eingefahren, versorgt der Staub den Redstone-Block mit Energie, woraufhin der Kolben aktiv wird und ausfährt. Dadurch gerät der Redstone-Block aus der Reichweite des Staubs, wodurch der Kolben nicht mehr mit Energie versorgt wird und wieder einfährt. Doch nun befindet sich der Block wieder in Reichweite des Staubs, woraufhin der Kolben erneut ausfährt – und so weiter. Bei diesem Konstrukt, das wie ein Boxer unablässig in die Luft schlägt, spricht man von einem stabilen Schaltkreis.

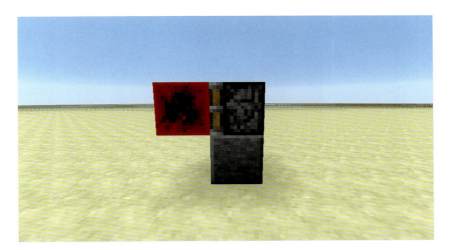

BILD 2.1   Ein einfacher, oszillierender Kolben – die Basis für BUD

Zeit, kurz innezuhalten

Wirf einen Blick auf Bild 2.2 und platziere einen weiteren Block ein Feld entfernt vom Redstone-Block. Setze dann eine Redstone-Fackel auf die vom Konstrukt abgewandte Seite des Blocks. Bewege das Fadenkreuz exakt über die Spitze der Fackel und setze einen weiteren klebrigen Kolben auf den Block, dessen ausfahrbarer Teil in Richtung des Redstone-Blocks weist. Ergebnis: Die Bewegungen des ersten Kolbens hören sofort auf. Eigentlich sollte sich der Kolben weiterbewegen, doch aufgrund eines Näherungsfehlers im Code von Minecraft kommt das Konstrukt zum Stillstand – nun ist der Schaltkreis *instabil*. Der Kolben wartet auf seinen Bewegungsimpuls, doch dieser erfolgt erst mit einem Update.

Nun zum Hauptereignis: Stell dich hinter den klebrigen Kolben und platziere dort auf dem Boden einen beliebigen Block. Beobachte den Kolben und staple einen weiteren Block auf dem ersten. Siehe da – der Kolben fährt aus und zieht sich wieder zurück. Zur gleichen Zeit leuchtet die Redstone-Fackel kurz auf, da der Redstone-Staub hinter dem Block nicht mehr mit Energie versorgt wird. Solltest du es noch nicht wissen: Eine Redstone-Fackel fungiert als Inverter – sie steht immer unter Strom und hört erst auf zu leuchten, wenn sie mit Energie versorgt wird. In diesem Fall erhält die Fackel ihre Energie vom Redstone-Block, der sich allerdings außer Reichweite bewegt und die Fackel einen kurzen Impuls abgeben lässt, bevor der Block in die Ausgangsposition zurückkehrt.

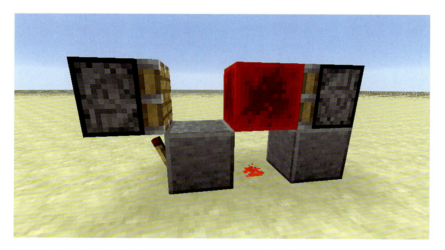

BILD 2.2   Der BUD-Schalter ist fertig und bereit zum Einsatz.

Entferne nun den Block, den du gerade hinter dem klebrigen Kolben platziert hast, woraufhin ein weiteres Ereignis eintritt, das den BUD-Schalter erneut aktiviert.

Recht simpel, oder? Nun, vielleicht auch nicht, doch Hauptsache es funktioniert und die Entwickler bei Mojang kommen nicht auf die Idee, dieses ungewöhnliche Verhalten aus dem Spiel zu entfernen, denn es ist für unglaublich viele Situationen nützlich. Nachfolgend ein kurzer, aber keineswegs vollständiger Überblick über Ereignisse, die ein Block-Update auslösen, und daraus folgende Anwendungsmöglichkeiten im Spiel:

- wie du gesehen hast, das Hinzufügen oder Entfernen von Blöcken,
- das Öffnen oder Schließen einer Truhe – das ermöglicht mit Fallen versehene Truhen, die wie ganz normale Truhen aussehen,
- ein Ofen, der den Schmelz-/Kochvorgang beendet – unter Verwendung eines Notenblocks kann man damit ein Signal ertönen lassen, wenn das Abendessen fertig ist,
- Schienen, die ihre Richtung an T-Kreuzungen ändern,
- vorbeifließende(s) Lava oder Wasser,

- das Ernten von Getreide, Kartoffeln und Karotten,
- das Wachstum von Pflanzen wie Kürbisse, Melonen oder Kakteen. Dies ist der Schlüssel zu vielen Automatismen in diesem Kapitel – wobei das Wachsen von Getreide leider kein Block-Update mehr auslöst.

Nun, da du über die grundlegende Funktionsweise von BUD-Schaltern und ihre überraschende Nützlichkeit Bescheid weißt, ist es an der Zeit, das erworbene Wissen in der Praxis anzuwenden.

Automatische Zuckerrohrernte

Beim Zuckerrohr handelt es sich um den am leichtesten automatisch zu erntenden Rohstoff – darüber hinaus ist es noch eine überaus nützliche Ressource. Neben Zucker kannst du damit auch Bücher, Karten und Feuerwerke produzieren. Gerade die große Anzahl an Büchern zum Aufbau eines mit maximaler Energie versorgten Verzaubertischs spricht für eine Automatisierung der Zuckerrohrernte. Ähnlich wie Melonen und Kürbisse muss Zuckerrohr nicht nachgepflanzt werden. Darüber hinaus wächst es vertikal in die Höhe, was den ganzen Vorgang deutlich erleichtert und es zur idealen Pflanze für unseren ersten BUD-basierten Ernter macht.

Die Bilder 2.3 und 2.4 zeigen die Vorder- und Rückansicht einer BUD-basierten Zuckerrohrerntemaschine. Natürlich ist es ein hoher Aufwand für das Ernten nur einer Zuckerrohrpflanze, doch es handelt sich nur um einen Prototypen zu Anschauungszwecken – die Maschine wird schon bald vergrößert.

Was passiert hier? Es ist eigentlich ganz einfach. Das Wasser wird zum Wachstum des Zuckerrohrs benötigt und der Erdblock ist nur eine von vielen Alternativen für Blöcke, auf denen Zuckerrohr gedeiht – als Ackerboden eignen sich auch Gras und Sand.

Hinter der Pflanze befinden sich ein Abstandsblock und darauf ein normaler Kolben, der die Pflanze in einer Höhe von einem Block abschneidet. Dadurch bleibt der untere Teil der Pflanze erhalten und kann nachwachsen.

Genug Zeit vorausgesetzt, wächst das Zuckerrohr über den Kolben hinaus in den Block neben dem BUD-Schalter und aktiviert diese Rube-Goldberg-Maschine. Minecraft tätigt ein Block-Update auf den klebrigen Kolben des BUD, woraufhin dieser den Redstone-Block vom Redstone-Staub wegschiebt und anschließend die Redstone-Fackel kurz aufleuchtet, bevor der Block wieder in seine Ausgangsposition zurückkehrt.

Der Redstone-Impuls wandert am Schaltkreis entlang bis zum Kolben hinter dem Zuckerrohr, der dann die oberen zwei Blöcke der Pflanze abschneidet.

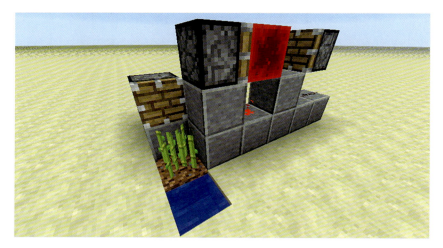

BILD 2.3   Automatische Zuckerrohrernte, auf das Minimum reduziert

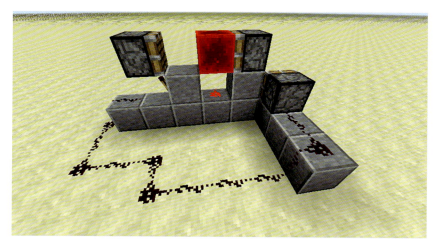

BILD 2.4   Hinter den Kulissen überträgt eine Redstone-Leitung die Energie vom BUD auf den Erntekolben.

Nun erweitern wir das Konzept. Wasser fließt über eine Strecke von acht Blöcken, was ein verbreitetes Grundlayout für diverse Farmen darstellt. Nachdem du den acht Blöcke breiten Wasserkanal ausgehoben und weitere sieben Abstandsblöcke hinter dem Graben platziert hast, versiehst du diese wie in Bild 2.5 dargestellt mit jeweils einem Kolben (siehe Bild 2.5).

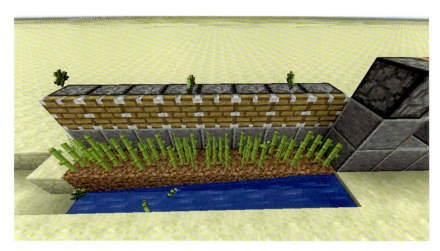

BILD 2.5   Erweiterung der Farm auf acht Blöcke

Um die Kolben korrekt zu aktivieren, bedarf es eines gewissen Maßes an Feintuning – Bild 2.6 zeigt das entsprechende Layout. Ziehe eine Redstone-Verkabelung über die Oberseiten der Blöcke hinter den Kolben.

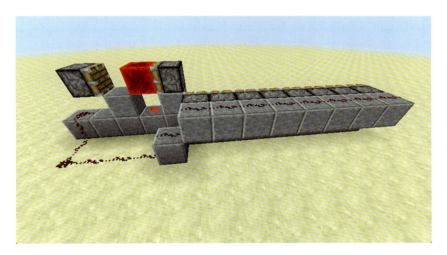

BILD 2.6   Energieversorgung für jede Menge Kolben

Hierbei handelt es sich noch immer nicht um das effizienteste Design. In gewisser Weise ist es planlos, wie du in Bild 2.5 sehen kannst: Viele der abgeschnittenen Zuckerrohre werden nicht verwertet und einige fliegen sogar über den Wassergraben auf das andere Ufer. Außerdem macht eine automatisierte Farm keinen Sinn, wenn die geernteten Produkte nicht eingesammelt werden (z.B. in einer Truhe), um das automatische Verschwinden nach fünf Minuten zu verhindern. Also ist fleißiges Weiterbauen angesagt!

TIPP

Schleimige Angelegenheit

Darf ich vorstellen: der Schleimblock. Er bietet einige deutliche Verbesserungen gegenüber dem Standardblock. Schleim bleibt an Schleim kleben, sodass du einen klebrigen Kolben mit einem Schleimblock versehen kannst, darauf einen weiteren Schleimblock stapelst und damit einen praktischen Doppelkolben erzeugst. Du kannst faszinierende Dinge anstellen mit Schleim, doch im Überlebensmodus stellt die Beschaffung der nötigen Schleimbälle eine große Hürde dar – ein Block besteht aus nicht weniger als neun Bällen. Da Schleime nur in Sumpfbiomen und mit zehnprozentiger Chance in Höhlen spawnen, ist es im Überlebensmodus sinnvoller, durch die Kombination eines Schleimballs mit einem Kolben einen herkömmlichen klebrigen Kolben zu bauen.

Die einfachste Art des Aufsammelns stellt ein mit einer Truhe verbundener Trichter dar – Bild 2.7 zeigt das entsprechende Layout. Stelle zuerst die Truhe mit einem Block Abstand zum Wassergraben auf. Dann begibst du dich auf die Wasserseite und führst bei gedrückter **Umschalttaste** einen Klick auf die Truhe aus, um den Trichter zu platzieren. Das reine Positionieren des Trichters würde nicht funktionieren, da erst der Umschalt-Klick eine Verbindung mit der Truhe erzeugt – es sei denn, der Trichter befindet sich direkt über der Truhe.

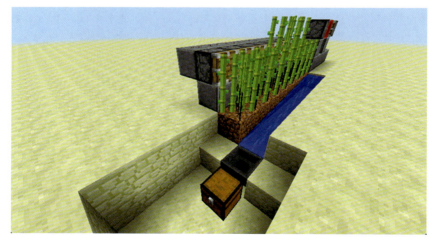

BILD 2.7   Mit einem Trichter, der mit einer Truhe verbunden ist, fischst du die Früchte deiner Arbeit aus dem Wasser.

Übrigens: Später in diesem Kapitel zeige ich dir, wie du deine Farm noch weiter automatisieren kannst – unter Verwendung von Minenloren mit Trichtern zum Aufsammeln der Erzeugnisse und zum Transport zu einer zentralen Sammelstelle.

Zurück zu unserer Farm: Mit ein paar kleinen Verbesserungen können wir die Stängel daran hindern, über den Wassergraben hinauszufliegen. Eine Methode wäre das Verdoppeln der Breite des Wassergrabens und das Hinzufügen eines weiteren Trichters am Ende, der per Umschalt-Klick mit dem ersten Trichter verbunden wird. Ich bevorzuge hingegen das Einschließen der ganzen Farm in Glas, wie in Bild 2.8 zu sehen ist.

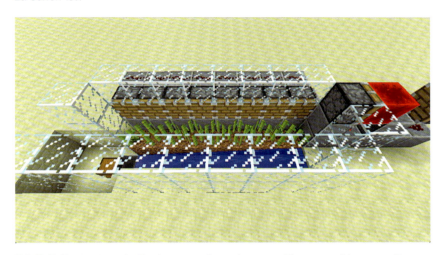

BILD 2.8   Nicht mit Steinen werfen: eine von Glas umschlossene Farm

Dieses Design ist allerdings noch nicht so effizient wie es sein könnte. Üblicherweise bleibt ein Großteil des geernteten Zuckerrohrs auf dem Feldboden liegen. Deshalb ist es von Vorteil, eine doppelte Lage Kolben aufzubauen, damit das Zuckerrohr mit einem Schlag von einer ganzen Wand getroffen wird. Diese Maßnahme erhöht die Effizienz bei der Ernte von drei bis fünf auf zehn bis dreizehn Erzeugnisse pro Durchgang – ein Riesenunterschied!

Das entsprechende Arrangement ist in Bild 2.9 zu sehen. Beachte, dass ein am äußersten rechten Rand nahe des BUD-Schalters platzierter Kolben oszillieren würde, was einem schnell auf die Nerven gehen kann – deshalb bleibt diese Stelle ausgespart. Die Verkabelung der zwei Lagen ist ganz einfach: Ziehe die Redstone-Spur an der Oberseite hinter der oberen Lage entlang, wodurch die untere Ebene ebenfalls getriggert wird.

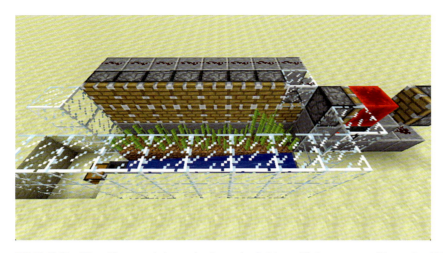

BILD 2.9 Eine Konstruktion mit doppelstöckigen Kolben sorgt für mehr Effizienz bei der Ernte. Vergiss nicht, eine Lücke am rechten Rand des Konstrukts in der Nähe des BUD-Schalters zu lassen.

INFO

Warum keine einstöckige Farm?

Im Überlebensmodus sind Ressourcen knapp, sodass du auf die Idee kommen könntest, den BUD-Schalter eine Ebene nach unten zu verlegen und lediglich mit einer einzigen Kolbenschicht zu arbeiten. Leider funktioniert diese Herangehensweise nicht, denn du brauchst einen Kolben direkt neben dem BUD, um das letzte Zuckerrohr zu schneiden, was wiederum den BUD triggert. Die Bewegung des Kolbens wird den BUD erneut triggern, wodurch eine konstante Schwingung entsteht.

Automatisch sammeln und transportieren

Die Kombination von Lore und Trichter ermöglicht das vollautomatische Einsammeln der Ernte. Zwar kann ein Trichter mit nur fünf Plätzen weniger Ware aufnehmen als eine Truhe mit 15 Plätzen, doch da es in Minecraft keine Maut gibt, kannst du das Gefährt beliebig oft hin- und herfahren lassen. Darüber hinaus funktioniert das vollautomatische Aufsammeln, Transportieren und Verteilen nur mit einem Trichter.

Der Aufbau eines solchen Systems ist überraschend einfach und es macht Spaß, die Loren unter Volldampf zu beobachten. Lass uns die Details betrachten.

Das Grundprinzip ist ebenso einfach wie elegant:

1. Ein Komparator misst den Inhalt des Trichters und ein weiterer Komparator stellt einen Ausgangsstrom bereit, wenn der Trichter irgendetwas enthält.
2. Eine Redstone-Fackel invertiert das Signal und versorgt die Antriebsschiene mit Energie. Antriebsschienen eignen sich ideal für Gleisabschlüsse, da sie ohne Stromversorgung sofort eine Lore bis zum Stillstand verlangsamen. Befindet sich die Antriebsschiene am Ende eines Gleises, schickt sie die Lore in die entgegengesetzte Richtung zurück.
3. An der Ladestation unterbindet der Komparator das Stromsignal an die Antriebsschiene, wenn ein Trichter mit Inhalt auf Abholung wartet. Die Lore wird erst dann zurückgeschickt, wenn der Inhalt des Trichters eingeladen wurde.
4. Am anderen Ende des Gleises ist ein Komparator mit dem Empfangstrichter verbunden, der seinen Inhalt wiederum an eine Truhe weitergibt.
5. Sobald die Lore ankommt, beginnt sie sofort mit der Warenübergabe an den Empfangstrichter, der daraufhin den Komparator triggert, der die Antriebsschiene abschaltet.
6. Der Empfangstrichter übergibt seinen Inhalt an die Truhe, woraufhin das Signal des Komparators unterbrochen und via Inverter die Antriebsschiene mit Strom versorgt wird – die Lore wird zur Ladestation zurückgeschickt.

Nach all der Theorie können ein bis zwei veranschaulichende Bilder nicht schaden.

INFO

Der Weg zum Redstone-Profi

Wenn du weder mit Redstone noch mit Schienen vertraut bist, solltest du dich in Kapitel 9 des *Großen Minecraft Buchs* schlau machen. Hier werden beide Themen für Einsteiger komplett erklärt.

Bild 2.10 zeigt das System in der Vorderansicht, Bild 2.11 von hinten und Bild 2.12 von oben. Die Unterseite des „U" kannst du auf jede beliebige Distanz erweitern, indem du Antriebsschienen für Geschwindigkeitsboosts integrierst. Rechts befindet sich die Ladestation und links die Empfangsstation. Die Ernte wird in den Trichter gefüllt, der sich normalerweise am Ende eines Wasserlaufs befindet, was in Minecraft dem Äquivalent eines Fließbands am nächsten kommt. Die fünf Trichterplätze können je 64 Gegenstände aufnehmen, was mit insgesamt 320 Gegenständen trotz der reduzierten Ladekapazität gegenüber Truhen eine beachtliche Menge darstellt.

34 Automatisierte Farmen

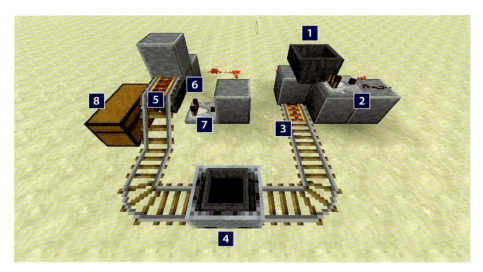

BILD 2.10   FedEx trifft Minecraft: ein automatisches Lade- und Zustellsystem

1   Trichter zur Aufnahme der Produkte
2   Komparator zum Auslesen des Status des Trichters
3   Die Antriebsschiene wird ausgeschaltet, wenn der Trichter Gegenstände enthält.
4   Lore mit den Gegenständen, die aus dem Trichter stammen
5   Empfangstrichter
6   Komparator, der das Signal des Empfangstrichters ausliest
7   Antriebsschiene, die sich ausschaltet, sobald der Trichter Gegenstände empfängt
8   Truhe zur Lagerung der Produkte, die vom Empfangstrichter stammen

In der rückwärtigen Ansicht in Bild 2.11 sind die beiden Inverter gut zu sehen. Dabei handelt es sich um Redstone-Fackeln, die sich beim Empfang eines Signals ausschalten – also dann, wenn die Trichter nicht leer sind.

Bild 2.12 zeigt die Anlage zur besseren Übersicht von oben. Bedenke beim Bau der Anlage, dass die Komparatoren korrekt ausgerichtet sind. Darüber hinaus musst du den Empfangstrichter per Umschalt-Klick mit der Truhe verbinden. Auch beim Legen der Antriebsschiene oberhalb des Empfangstrichters musst du mit Umschalt-Klick arbeiten.

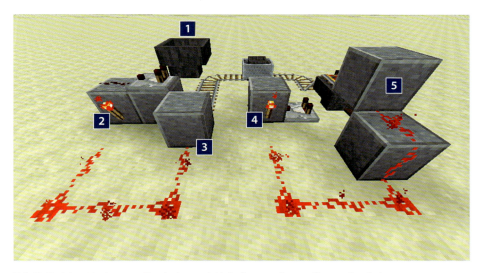

BILD 2.11   Redstone-Fackeln und Kabel vervollständigen die Anlage.

1   Trichter zum Lagern von Produkten für die Aufnahme
2   Redstone-Fackel, die sich bei einem Signal vom Trichter ausschaltet
3   Die Redstone-Fackel versorgt diesen Block mit Energie, der wiederum die Schiene unter dem Trichter antreibt.
4   Diese Fackel empfängt ein Signal vom mit dem Empfangstrichter kombinierten Komparator.
5   Die Redstone-Energie passiert auch diesen Block und gelangt somit zur direkt dahinterliegenden Schiene.

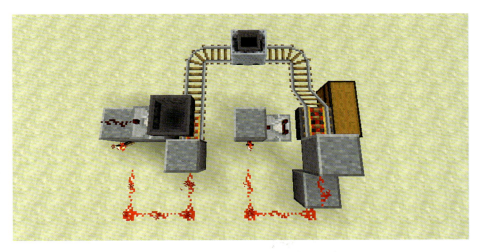

BILD 2.12   Die Anlage aus der Vogelperspektive betrachtet

Die Transportanlage lässt sich ganz einfach in unsere Zuckerrohrfarm integrieren (und natürlich auch in alle anderen Farmen). Bild 2.13 zeigt nur eine von vielen Möglichkeiten zur Integration einer Verladestation.

BILD 2.13 Zurück auf der Farm wird diese Lore mit Zuckerrohr beladen und gleich in Richtung Basis davonbrausen.

TIPP

Ab geht die Post

Ein automatisiertes System wie dieses ist nicht darauf beschränkt, Güter in nur einer Richtung zwischen einer Farm und einer zentralen Lagerhalle zu transportieren. Du kannst das Liefersystem auch beidseitig agieren lassen – z.B. zwischen einer Heimatbasis und einem tiefen Minenschacht. Von Zuhause gelangen Nahrungsmittel und Werkzeuge in die Mine und aus der Mine werden Erze angeliefert. Da sich Trichter ebenso mit Öfen verbinden lassen, können auch bereits verhüttete Materialien ausgeliefert werden. Ein kleines Problem: Die Aufbauten für Verlade- und Entladestationen unterscheiden sich stark voneinander, sodass du die Lore mit einer Sensorschiene an einer T-Kreuzung zur richtigen Station leiten musst. Leere Loren werden zur Verladestation und volle zur Entladestation geleitet. Das Beste daran: Du kannst auch eine gewöhnliche Lore auf die Gleise stellen und selbst fahren.

Automatisierte Kürbis- und Melonenfarmen

Melonen und Kürbisse sind einfach zu züchten, doch für eine automatisierte Ernte musst du ein paar Tricks und Kniffe anwenden. Beide sind nützliche Pflanzen mit vielen Anwendungsmöglichkeiten – nun ja, mit Vogelscheuchen aus Kürbisköpfen und Schaltern als Arme, die einsam in Weizenfeldern herumstehen, erschöpft sich das Anwendungsspektrum so ziemlich (wobei Kürbisköpfe eine hervorragende Lichtquelle für den Unterwassereinsatz darstellen, wenn du dir keine Glowstones mehr leisten kannst).

Wie bei vielen Dingen in Minecraft ist der Weg das Ziel, denn es handelt sich um eine weitere verschachtelte Konstruktion, die noch komplexer ausfällt als die Zuckerrohrfarm. Kolbenernter für Kürbisse sind nichts für Weicheier! Allerdings lassen sich viele der nachfolgenden Konzepte vielfältig adaptieren, zum Beispiel für Mob-Fallen.

Wie du sicher weißt, werden Kürbisse und Melonen auf bewässerter, bestellter Erde angebaut. (Da sich die Vorgehensweisen für beide Früchte gleichen, spreche ich nachfolgend nur noch von Kürbissen statt von Kürbissen *und* Melonen.)

Der Kürbis wächst vom Stamm aus auf eine von vier Seiten. Dieser Zufallsfaktor wirkt einer Automatisierung entgegen – wenn man allerdings drei Seiten mit Blöcken, Wasser oder anderen Stämmen blockiert, wächst der Kürbis genau an der gewünschten Stelle.

Wir beginnen mit einer teilweise automatisierten Farm, die Kürbisse mit Kolben vom Stamm schüttelt und mithilfe eines Wasserstroms zu einem Trichter befördert – einem linearen Design, ähnlich der Zuckerrohrfarm. Bild 2.14 zeigt das grundlegende Konzept. Das Wasser versorgt den Stamm mit Feuchtigkeit, woraufhin ein Kürbis an der einzig freien Stelle wächst – dem Erdblock über dem klebrigen Kolben. Der Kolben muss klebrig sein, da sich der Erdblock sonst nicht an die Ausgangsposition zurückziehen würde. Bewegt sich der Kolben, wird der Kürbis vom Stamm geschüttelt.

BILD 2.14   Ein einfacher Kolbenernter für Kürbisse

Eine lineare Erweiterung dieses Konstrukts um acht Blöcke führt zur in Bild 2.15 dargestellten Anlage. Alles sehr einfach, wobei ich im Bild zwei Wege zur Energieversorgung der Kolben aufgezeigt habe. Du kannst mit Verstärkern an der Basis jeden einzelnen Kolben mit Energie versorgen oder je einen Block neben den Kolben platzieren und eine Redstone-Verkabelung an der Oberseite entlangführen. Sicher bist du auch schon auf die Idee gekommen, einfach eine Reihe von acht Kolben im Erdreich zu versenken und daneben eine ebenerdige Redstone-Spur entlanglaufen zu lassen. Das funktioniert natürlich und ist die einfachste Herangehensweise (siehe Bild 2.16), doch ich wollte dir einige Alternativen aufzeigen. Darüber hinaus habe ich die Glasblöcke gegen poliertes Andesit ausgetauscht, um darauf Fackeln anbringen zu können, damit die Kürbisse auch während der Nacht wachsen können. Dafür kannst du jeden beliebigen, nichttransparenten Block verwenden.

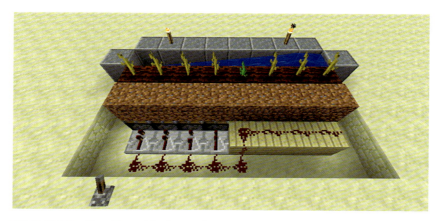

BILD 2.15 Das Grunddesign auf acht Einheiten erweitert

Nach einer kurzen Wartezeit (jeder Stamm produziert rund drei Kürbisse pro Stunde) erscheinen die ersten Früchte auf der Bildfläche. Betätige den Hebel, um sie von den Stielen zu schütteln.

Damit ist die eigentliche Ernte erledigt. Nun legen wir einen Kanal über dem Beet an, um die Früchte einzusammeln. Wenn die Kolben nach oben stoßen, bewegen sie ihre Erdblöcke in den Kanal, wo dann wie in Bild 2.16 Wasser entlangströmen kann. Die Seiten habe ich mit Glasblöcken verkleidet, da auf diese Weise am meisten Licht zu den Pflanzen vordringen kann (und weil es hübsch aussieht!). Die nächste Herausforderung besteht im Einrichten der Wasserquelle. Eine Variante besteht in einem erhöhten Kolben am äußersten Ende des Kanals, der im ausgefahrenen Zustand die Basis eines Wasserversorgungsblocks bildet. Wird der Kolben abgesenkt, öffnet sich die Schleuse und das Wasser kann in den Kanal fließen, um alle Früchte ans andere Ende zu schwemmen (Bild 2.17). Für unsere Anlage wählen wir allerdings eine elegantere und platzsparendere Lösung unter Zuhilfenahme eines Werfers. Stelle einen Werfer am entgegengesetzten Ende des Kanals auf, sodass er in Richtung der Erdblöcke weist. Dann öffne ihn mit einem Rechtsklick und gebe einen Wassereimer hinein.

Automatisierte Kürbis- und Melonenfarmen 39

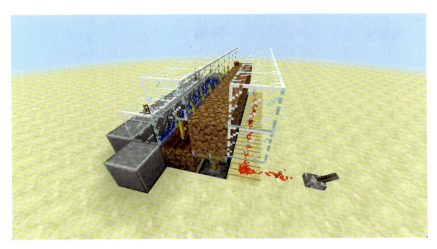

BILD 2.16 Im Kanal kann das Wasser fließen und die Ernte wegschwemmen. Die Erdblöcke auf den ausgefahrenen Kolben bilden das Flussbett. Diese Farm verwendet ein einfacheres Design mit Redstone auf dem Boden statt zusätzlicher Blöcke oder Verstärker.

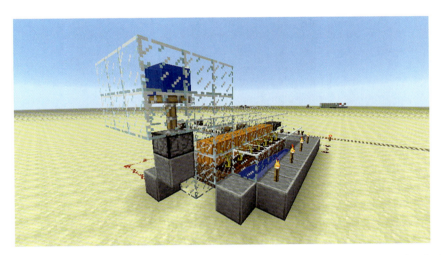

BILD 2.17 Eine erhöhte Wasserquelle wird von einem Kolben zurückgehalten. Wenn der Kolben eingefahren wird, kann das Wasser in den Kanal fließen.

Du musst noch einen Block unterhalb der Anlage platzieren und einen weiteren als Stufe für die Redstone-Verkabelung (Bild 2.18). Der Werfer wird mit Energie versorgt, solange das Kabel den darunterliegenden Block erreicht.

Ziehe die Verkabelung zu einem Block mit einem Steinknopf, der nahe am Hebel positioniert wurde. Wenn die Distanz größer als 15 Blöcke ausfällt, schalte einen Verstärker in Richtung des Werfers dazwischen, um den Stromfluss zu gewährleisten. Warum ein Knopf und kein Hebel? Der Werfer platziert die Wasserquelle direkt frontal, nachdem er einen Impuls empfangen hat, und wird sie zurückziehen, sobald ein zweiter Impuls eingeht. Das Drücken des Knopfs zum Starten und Stoppen ist logischer als das zweimalige Betätigen eines Hebels – vergleiche es mit gutem Interface-Design.

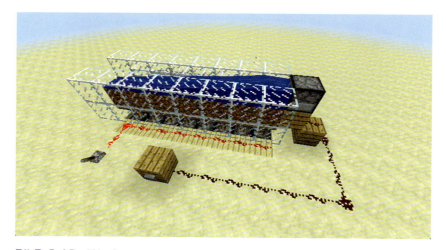

BILD 2.18   Werfer erlauben einen kompakteren Aufbau als Wassertürme, um die Ernte davonzuschwemmen.

Das zweimalige Drücken des Knopfs ist trotzdem nicht zufriedenstellend. Lässt sich die Anlage nicht mit nur einem Tastendruck bedienen, der zwei kurzzeitig versetzte Impulse abgibt, sodass genug Zeit zum Davonschwemmen der Früchte im Wasserkanal bleibt?

Natürlich ist das möglich – durch das Aufteilen eines einzelnen Impulses in zwei einzelne. Ein Impuls wird sofort ausgesendet, während der zweite durch einen Verzögerungsschaltkreis geleitet wird und erst später am Werfer ankommt.

Es gibt viele Möglichkeiten zum Erzielen von Verzögerungen in Redstone-Schaltkreisen. Die einfachste Lösung erfordert eine ganze Wagenladung von Redstone-Verstärkern. Jeder Verstärker verzögert den Strom um eine Zehntelsekunde. Mit dem Vierfachschalter lässt sich die Verzögerung erhöhen, sodass wir am Ende auf vier Ticks pro Verstärker kommen:

1. Ordne die Verstärker wie in Bild 2.19 in einem großen Block an.
2. Setze die Verzögerung jedes Verstärkers durch mehrere Rechtsklicks auf die Schalter auf das Maximum.
3. Setze einen einzelnen Verstärker zwischen die beiden Verbindungen, die zum Verzögerungsschaltkreis führen. Dieser sollte in Richtung Werfer weisen. Verstärker verhalten sich wie eine Diode und lassen den Strom nur in eine

Richtung fließen. Dadurch wird verhindert, dass der Ausgangsstrom wieder zurück in den Verzögerungsblock fließt und damit eine ewige Schleife generieren würde. Wenn du dir bezüglich der Ausrichtung der Verstärker nicht sicher bist, wirf einen Blick auf deren Oberseite – dort findet sich ein kleiner Pfeil, der die Richtung des Stromflusses anzeigt. Alternativ gibt die Standardposition der Schalter auf dem Verstärker einen Hinweis auf die Richtung: Beide Elemente sind an der Vorderseite in Stromflussrichtung angeordnet.

4. Bringe einen Trichter und eine Truhe am Ende der Sammelfläche an.

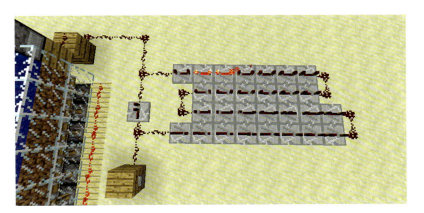

BILD 2.19   Ein Knopf wird zu einem System mit zwei Impulsen, indem eine Kaskade von Verstärkern zur Verzögerung des zweiten Impulses dazwischengeschaltet wird. Die Anordnung sieht aus wie die Spur eines Kettenfahrzeugs.

Dieser Aufbau ist allerdings nicht ganz narrensicher: Ein Knopfdruck bei ausgefahrenen Kolben führt zu einer desaströsen Flut. Um dies zu verhindern, muss sichergestellt werden, dass der Knopf nur dann einen Impuls abgibt, wenn der Schalter auf der „An"-Position steht. Das lässt sich mit einem UND-Gatter bewerkstelligen. Ein UND-Gatter funktioniert nur dann, wenn beide Eingänge mit Energie versorgt werden (Bild 2.20). Indem der Hebel und der Knopf mit je einem Eingang des UND-Gatters verbunden werden, lässt sich sicherstellen, dass der Knopf nur dann funktioniert, wenn der Schalter eingeschaltet ist. Das verhindert allerdings nicht das Einfahren der Kolben innerhalb des Funktionszyklus. In Kapitel 6 erfährst du eine Lösung für dieses spezielle Problem. Bis dahin dient das UND-Gatter als Sicherheitsschaltung, das du wie folgt einbaust:

1. Erzeuge eine Reihe aus drei undurchsichtigen Blöcken.
2. Bringe eine Redstone-Fackel auf dem ersten und letzten Block an. Auf der Rückseite des mittleren Blocks platzierst du eine dritte Fackel.
3. Setze Redstone auf den mittleren Block.
4. Verbinde den Ausgang des Schalters mit dem ersten Block und bringe einen Stein- oder Holzknopf an der Vorderseite des letzten Blocks an.

5. Verbinde das vom Verzögerungsblock kommende Redstone-Kabel mit der Fackel am mittleren Block.
6. Nun sollte ein Knopfdruck bei ausgeschaltetem Schalter keine Auswirkungen haben. Bei eingeschaltetem System werden beide Eingänge des UND-Gatters mit Strom versorgt und erlauben es dem Signal, zum Werfer und zum Verzögerungsblock zu gelangen.

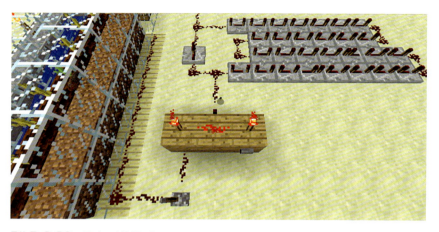

BILD 2.20 Beim UND-Gatter handelt es sich um einen Logikschaltkreis, der nur dann etwas ausgibt, wenn beide Eingänge mit Strom versorgt werden.

Nun zur finalen Ausbaustufe unserer Anlage: dem Loren-Transportsystem. Kolben eignen sich gar nicht als Stopper für Züge, denn wenn sie ausgefahren sind, rast die Lore den halben Weg durch sie hindurch und würde bei einem Signal der Antriebsschiene nicht mehr in entgegengesetzter Richtung wegfahren. Daher müssen die Schienen bei dieser Konstruktion wie in Bild 2.21 seitlich verlegt werden. Wieder invertiert die Redstone-Fackel das Signal und versorgt die Antriebsschiene nur dann mit Energie, wenn kein Signal vom Komparator ansteht, der Trichter also leer ist. Sobald irgendetwas in den Trichter gelangt, wird die Energie zu den Gleisen unterbrochen, wodurch die Waren transportiert werden können.

Damit ist das Thema bei Weitem noch nicht ausgereizt. Auf YouTube finden sich Beschreibungen für vollautomatische Farmen, die weit über den grundlegenden Anbau hinausgehen. Suche auf youtube.com einfach mal nach „minecraft melon farm". All diese Systeme basieren auf der interessanten Tatsache, dass Kürbisse und Melonen Redstone-Energie leiten können. Dadurch kann die Frucht einen Schaltkreis schließen, der wiederum die automatische Ernte einleitet. Die Anlage in Bild 2.22 nutzt beispielsweise die Tatsache aus, dass Melonen und Kürbisse gleichzeitig in mehrere Richtungen wachsen können. Die zwei freien Felder werden von je einem Kolben flankiert, der sofort nach dem Erscheinen einer Frucht in Aktion tritt. Sobald die Melone/der Kürbis den Schaltkreis mit der Redstone-

Fackel in der Mitte schließt, tritt der Kolben in Aktion und erntet den Kürbis oder schneidet die Melone in handliche Scheiben. Unter den Verstärkern befinden sich Trichter, die mit einem weiteren Trichter unter der Fackel verbunden sind (Verstärker und Fackeln lassen sich per Umschalt-Klick mit Trichtern verbinden).

Dieses Schema ist nicht gerade effizient: Es sammelt nur rund 60% der Ernte ein, wobei der Rest ungenutzt im vom Stengel genutzten Bereich liegen bleibt. Da es jedoch vollautomatisch läuft, ist diese Einschränkung für den Betrieb und die konstante Versorgung mit Ernteprodukten unerheblich.

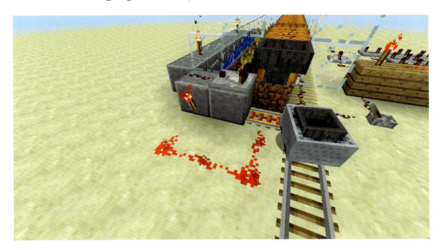

BILD 2.21   Ein Lorenbahnhof für die Kürbisfarm. Bei Anlagen mit derart angeordneten Kolben empfiehlt sich die seitliche Verlegung der Gleise.

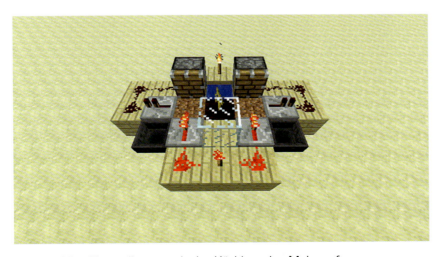

BILD 2.22   Eine vollautomatische Kürbis- oder Melonenfarm

Automatische Getreide-, Kartoffel- und Karottenfarmen

Wie ich bereits erwähnt habe, gibt es keine Möglichkeit zum automatischen Säen von Weizen. Damit stellt sich die Frage, wie man die neue Fähigkeit der Dorfbewohner zum Aussäen nutzt und die Ernte schnell genug einfährt, bevor die Dorfbewohner den Weizen für sich beanspruchen. Zwar haben Dorfbewohner keine Hände, da ihre Arme in U-Form stets miteinander verbunden sind, doch Ellbogen scheinen sie allemal zu haben, denn sie sind würdige Gegner im Kampf um den täglichen Weizen.

Eine halbautomatische Weizenfarm habe ich bereits auf Seite 120 des *Großen Minecraft Buchs* beschrieben. Diese verwendet erhöhte Kolben, um Wasser über das Feld zu schütten und den Weizen in einen Wasserkanal zu schwemmen, wo er von einem Trichter in eine Kiste oder eine vorbeifahrende Lore befördert wird. Diese Vorgehensweise funktioniert auch bei Kartoffeln und Karotten, sodass du sie auf das Gemüse deiner Wahl anwenden kannst.

Tauscht man die Kolben gegen Werfer aus, sieht das so aus wie in Bild 2.23. Dabei habe ich die komplexen Verzögerungsschaltkreise der Übersicht halber weggelassen – es steht dir jedoch frei, diese wie zuvor bei der Kürbis-Ernteanlage zu integrieren.

> **TIPP**
>
> **Wie viele Werfer zum Wasserwerfen?**
>
> Für ein Feld mit acht Reihen brauchst du keine acht Werfer – drei tun es auch. Platziere einfach zwei in den Ecken und einen in einer der beiden mittigen Positionen. Allerdings gibt es bei längeren Feldern ein Problem: Das Wasser wird das Ende eines ebenerdigen Felds nicht erreichen. Daher solltest du alle sieben Felder eine Stufe nach unten einbauen, wo das Wasser hinunterfließt und wieder volle Fahrt aufnimmt.

Bedenke stets, dass Wasser quasi unendlich weit fließt – allerdings nur dann, wenn es alle sieben Felder eine Stufe nach unten fließt. Daher ist es ganz einfach, die Länge des Felds zu verdoppeln, zu verdreifachen und so weiter, indem die Werfer um sieben Blöcke zurückversetzt und um einen Block erhöht aufgestellt werden, wie in Bild 2.24 zu sehen ist.

Nun kommen unsere erdverbundenen und ergebenen Dorfbewohner ins Spiel, die unermüdlich auf den Feldern arbeiten. Wir müssen sie davon überzeugen, für uns zu arbeiten. Dazu braucht es lediglich ein Dorf in der Nähe oder im kreativen Modus ein Ei zum Spawnen eines Dorfbewohners. Ich bevorzuge Ersteres.

Der erfolgreiche Betrieb einer Dorffarm ist ein Musterbeispiel für Nachhaltigkeit. Die Dorfbewohner verfügen nur über einen begrenzten Vorrat an Saatgut. Daher sind sie auf die Saat angewiesen, die sie während der Ernte einsammeln, und pflanzen nebenbei auch Kartoffeln und Karotten neu an. Wenn du nun einen Dorfacker komplett plünderst, bringst du die Balance durcheinander und musst sehr lange warten, bis sich das Dorf von diesem Kahlschlag erholt hat.

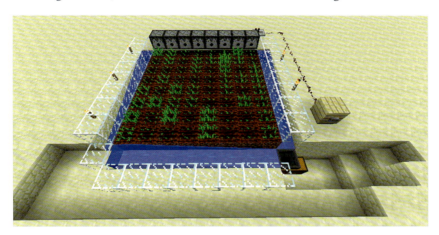

BILD 2.23   Eine volle Breitseite Werfer bewässert im Nu alle Pflanzen auf dem Feld. Ähnlich wie bei den Kolben aus Bild 2.6 kann die Redstone-Verkabelung über einer Reihe von Blöcken hinter den Werfern erfolgen.

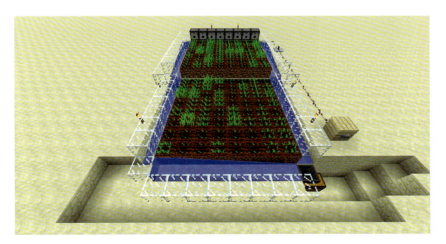

BILD 2.24   Die Erweiterung des Ackers nach hinten bringt mehr Ertrag bei gleichbleibender Zahl an Werfern und kostet lediglich ein paar grundlegende Blöcke und ein wenig Redstone-Verkabelung.

Um diese Spielmechanik am besten auszunutzen, empfiehlt sich der Bau der eigenen Farm neben einem bestehenden Dorfacker. Sobald du deine Farm mit jener der Dorfbewohner verbunden hast, beginnen diese auch deinen Ackerboden zu bestellen. Ignoriere dabei die Felder der Dorfbewohner, da diese als Quellen für Saatgut dienen, sodass du regelmäßige Ernten einfahren kannst, ohne dich um natürliche Ressourcen kümmern zu müssen.

Bild 2.25 zeigt ein Beispiel unter Verwendung von Werfern, die die Erträge zu einer Truhe mit Trichter befördern. Folgendes solltest du dabei berücksichtigen:

- Dorfbewohner lassen den Boden unbearbeitet, sodass du diese Aufgabe zunächst erledigen musst. Um den Acker für schnelles Wachstum mit Wasser zu versorgen, habe ich zwei Wasserbecken unterhalb der Steinstufen versteckt, deren Inhalt an jeder Seite nach unten fließt.
- Warum Stufen einbauen? Dorfbewohner dürfen keinesfalls aus einer Höhe von einem Block auf dein Farmland fallen, denn dadurch würde sich der Ackerboden wieder in einen normalen Erdblock zurückverwandeln, auf dem nichts wächst. Die seitlich angebrachten Stufen verhindern solche Schäden und halten darüber hinaus das Wasser davon ab, an den Rändern auszulaufen.
- Zu Beginn solltest du das erste Saatgut ausbringen, damit die Dorfbewohner darauf aufmerksam werden und ihrerseits mit der Aussaat beginnen.
- Erwarte keine hektische Betriebsamkeit, sondern übe dich in Geduld. Dorfbewohner legen oftmals Pausen ein, arbeiten nur tagsüber und suchen Schutz vor Regen.
- Beschütze deine Dorfbewohner. Wenn die braun gekleideten Bauern sterben, wird nicht mehr viel auf der Farm passieren. Sichere die Umgebung mit Fackeln ab und blockiere Höhleneingänge. Zombies sind die natürlichen Feinde der Dorfbewohner und sollten auf Distanz gehalten werden.
- Mit dem richtigen Timing kannst du die Dorfbewohner mit einer umschließenden Mauer einsperren. Solange die Mauer die Dorfbewohner auf deinem Ackerland und die Zombies draußen hält, passiert nicht viel außer dem einen oder anderen panischen Sprint eines Dorfbewohners.
- Egal, was du auch versuchst – es ist unmöglich zu bestimmen, welche Sorten Saatgut angepflanzt werden (außer die Dorfbewohner haben nur Zugang zu einer Art). Wenn sie beispielsweise nur Weizen einsammeln, werden sie auch nur Weizen aussäen. Andernfalls erwartet dich ein Mix aus Karotten, Kartoffeln und Weizen.
- Du kannst dein eigenes Ackerland so oft abfarmen wie du möchtest, indem du jedes Erzeugnis inkl. Weizensaat hinfortschwemmst. Hilf ein wenig bei der Neuaussaat und lasse die Felder der Dorfbewohner in Ruhe und du wirst sehr zufrieden sein mit der Balance zwischen nützlichem Ertrag und effizienter Produktion.

BILD 2.25 Deine eigene Farm in einem Dorf lässt dich von der Fähigkeit der Dorfbewohner zum Aussäen profitieren, was zu einer weitgehend automatisierten Landwirtschaft führt. Der weiß gekleidete Aufpasser rechts unten steht faul am Feldrand herum und macht sich die Hände nicht schmutzig ... typisch!

Automatisches Sortieren

Nun da du eine Reihe automatisierter Farmen kennengelernt hast, ist es an der Zeit für eine letzte große Verbesserung: eine Sortieranlage, welche den Inhalt der Loren in unterschiedliche Truhen packt.

Eine Lore kann man nicht mit einer solchen Form von Intelligenz ausstatten, doch mit Trichtern und Redstone lässt es sich umsetzen – zumindest dann, wenn sich die zu sortierenden Gegenstände in einem Inventarslot stapeln lassen. Das Grundprinzip basiert darauf, dass im Vorfeld alle fünf Slots des Trichters mit demselben Gegenstand gefüllt werden, sodass keine andersartigen Gegenstände hinzukommen können. In der Praxis ist das natürlich nicht so leicht zu bewerkstelligen, denn das Inventar des Trichters darf nie geleert werden, da ansonsten jegliche Gegenstände in die leeren Slots wandern können. Mit einem Komparator lässt sich der Füllstand des Trichters auslesen und die Ausgabe weiterer Gegenstände per Impuls unterdrücken. Dies ist mit 22 Einheiten des zu filternden Gegenstands möglich: 18 im ersten Slot und je eines in den anderen vier Inventarfeldern. Glücklicherweise lässt sich dieses System leichter einrichten als einige der anderen Redstone-Schaltkreise, die wir bislang aufgebaut haben. Das System sendet ein Signal mit der Stärke 2 vom mit dem zu sortierenden Material gefüllten Trichter zu einem weiteren Trichter, der den Materialfluss vom vorbeifahrenden Lorentrichter kontrolliert. Wenn die Signalstärke des ersten Trichters unter 2 fällt (aufgrund der Übergabe von Gegenständen an die

Truhe), verringert der Komparator sein Ausgangssignal und versorgt den unteren Trichter über einen Inverter mit Energie, woraufhin weitere Übergaben an die Truhe unterbunden werden. Dadurch verbleiben die nötigen Filtergegenstände im entsprechenden Trichter des Filtersystems.

Bild 2.26 zeigt ein komplettes Sortiersystem, das wie ein Webstuhl arbeitet: Die Lore fährt oberhalb wie ein Schiffchen hin und her.

BILD 2.26   Ein Sortiersystem für Gegenstände. Die Lore fährt hin und her und gibt ihren Inhalt an jene Trichter aus, die mit den passenden Gegenständen bestückt sind. Diese landen am Ende in der entsprechenden Truhe.

So baust du dein eigenes Sortiersystem auf, das sich problemlos erweitern und für andere Gegenstände modifizieren lässt:

1. Beginne mit der grundlegenden Schaltung aus Bild 2.27. Der Komparator ganz oben zeigt nach links, während der Verstärker unten nach rechts weist. Platziere Redstone auf den Oberseiten der zwei unbestückten Blöcke.

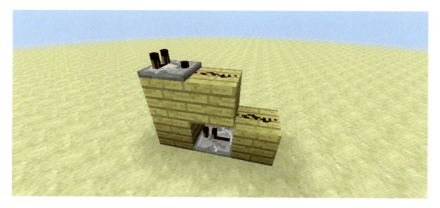

BILD 2.27   Das Kernstück einer jeden Sortieranlage mit den grundlegenden Blöcken. Stelle sicher, dass Komparator und Verstärker in die richtige Richtung weisen.

Automatisches Sortieren 49

2. Bringe eine Redstone-Fackel wie in Bild 2.28 gezeigt an und füge eine Truhe auf einer Redstone-Lampe hinzu. Wenn du im Überlebensmodus nicht genug Glowstones hast, kannst du die Lampe durch einen beliebigen Block ersetzen. Die Lampe flackert kurz, wenn ein Gegenstand in der Truhe landet – ein netter, aber verzichtbarer Effekt.

3. Nun wird es knifflig. Wie du gelernt hast, werden durch ein Redstone-Signal am Trichter die Annahme und die Ausgabe von Gegenständen unterbunden. Allerdings funktioniert das nicht bei zwei direkt miteinander verbundenen Trichtern – egal, ob ein Signal anliegt oder nicht. Hierbei handelt es sich um eine Eigenart des Redstone-Systems: Ein Trichter, der mit einem in direkter Umgebung befindlichen anderen Trichter verbunden ist, reagiert auf dessen Signal und reicht die Gegenstände nicht weiter. Dieses Problem lässt sich lösen, indem der Trichter keinesfalls direkt mit dem darunterliegenden Trichter verbunden wird. Springe dazu ganz einfach auf die Truhe, richte das Fadenkreuz an der schmalen Vorderseite des Komparators aus und führe einen Umschalt-Klick aus, um den Trichter so zu platzieren, dass seine Ausgabeöffnung in Richtung Komparator weist. Springe wieder herunter und führe einen Umschalt-Klick auf die Rückseite der Truhe aus, um einen weiteren Trichter direkt unterhalb des ersten mit der Truhe zu verbinden.

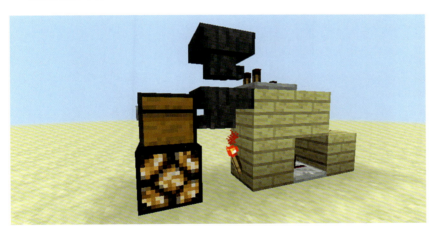

BILD 2.28 Die korrekte Verbindung der Trichter ist der Schlüssel zum Erfolg. Achte darauf, dass der obere Trichter vom unteren wegweist.

4. Fast fertig. Klicke auf den oberen Trichter, um den Filter zu setzen, wie in Bild 2.29 gezeigt. Packe mindestens 18 Einheiten in den ersten und je eine Einheit in die anderen vier Slots, um ein Ausgangssignal der Stärke 2 für die Steuerung des zweiten Trichters zu erhalten. Der Trichter kann nun keinen anderen Gegenstand als den bereits enthaltenen aufnehmen. Die Signalstärke erhöht sich bei der Aufnahme eines Gegenstands, schaltet den unteren Trichter ab und erlaubt die Ausgabe der Waren an die Truhe.

BILD 2.29 Befülle einfach die Inventarplätze mit dem zu filternden Gegenstand.

5. Zu guter Letzt legst du über der Sortieranlage einen Schienenweg mit je einer Antriebsschiene an jedem Ende, um die Lore hin- und herzuschicken (siehe Bild 2.30). Platziere eine Fackel unterhalb eines Abschlussblocks und einen Hebel am entgegengesetzten Abschlussblock, um die Lore bei Bedarf anhalten zu können. Bild 2.31 zeigt zur besseren Übersicht die Rückseite der Anlage.

BILD 2.30 Die fertige Sortieranlage – mit weiteren Modulen kannst du diese zur Sortierung anderer Gegenstände beliebig erweitern.

6. Nun überlasse ich dir den weiteren Ausbau dieser Anlage. Die Achillesferse der Anlage ist die Verstopfung der Lore mit unsortierten Gegenständen, sodass du weitere Module für alle in Frage kommenden Gegenstände hinzufügen solltest. Das System kann auch die Sortierung der unterschiedlichen Beute von Mob-Fallen übernehmen, die ich dir in Kapitel 4 erklären werde.

BILD 2.31   Die funktionale Rückseite der Anlage, die du mit ein wenig Fantasie für die Sortierung aller möglichen Gegenstände anpassen kannst

Zum Schluss eine kleine, aber interessante Herausforderung: Verwende das Verladesystem aus dem vorangegangenen Abschnitt als Versorgung für die Sortieranlage. Setze einen Trichter über ein Ende der Strecke, direkt über der Antriebsschiene, und verknüpfe das System mit jenem, das ich im Abschnitt „Automatisches Sammeln und Transportieren" beschrieben habe. Trichter arbeiten sehr schnell, sodass Loren selbst in voller Fahrt ihre Waren ausladen können.

Zusammenfassung

In diesem Kapitel hast du gelernt, eine automatisierte Zuckerrohrfarm zu bauen, die mithilfe eines BUD-Schalters feststellt, wann die Pflanze bereit zur Ernte ist. Die eingefahrene Ernte wurde anschließend mit einem vollautomatischen Verlade- und Transportsystem zu deiner Basis gebracht. Wir haben uns die Hände schmutzig gemacht mit halb- und vollautomatischen Kürbis- und Melonenfarmen, die Früchte mit Kolben von den Stämmen geschüttelt und eine zeitgesteuerte Spülung zum Wegschwemmen und Einsammeln der Ernte gebaut.

Danach hast du Getreidefelder bis zum Horizont ausgedehnt (nun gut, nicht ganz so weit, aber es ist durchaus möglich ...) und Dorfbewohner für das Aussäen von Getreide, Kartoffeln und Karotten angeheuert. Du wirst auf jeden Fall nie wieder unter Lebensmittelknappheit leiden.

Ich hoffe, die Sache mit dem Redstone hat dich nicht allzu sehr eingeschüchtert. Wenn du in der Vergangenheit noch keine oder nur wenig Erfahrung damit gesammelt hast, können Redstone-Schaltkreise sehr verwirrend sein, doch mit ein wenig Übung wirst du die zugrunde liegenden Konzepte verstehen und wie selbstverständlich einsetzen. Ich muss zugeben, dass ich mich selbst bei meinem ersten Kontakt mit dem staubigen roten Zeugs fragte, zu was es gut sein kann, außer zum Öffnen von Türen und ganz einfachen Dingen. Ich hatte beim besten Willen nicht vor, die Simulation eines Mikroprozessors oder einer Digitaluhr zu erschaffen. Doch Redstone ist ungemein praktisch, wenn es darum geht, bestimmte Prozesse im Spiel zu automatisieren. In Kapitel 9 meines *Großen* Minecraft *Buchs* findest du einen Einsteigerkurs in die Redstone-Materie und in diesem Buch gehe ich in Kapitel 6 noch genauer auf dieses Thema ein.

Im nächsten Kapitel graben wir uns tief in das Thema „automatische Erzgeneratoren" ein. Warum solltest du dir mit Schutzhelm bewehrt virtuelle Blasen an den Händen holen, indem du selbst die Spitzhacke schwingst, wenn du eine ganze Reihe von grundlegenden Erzen komplett an der Oberfläche herstellen kannst?

Bergbau und Erzgeneratoren

In diesem Kapitel

- erzeugst du eine endlose Menge an nachwachsendem Bruchstein,
- erschaffst du genug Steine für gigantische Bauvorhaben,
- schonst du deine Diamantspitzhacke und errichtest an Ort und Stelle ein Portal, ohne Obsidian abbauen zu müssen.

Erze sind die Bausteine von Minecraft. Mit ihnen kannst du für Monster unzugängliche Gebäude, repräsentative Wohnsitze oder Eisenbahnbrücken in luftiger Höhe bauen. Wenn du nicht gerade in einer Lehmhütte wohnen willst, ist kalter, harter Stein das Baumaterial der Wahl. Doch warum solltest du dich in dunklen Minenschächten plagen, wenn du die ganzen Erze für deine Bauvorhaben selbst erzeugen kannst? Und warum die neue Diamantspitzhacke verkratzen, wenn du selbst das am schwierigsten abzubauende Erz in Minecraft – Obsidian – problemlos herstellen kannst? All das ist überraschend einfach.

Bruchstein erzeugen

Bruchstein ist einer der vielfältigsten und nützlichsten Blöcke in Minecraft. Als Baumaterial verfügt er über dieselbe Stabilität wie fast alle anderen Blöcke – ausgenommen Obsidian, das rund 200 Mal stabiler ist, und das unzerstörbare Grundgestein. Selbst eine Mauer aus purem Diamant könnte dich nicht besser vor einem vor deiner Tür lauernden Creeper schützen als eine Wand aus Bruchstein.

Der altehrwürdige Bruchstein ist darüber hinaus ungemein vielfältig einsetzbar. So wird er zur Herstellung von Öfen, Werfern, Spendern, Hebeln, Kolben und vielem mehr verwendet. Er kann auch für Treppen, Platten, Bemoosten Bruchstein (für den speziellen Tempelanlagen-Look) und die üblichen Werkzeuge eingesetzt werden.

Bruchstein gibt es zwar nahezu überall im Erdreich, doch ist er auch das am leichtesten automatisiert zu produzierende Erz. Ich zeige dir, wie du endlosen Nachschub an Bruchstein erzeugst, indem du eine kleine Fabrik mit selbst generierenden Ressourcen baust. Alles, was du dazu brauchst, sind einige Kolben und ein simpler Redstone-Schaltkreis für das Timing.

Bruchstein entsteht, wenn fließendes Wasser auf derselben Höhe auf ebenfalls fließende Lava trifft (Bild 3.1). Wenn fließendes Wasser auf stehende Lava trifft, entsteht Obsidian, und wenn Wasser von oben auf fließende Lava trifft, erzeugt das Stein. Zur Versorgung mit Bruchstein benötigst du also zunächst einmal je einen Eimer Wasser und Lava.

BILD 3.1   Bruchstein entsteht dort, wo fließendes Wasser und fließende Lava aufeinandertreffen.

Eine solche Kreuzung lässt sich auf viele Arten anlegen, doch die einfachste wird in Bild 3.2 gezeigt. Du könntest die Anlage auch in den Boden eingraben und somit auf die Begrenzungsblöcke verzichten, doch wir wollen den Bruchstein ebenerdig erzeugen, um ihn mit Kolben bewegen zu können.

Schütte nun Wasser aus einem Eimer in die linke Öffnung. Es fließt über die kleine Stufe in das zwei Blöcke tiefe Loch und dann nicht weiter (so verhält sich Wasser in Minecraft nun mal). Wenn du nun Lava in die rechte Öffnung gibst, entsteht der in Bild 3.1 gezeigte Bruchstein. Wenn du den Bruchstein abbaust, entsteht sofort ein neuer – unendlicher Bruchsteinvorrat. Ganz einfach, oder?

Lass uns dieses Konzept ein wenig ausbauen.

Stelle einen normalen Kolben auf, der in Richtung Bruchstein weist (womöglich musst du zuvor die Lava wieder in den Eimer befördern und den Bruchstein entfernen, da es sehr knifflig ist, den Kolben korrekt zum Bruchstein auszurichten). Bild 3.3 zeigt die entsprechende Anordnung.

Du könntest das System nun mit einem BUD-Schalter (siehe Kapitel 2) automatisieren, der nach dem Entstehen eines neuen Bruchsteinblocks den Kolben aktiviert. Doch es gibt einen leichteren Weg, der uns zudem mit einem neuen Schaltkreis bekannt macht: dem Verstärker-Timer.

Bruchstein erzeugen 55

BILD 3.2 Der Grundaufbau für eine Bruchsteinproduktionsstätte

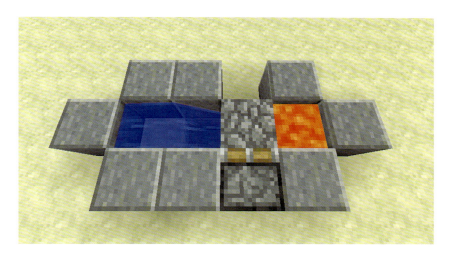

BILD 3.3 Kolben können bis zu zwölf Bruchsteinblöcke bewegen.

Timer geben ständig Redstone-Impulse aus. Dieses Impulsintervall kann auf vielfältige Weise gesteuert werden, etwa mit Kolben, mit Gegenständen, die zwischen Trichtern bewegt werden, oder durch eine Reihenschaltung von Fackel-Invertern. Die einfachste Lösung ist eine Reihenschaltung von Redstone-Verstärkern. In der Grundeinstellung fügt jeder Verstärker im Schaltkreis eine Verzögerung von 0,1 Sekunden hinzu, die mit dem Regler an der Oberseite auf bis zu 0,4 Sekunden erhöht werden kann.

Bild 3.4 zeigt den hier verwendeten Schaltkreis. Der erste Impuls wird vom Knopf auf dem Holzblock ausgelöst. Eine Redstone-Spur führt direkt zur Unterseite des

Kolbens und löst darüber hinaus den Verstärkerschaltkreis aus. Auf seiner Reise durch den Timer-Schaltkreis wandert der Impuls im Uhrzeigersinn durch die Verstärker und wird dabei jedes Mal verzögert, bevor er über den Holzblock zurück zum Kolben gelangt und den ganzen Vorgang erneut auslöst.

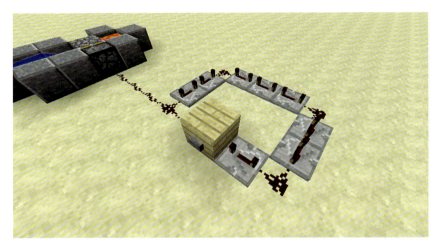

BILD 3.4   Verzögertes Ein- und Ausschalten mit einem Verstärkerschaltkreis

Baue den Schaltkreis aus den Verstärkern, wobei du darauf achten musst, dass der Strom im Uhrzeigersinn fließt. Dann verkabelst du die Timer-Einheit per Redstone-Staub mit dem Kolben und drückst den Knopf.

Achte nun auf den Kolben. Dieser schiebt den Bruchsteinblock weg, fährt dabei aber so schnell wieder ein und aus, dass der Lavafluss unterbrochen wird und sich kein neuer Bruchstein bilden kann. Dieses Problem kannst du ganz leicht lösen: Führe Rechtsklicks auf die Schalter an der Oberseite der Verstärker aus, bis diese an der entgegengesetzten Position einrasten. Währenddessen kannst du erkennen, dass die Impulsfrequenz immer niedriger wird. Setze den Vorgang fort, bis die Kolbenbewegung mit der Entstehungsgeschwindigkeit des Bruchsteins synchronisiert ist. Meiner Erfahrung nach reicht das Einstellen der maximalen Verzögerung bei sechs der Verstärker aus, um die Anlage rund laufen zu lassen.

Nun funktioniert die Anlage und produziert eine Reihe von Bruchsteinen, wie in Bild 3.5 zu sehen ist. Allerdings ist bei zwölf Blöcken Schluss – mehr kann ein Kolben nicht auf einmal bewegen. Wenn du einen der Blöcke abbaust, wird der Kolben wieder in Aktion treten und die Lücke mit einem neuen Block füllen. Diese Vorgehensweise wird gerne bei selbst erneuernden Brücken angewandt. Doch lass uns einen Schritt weitergehen und eine Fabrik bauen, die fehlende Steine immer wieder erneuert – eine ideale Quelle für endloses Baumaterial (das erinnert stark an das Spiel *Spleef* – siehe Kasten „Spleef spielen").

Ergänze die Anlage um eine Reihe von Kolben, die wie in Bild 3.6 ausgerichtet sind, und verbinde diese per Redstone mit dem Timer-Schaltkreis. Ein dazwischengeschalteter Verstärker sorgt dafür, dass genug Energie zum Auslösen aller Kolben vorhanden ist. Andernfalls wird die Redstone-Spur zu lang und die letzten Kolben treten nicht in Aktion. Das war's dann auch schon. Wenn du die Plattform in eine bestimmte Form bringen willst, blockiere die Konturen mit Blöcken, die sich nicht verschieben lassen – etwa Bäume, ausgefahrene Kolben oder große Blöcke wie Spender, Trichter oder Öfen.

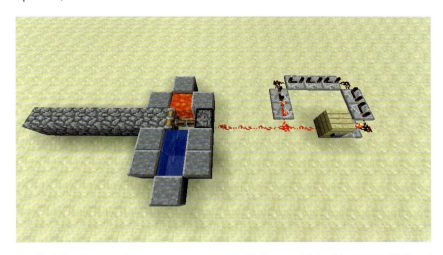

BILD 3.5   Ein per Timer angesteuerter Kolben schiebt bis zu zwölf Bruchsteinblöcke aus dem Generator heraus.

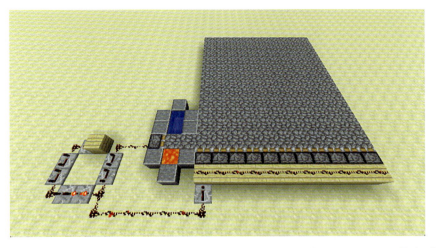

BILD 3.6   Eine sich vollständig regenerierende Plattform im besten Spleef-Stil

INFO

Spleef spielen

Spleef ist eines der älteren Arenaspiele in Minecraft. Es kann in einer „Vanilla"-(oder Standard-)Welt ohne spezielle Serverkonfiguration gespielt werden. Spleef wird auf einer freischwebenden, einen Block dicken Plattform gespielt. Die Grundidee ist simpel: Versuche den Block unter deinem Gegner wegzuschlagen, damit er in eine tödliche Grube, einen Lavasee oder eine andere mörderische Falle stürzt. Der letzte Überlebende gewinnt das Match. Es gibt eine Vielzahl von Variationen: So kann sich im Zuge des Spielverlaufs die Plattform immer mehr in einen Schweizer Käse verwandeln, was den Spielern die Bewegungen erschwert. Oder die Spieler werden mit Pfeil und Bogen bewaffnet, womit eine spaßige Action-Komponente hinzukommt, die schnelles Bewegen mit Treffsicherheit kombiniert. Ein Spiel mit mehr als zwei Teilnehmern sorgt für überaus wilde Kämpfe und besonders kreative Designer ordnen mehrere Plattformen untereinander an, um die Partie über mehrere Runden laufen zu lassen. Auch das Hinzufügen von feindlichen Mobs und Schutzbarrieren gestaltet das Spiel interessanter. Verwende eine selbst regenerierende Plattform mit einem Hebel, mit dem du während einer Partie die Kolben ausschaltest. Die erste Blockreihe wird sich dennoch erneuern, doch ein weiterer Hebel kann dieses Problem lösen – oder ein ausgeklügelter Schaltkreis, der beide Hebel auf einmal ausschaltet. Bild 3.7 zeigt ein Schema mit einem gespiegelten UND-Gatter, das zwei Impulse von jedem Ende des Verstärkerschaltkreises akzeptiert. Der Hebel im Zentrum dient als Hauptschalter. Vergiss nicht, zwei Redstone-Fackeln an den Vorderseiten der Blöcke am hinteren Ende anzubringen.

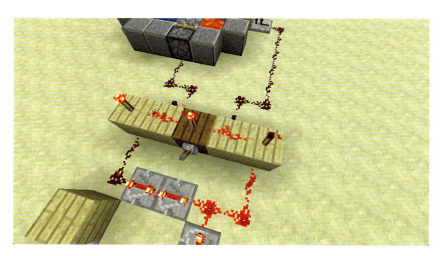

BILD 3.7   Dieses doppelte UND-Gatter kontrolliert zwei Schaltkreise mit nur einem Hebel.

Stein erzeugen

Stein gibt es in der Oberwelt in rauen Mengen. Er entsteht sofort, wenn Lava von oben auf stehendes oder fließendes Wasser trifft. Wird Stein mit einer normalen Spitzhacke abgebaut, erhältst du Bruchstein. Da sich Stein schneller abbauen lässt als Bruchstein, sind Steingeneratoren etwas effizienter als Bruchsteingeneratoren. Wenn du Steine mit einer mit Behutsamkeit verzauberten Spitzhacke abbaust, erhältst du statt Bruchstein einen Steinblock. Doch es macht nichts, wenn du nicht über diese Verzauberung verfügst. Auch das Schmelzen in einem Ofen fördert glatte, elegante Steinblöcke zu Tage. Die Verwendung von glattem Stein statt rauem, geflecktem Bruchstein für Bauvorhaben geschieht meist aus ästhetischen Gründen. Gut, dass ein Steingenerator beides liefern kann.

Beginne mit dem grundlegenden Layout aus Bild 3.8. Es ist bis auf wenige kleine Unterschiede identisch mit dem Bruchsteingenerator – beachte die Position des Lochs im Boden und die leicht veränderte Geometrie der Abgrenzungsblöcke.

BILD 3.8   Das Fundament eines Steingenerators

Platziere nun vier Glasblöcke auf der Oberseite (siehe Bild 3.9). Dadurch entsteht sozusagen ein Brunnen, durch den die Lava auf das fließende Wasser tropfen kann. Um die beiden schwebenden Blöcke anbringen zu können, benötigst du einige temporäre Hilfsblöcke, die du nach Fertigstellung wieder entfernen kannst. Alternativ kannst du auch ein Quadrat aus acht Glasblöcken errichten. Beides funktioniert und du kannst jeden soliden Block als Baumaterial verwenden – mit Ausnahme von Holz, was dazu neigt, bei Kontakt mit Lava in Flammen aufzugehen.

Nun füllst du Wasser in die Furche und schüttest Lava gegen die Innenseite eines der höher gelegenen Blöcke. Dadurch wird die Lavaquelle oben im Brunnen positioniert und sorgt für einen kontinuierlichen Fluss nach unten. Wenn alles geklappt hat, entsteht augenblicklich ein Steinblock unter der Lava, wie in Bild 3.10 zu sehen ist.

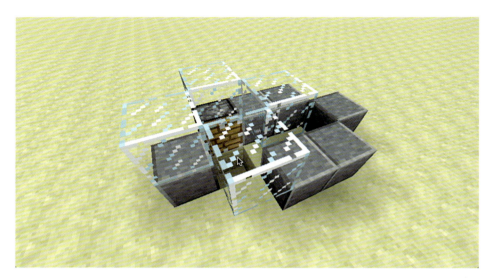

BILD 3.9   Die Konstruktion eines Lavabrunnens

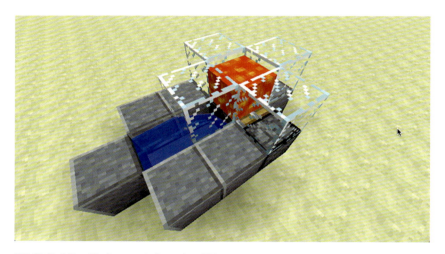

BILD 3.10   Gieße zunächst das Wasser in das Konstrukt und erst dann die Lava, damit beim Zusammentreffen beider ein Steinblock entstehen kann.

Nun musst du nur noch denselben Schaltkreis zur Kolbensteuerung wie beim Bruchsteingenerator hinzufügen. Dabei verwendest du einen Steinknopf als Starter, da dieser einen einsekündigen Energieimpuls auslöst. Ein Holzknopf würde den Kolben für 1,5 Sekunden ausfahren, aber nach dem Wiedereinfahren nicht genug Zeit lassen, damit die Lava nach unten zum Wasser fließen kann.

Baue die Anlage zu einer Steinfabrik mit selbst generierenden Ressourcen aus, indem du dieselbe Batterie an Kolben wie in Bild 3.6 hinzufügst.

Obsidiangenerator

Obsidian wird primär zum Bau von Portalen verwendet, doch es ist auch ein ungemein stabiles Baumaterial. Wie bereits erwähnt ist es 200 Mal stabiler als jedes andere Material – ausgenommen das nicht abbaubare Grundgestein. Obsidian ist auch immun gegen die Attacken eines jeden natürlich spawnenden feindlichen Mobs, inklusive der explodierenden Creeper. Der einzige Mob, der Obsidian zerstören kann, ist der von Spielern erschaffene Wither.

Anders als bei den vorangegangenen Generatoren gibt es bei der Obsidianproduktion ein grundlegendes Problem: Du benötigst Lava-Quellblöcke. Während du eine unendliche Wasserquelle durch das Entleeren von zwei Wassereimern an entgegengesetzten Enden eines 2 × 2 Blöcke großen Lochs bauen kannst, funktioniert diese Vorgehensweise nicht bei Lava, da es sich hierbei um eine endliche Ressource innerhalb eines jeden Chunks handelt. Wenn man allerdings die quasi unendliche Größe einer Minecraft-Welt berücksichtigt (rund 64.000.000 × 64.000.000 Blöcke Oberflächenausdehnung), kann Lava als nahezu unendlich vorhandene Ressource angesehen werden – wobei die enormen Vorkommen in den Lavaseen des Nether gar nicht berücksichtigt wurden.

Im Moment gibt es verschiedene Wege zum Erzeugen von Obsidian:

- Gieße Wasser über die stehende Lava in einem Lavasee. Lavaseen sind unterhalb Level 10 in der Oberwelt zu finden und überall im Nether. Oftmals tauchen solche Seen auch an der Oberfläche auf, speziell in angepassten Welten mit der Voreinstellung „Good Luck" (siehe Bild 3.11).
- Gib Lava in eine Form, wie in Bild 3.12 gezeigt, und gieße Wasser darüber, um das Obsidian bereits bei der Entstehung in der gewünschten Form zu erhalten. Dadurch sparst du dir das Abbauen des Gesteins mit der teuren Diamantspitzhacke und verhinderst eine Abnutzung derselben. Die Bilder 3.13 bis 3.16 zeigen den Bau eines Netherportals mit Gussformen, sodass kein Abbau von Obsidian erforderlich ist. Es dauert nicht lange und es handelt sich um eine weitaus effizientere Herangehensweise als das Graben nach Diamanten irgendwo unten auf Sohle 12.
- Beschaffe genug Obsidian zum Bau eines Portals (mit einer Gussform, wie gerade beschrieben), stelle eine Truhe her (oder einige Endertruhen für leichteres Verschieben des Inhalts) und packe eine Diamantspitzhacke sowie ein paar Stapel Stein/Bruchstein ein. Verbringe die Nacht in einem neu gebauten Bett, um den Spawnpunkt neu zu setzen, und begib dich dann durch das Portal in den Nether. Am Zielpunkt entsteht nun ein neues Portal mit allen nötigen Obsidianblöcken. Schütze die nähere Umgebung mit einer Mauer, sodass du von Mob-Angriffen und Feuerbällen verschont bleibst, während du

das Portal Stück für Stück abbaust und damit Obsidian erhältst. Nach getaner Arbeit stellst du die Truhe auf und packst all deine Habseligkeiten hinein. Anschließend springst du in die Lava, von einer Klippe oder schickst deinen Charakter auf eine andere, beliebige Weise in den Tod. Dein Charakter erscheint nun neben dem Bett an der Oberfläche. Springe erneut durch das Portal und baue das neu erschienene Zielportal ab – und so weiter. Achte beim Erreichen des Nethers auf die Umgebung, da das Portal oftmals direkt neben gefährlichen Stellen wie Lavaseen steht. Wenn du genug Obsidian gesammelt hast, hole die gesammelten Materialien aus der Truhe und verlasse den Nether ein letztes Mal durch das (nun unversehrte) Portal.

TIPP

Verschwundene Chunks zurückholen

Chunks sind Säulen aus Blöcken mit einer Grundfläche von 16 × 16 Blöcken und einer Höhe von 256 Blöcken. Jede Minecraft-Welt ist in solche Chunks unterteilt. Chunks werden erst dann berechnet, wenn du das entsprechende Gebiet betrittst. Oftmals werden Chunks dabei nicht korrekt gerendert, sodass seltsame Lücken entstehen, durch die du Tunnel oder Verliese in anderen Chunks sehen kannst. In diesem Fall kann das Ändern der **Sichtweite** in den **Grafikeinstellungen** auf **16 Chunks** oder höher Abhilfe schaffen. Das kann bei schwächeren Systemen zu einer erheblichen Verlangsamung führen, doch mit einer aktuellen Intel i5- oder i7-CPU sollte die lückenlose Chunk-Darstellung problemlos klappen.

BILD 3.11   Indem du Wasser auf einen normalen Block direkt neben einem Lavasee gießt, fließt es in die Lava und stellt bei Kontakt Obsidian her.

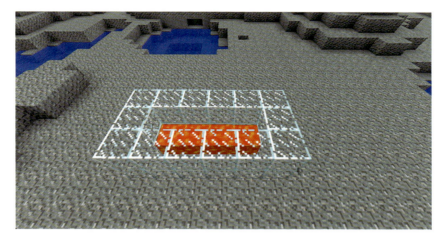

BILD 3.12 Mit den umgebenden Blöcken erzeugst du eine Gussform für Obsidianblöcke und gibst Lava in die zentrale Mulde.

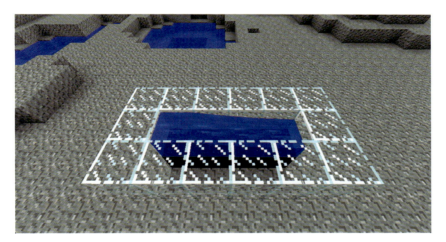

BILD 3.13 Mit einem Eimer Wasser kannst du eine Reihe Lava umwandeln, doch der Bau eines vertikalen Turms erfordert ein schichtweises Herangehen.

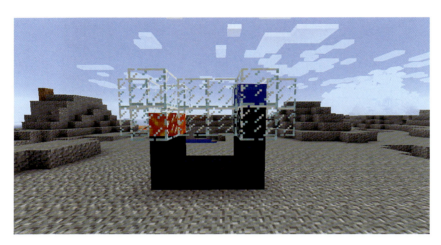

BILD 3.14 Erzeuge den Rahmen Schicht um Schicht, indem du Lava platzierst und dann Wasser darüber gießt. So behältst du die Kontrolle über den Konvertierungsprozess der Blöcke. Die linke Seite des Rahmens ist bereit für das Wasser, während die rechte Seite bereits konvertiert ist.

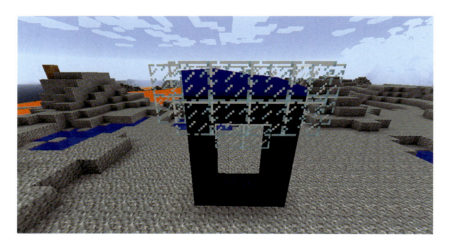

Bild 3.15 Ein letzter Wasserguss in den Kanal an der Oberseite komplettiert den Rahmen.

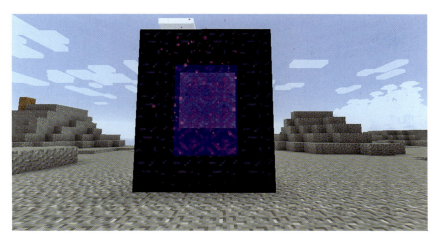

BILD 3.16   Der fertige Rahmen benötigt lediglich zehn Lava-Quellblöcke in der Umgebung, wenn du die Ecken aussparst.

Zusammenfassung

Du kannst zwar nicht alle Erze erzeugen, die in Minecraft vorkommen, doch die Herstellung von Basismaterialien wie Stein und Bruchstein macht dir das Leben leichter, da du dich nicht durch endlose Tunnel graben oder die Landschaft mit Tagebau verunstalten musst. Hast du dich nicht schon mal gewundert, wo jene Spieler, die im strikten Überlebensmodus gigantische Bauwerke erschaffen, all ihre Ressourcen herbekommen? Nun ja, sie graben bestimmt nicht eigenhändig nach Erzen. Generatoren beanspruchen nur wenig Platz und Kolben sind leicht herzustellen. Pflanze einige Setzlinge an, um Holz für die Griffe zu bekommen, und du schaffst dir einen unbegrenzten Vorrat an Spitzhacken, um die frisch generierten Erze abzubauen. Errichte eine riesige Burg und richte die Kolben nach oben, um hohe Schutzmauern aufzutürmen. Du kannst einen solchen Generator auch zum Bau großer Fabriken wie etwa für eine Mob-Farm verwenden, was Thema des nächsten Kapitels ist. Lies weiter und freu dich auf jede Menge nützlicher Ressourcen, die Mobs fallen lassen, nachdem du sie um die Ecke gebracht hast.

Mob-Farmen, -Fallen und Verteidigung

In diesem Kapitel

- erzeugst du Mobs nach Bedarf,
- sammelst du viele nützliche Gegenstände und Ressourcen,
- lernst du, wie du die besten aller Mob-Farmen baust,
- errichtest du ausgeklügelte Fallen.

Du hast genug davon, in der Gegend herumzulaufen und aggressive Mobs lediglich für eine Handvoll lumpige Gegenstände abzuschlachten? Hast du immer schon davon geträumt, unendlich viele Erfahrungspunkte für Verzauberungen zu haben? Gebiete dem Wüten Einhalt mit einer Mob-Farm, dem Äquivalent einer Fabrik für Zombies, Spinnen, Creepers und Skelette. Damit häufst du im Handumdrehen nützliche Ressourcen an – von Schwarzpulver über Fäden bis hin zu Pfeilen – und sammelst nebenbei Waffen, Rüstungen, Eisen und von Zeit zu Zeit auch Essbares. Sobald du den Bogen raus hast, ist der Bau einer solchen Farm überaus einfach und speziell im Überlebensmodus ungemein befriedigend (wobei nicht der Bau selbst gemeint ist, sondern die Resultate). Das Vorhandensein so vieler Ressourcen verschafft dir einen Riesenvorteil im Spiel, wenn du mit TNT ausflippen willst, intensiv Landwirtschaft betreiben möchtest oder eine nie versiegende Quelle an Pfeilen für den Distanzkampf benötigst. Mob-Famen, die sich auf aggressive Einheiten im Spiel fokussieren, bieten all das und noch viel mehr (siehe Bild 4.1).

Böse Mob-Farmen

Mob-Farmen beruhen auf zwei Konzepten: Mobs in der Welt auftauchen lassen (Fachjargon „Spawnen") und das Abfarmen derselben („Grinden"). Beim Spawner handelt es sich in der Regel um einen abgedunkelten Raum, in dem Mobs bevorzugt auftauchen, um dann zum zentralen Grinder zu wandern oder befördert zu werden. Der Grinder tötet die Mobs entweder sofort oder verletzt sie so sehr, dass sie mit einem einzigen Schlag niedergestreckt werden können, wofür es Erfahrungspunkte gibt. Große Mob-Farmen können Hunderte Mobs pro Minute spawnen lassen und diese wie im Schlachthaus der Reihe nach töten. Die Beute wird dann automatisch eingesammelt und in Truhen deponiert.

BILD 4.1 Eingesammelte Mobs im Untergeschoss der Mob-Farm warten darauf, von einem darunterliegenden Tunnel aus attackiert zu werden.

Mob-Spawn-Chaos

Da selbst der einfachste Spawner enorm viele Ressourcen verbraucht, solltest du im Überlebensmodus die Anlage mit Bedacht planen. Achte dabei auf folgende Punkte:

- Mobs spawnen nur, wenn ein Spieler in der Nähe ist, genau gesagt innerhalb eines Bereichs von 240 × 240 Blöcken. Deshalb musst du dich stets in der Nähe der Farm aufhalten, wenn der Farmbetrieb aufrechterhalten werden soll. Mit Mods lässt sich das Spawn-Verhalten manipulieren, doch ich beschränke mich hier auf die Standardmechanik.

- Mobs können nur auf undurchsichtigen Blöcken spawnen, wodurch Glasplattformen ausscheiden. Dadurch ist es schwer zu sehen, was innerhalb des Spawners vorgeht, außer du aktivierst die Cheats und schaltest mit dem Kommando **/gamemode spectator** in den Zuschauermodus.

- Feindliche Mobs spawnen nur bei einer Lichtstärke von 7 oder weniger – je dunkler, desto besser. Du kannst die Lichtstärke im Debug-Bildschirm prüfen, indem du **F3** auf dem PC oder **fn**+**F3** unter OS X drückst.

- Schleime können nur unterhalb Ebene 40 über Grundgestein spawnen, lediglich in Sumpf-Biomen ist der Spawn auch zwischen den Ebenen 51 und 69 möglich. Da Schleime sehr selten spawnen und nur in bestimmten Chunks, gestaltet sich das Errichten einer entsprechenden Mob-Farm überaus schwierig.

- Unter optimalen Bedingungen können bis zu 79 feindliche Mobs in einem einzigen Areal spawnen. Dieser Wert stellt das Maximum für eine vertikale Sektion der Spielwelt dar. Aus diesem Grund ist eine Mob-Farm über einem von Höhlen durchzogenen Areal weniger effizient als eine mit weniger dunklen Bereichen im Untergrund – außer du leuchtest die Höhlen aus, um dort Mob-Spawns zu verhindern, was deine Farm zum einzigen gültigen Spawn-Punkt macht. Um das unterirdische Terrain auszukundschaften, kannst du auch den Zuschauermodus aktivieren – doch damit machst du die Atmosphäre im Überlebensmodus zunichte.

- Der Bau einer Mob-Farm in luftigen Höhen, wie ich ihn im nächsten Abschnitt beschreibe, verleiht dir mehr Flexibilität. Du kannst am Boden auf die Beute warten, musst allerdings darauf achten, dich näher als 24 Blöcke am Spawn-Areal aufzuhalten.

- Spinnen können – wenn du sie nicht gezielt farmen willst – Probleme in Spawnern verursachen, da sie 1 × 1 große Kanäle blockieren. Um Spinnen am Auftauchen zu hindern, pflastere das Areal mit erhöhten Blöcken, sodass kein zusammenhängender Bereich größer als 2 × 2 ist. Alternativ kannst du darauf achten, dass keine kleinen Kanäle durch die Farm laufen, die durch Spinnen verstopft werden könnten.

- Obwohl sie nicht hergestellt werden können, finden sich Mob-Spawner in Verliesen, verlassenen Minen und im Nether. Um diese herum kannst du eine Farm für den jeweiligen Mobtyp bauen. Du kannst die Lichtstärke mit Fackeln erhöhen, damit der Spawner während der Bauarbeiten keine Mobs ausspuckt. Nimm die Farm in Betrieb, indem du die Fackeln löschst.

TIPP

Hohe Spawn-Raten im Flachland

Eine Welt mit der Vorlage **Flachland** verfügt über solides Erdreich ohne Höhlen, sodass sie sich ideal zum Vergleichen verschiedener Farm-Designs ohne den Einfluss unterirdischer Spawns eignet. Dadurch wird über den Tag hinweg die maximale Anzahl an Spawns erreicht, da keine alternativen Spawn-Gebiete vorhanden sind. Mit dieser Technik kannst du verschiedene Farm-Layouts komfortabel der Reihe nach testen.

In Sachen Spawner-Design gibt es mehrere Ansätze, von denen jeder, wie immer in Minecraft, unzählige Varianten hat. Hier die erste Kategorie:

- **Wasserbasiert** – diese Variante ist überaus effizient in Sachen Ressourcenverbrauch. Fließendes Wasser schwemmt die Mobs zu einem zentralen, 2 × 2 Blöcke großen Loch. Dabei kann das Wasser entweder von einem permanenten Quellblock stammen oder – für anspruchsvolle Bauherren – von Redstone-gesteuerten Spendern mit Wassereimern. Das Spawn-Gebiet ist zwei Blöcke hoch, wodurch alle feindlichen Kreaturen der Oberwelt spawnen können – bis auf Endermen, die bei Berührung mit Wasser teleportieren.

- **Kolbenbasiert** – eine drei Blöcke hohe Spawn-Plattform bestehend aus Korridoren mit Stolperdrähten, die Kolben auslösen, welche die Mobs von der Plattform schieben. Diese Methode erlaubt auch das Spawnen von Endermen.

Lass uns mit der Mob-Farm loslegen und dann ein paar Grinder bauen.

Bau einer wasserbasierten Mob-Farm

Das einfachste Layout verwendet vier Wasserkanäle mit einer Länge von acht Blöcken, die auf ein 2 × 2 Blöcke messendes Loch im Zentrum der Plattform zulaufen. Wir werden diese Anlage in der Luft bauen, um einen Fall-Grinder zu implementieren. Ich empfehle, den Bau dieser Anlage in einer Flachland-Welt im Kreativmodus zu testen, da die Konstruktion im Überlebensmodus aufgrund des Risikos eines Sturzes viel länger dauern würde. Folge diesen Schritten:

1. Phase 1 besteht im Hochziehen einer 19 Blöcke hohen Säule (Bild 4.2). Gegen die übliche Höhe von 22 Blöcken sprechen die Gründe im Kasten „Fallschaden von Mobs". Von der Mitte aus baust du dann kreuzförmig acht Blöcke lange Wasserkanäle, wobei eine Breite von zwei Blöcken erforderlich ist, damit auch Spinnen zur Mitte hingeschwemmt werden können. Als Baumaterial kannst du alle undurchsichtigen Blöcke verwenden – lediglich Glas scheidet aus. Blockiere nun die Außenseite eines jeden Kanals und schütte acht Eimer Wasser hinein.

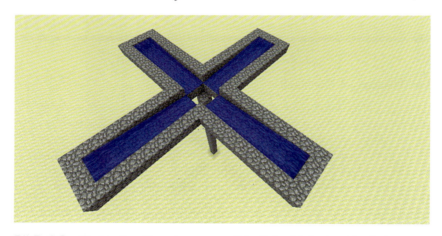

BILD 4.2 Wasserkanäle schwemmen feindliche Mobs ins Verderben.

2. Mit einer weiteren Lage Bruchstein an den Wandungen eines jeden Kanals erhöhst du die Wassertiefe auf zwei Blöcke, was die Mobs daran hindert, aus der Todesfalle zu entkommen. Dann ziehst du wie in Bild 4.3 gezeigt die Außenmauern der Farm hoch.

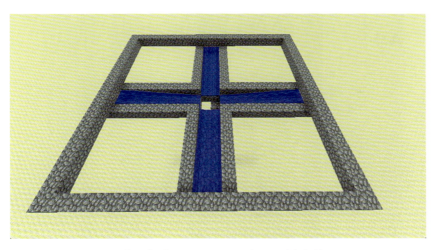

BILD 4.3   Die um eine Außenmauer erweiterte Mob-Farm

3. Fülle nun die vier leeren Bereiche mit Baumaterial aus, um die Farm mit einem Fußboden auszustatten, bevor du die Außenmauer wie in Bild 4.4 auf eine Höhe von drei Blöcken bringst.

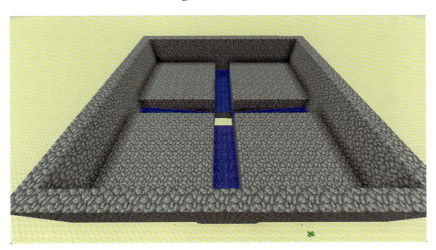

BILD 4.4   Die Farm nimmt nun Form an.

4. Zu guter Letzt versiehst du die Konstruktion mit einem Dach, unter dem ein Raum zum Spawnen mit einer Höhe von zwei Blöcken verbleibt. Mit Fackeln verhinderst du, dass Mobs auf dem Dach (anstatt ausschließlich darunter) spawnen. Wenn du möchtest, kannst du die Hilfssäule nun entfernen (Bild 4.5). Warte den Tagesanbruch ab oder tippe **/time set day** ein und du wirst nach rund 20 Sekunden die ersten Mobs aus dem Loch purzeln sehen, gefolgt von einem konstanten Strom an Kreaturen.

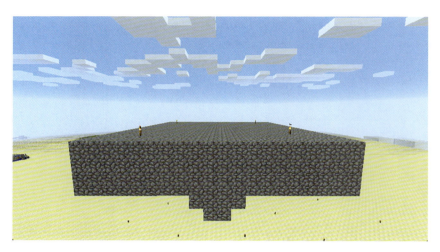

BILD 4.5   Die fertige Farm: ein in luftiger Höhe schwebender Mob-Spawner

INFO

Fallschaden von Mobs

Mobs verfügen über unterschiedlich hohe Lebensenergie. Hier kannst du exakt bestimmen, welche Kreaturen beim Aufschlag getötet werden und welche noch genug Leben in sich haben sollen, damit du sie später erledigen und so Erfahrungspunkte sammeln kannst. Oftmals erhältst du unterschiedliche Beute, wenn du den Todesstoß landest, darunter Rüstungen, Eisen, Tränke, Waffen und Werkzeuge. Das Ziel ist die Reduzierung der Gesundheitsleiste der Mobs auf einen einzigen Punkt, sodass sie nach einem Schlag tot umfallen. Spinnen sind mit 18 Lebenspunkten am schwächsten und sind fast tot, wenn sie aus einer Höhe von 20 Blöcken fallen. Skelette, Zombies und Creeper verfügen über 20 Lebenspunkte und benötigen eine Fallhöhe von 22 Blöcken. Hexen sind mit 28 Punkten die zähesten Kreaturen und müssen 30 Blöcke tief fallen, um mit einem verbleibenden Lebenspunkt unten anzukommen. Du kannst deine Mob-Farm schon während der Konstruktionsphase an die gewünschte Mob-Art anpassen, indem du die Höhe variierst, oder du gräbst unterhalb der Farm eine Grube, welche das Justieren der Fallhöhe ohne große Umstände ermöglicht. Indem du ein bis zwei Blöcke in der Grube platzierst, kannst du das Verhältnis von toten/fast toten Mobs exakt an deine Bedürfnisse anpassen – geringere Fallhöhe, mehr Überlebende. Auf diese Weise erhältst du einen schönen Mix aus automatischer Beute und Erfahrung plus spezieller Beute, indem du den angeschlagenen Mobs aus einem sicheren Tunnel heraus den Rest gibst.

Mobs töten und Beute einsammeln

Nun müssen wir unsere Mob-Farm noch erweitern, um Mobs automatisch zu töten und deren Beute einzusammeln.

Diese als „Grinder" bezeichneten Vorrichtungen gibt es in verschiedenen Ausführungen:

- **Tödlicher Sturz** – lasse Mobs aus einer bestimmten Höhe stürzen, sodass sie auf dem Boden zerschmettern und sofort ihre Beute preisgeben. Alternativ kannst du die Mobs auf Trichter fallen lassen, wodurch die Beute automatisch eingesammelt wird – dazu später mehr. Du kannst die Fallhöhe so justieren, dass einige wenige Mobs überleben und mit einem Schlag niedergestreckt werden können, was das Sammeln von Erfahrungspunkten ermöglicht.
- **Lavaklingen** – schwemme die Mobs zu einer Lavaschicht in Kopfhöhe, welche die Kreaturen tötet, ohne die Beute zu vernichten. Sammle die Beute mit einem Trichter und einer Truhe.
- **Ersticken** – schiebe mit Kolben undurchsichtige Blöcke auf die Mobs, um ihnen die Luft zum Atmen zu nehmen.
- **Ertränken** – fange die Mobs in einem Wasserbecken ohne Lufttaschen, sodass sie ertrinken und ihre Beute fallen lassen.

Ich zeige dir, wie du alle vier Varianten bauen kannst.

Das Sammeln von Beute hilft beim Vermeiden des in Bild 4.6 gezeigten Problems: Jede Menge Gegenstände stapeln sich auf dem Boden und verschwinden nach fünf Minuten. Interessant: Gegenstände bleiben erhalten, wenn du dich weit genug von ihnen entfernst, sodass der betreffende Chunk aus dem Speicher gelöscht wird.

BILD 4.6   Das automatische Einsammeln von Gegenständen verhindert, dass diese nach einiger Zeit verschwinden.

Stationäre oder an Loren angebrachte Trichter können Beute aufsaugen, was zwei Wege zum Einsammeln eröffnet:

- **Standard-Trichter** – arrangiere Trichter unterhalb der Tötungszone deiner Farm und verbinde sie so, dass die Beute wie durch ein Rohrsystem von einem Trichter zum anderen weitergereicht wird, bis sie schließlich in einer Truhe landet. Platziere zunächst die Truhe, bevor du die Trichter-Pipeline mit Umschalt-Klicks erstellst, wobei du von der Truhe aus einen Trichter mit dem anderen verbindest. Das erforderliche, in Bild 4.7 dargestellte Trichter-Gitter benötigt extrem viele Ressourcen im Überlebensmodus, da jeder Trichter fünf Eisenbarren und eine Truhe zur Herstellung erfordert. Solltest du über zu wenig Eisen verfügen, aber Zugang zu sechs Goldbarren haben, aus denen man ein Set von Antriebsschienen bauen kann, ziehe die nächste Lösung in Betracht.

- **Lore mit Trichter** – errichte ein gewundenes Gleis wie in Bild 4.8 und lasse eine Lore mit Trichter darauf fahren, um fallengelassene Gegenstände aufzunehmen. Das funktioniert am besten, wenn die Mobs beim Aufprall sterben, denn umherwandernde Mobs blockieren die Lore. Alternativ verwende die Lavaklinge, um die Mobs zu zerhäckseln, damit mit Sicherheit nur Gegenstände auf den Gleisen landen. Du kannst auch eine Verladestation für die Lore an einem Ende der Gleise errichten (siehe Kapitel 3, „Bergbau und Erzgeneratoren"), wo der Trichter regelmäßig geleert wird. Mit einem weiteren Trichter kannst du die Gegenstände in eine Truhe befördern oder in eine weitere Lore, welche die Beute direkt bei deiner Basis abliefert.

BILD 4.7   Mit einem Gitter aus Trichtern beförderst du die gesamte Beute aus der Tötungszone in eine Truhe.

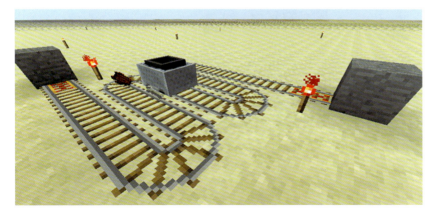

BILD 4.8 Eine einzelne Lore mit Trichter auf einem gewundenen Gleis kann das Trichter-Raster ersetzen und ist bedeutend kostengünstiger.

Der Bau der Lavaklinge erfordert eine behutsame Herangehensweise – wer schon mal mit Lava hantiert hat, kann die alte Weisheit „Gebranntes Kind scheut das Feuer" sicherlich aus eigener Erfahrung bestätigen. Bild 4.9 zeigt das fertige Konstrukt unterhalb der Mob-Farm – doch gehen wir es langsam an und errichten wir die Lavaklinge von Grund auf neu:

1. Beginne mit einem zwei Blöcke breiten und acht Blöcke langen Wasserkanal (Bild 4.10), dessen Wände mit einer Höhe von zwei Blocks ausreichend Platz für passierende Mobs bieten. In der Praxis kommst du auch mit einem kürzeren Tunnel aus, doch dann können es Mobs lebend herausschaffen – besonders die Hexen mit ihrer hohen Gesundheit überleben gerne mal den ersten Kontakt mit der Lava. Der Kanal sollte so positioniert werden, dass die vier Wasserblöcke direkt unter dem 2 × 2 Blöcke großen Ausgang der Mob-Farm beginnen.

BILD 4.9 Bei der Lavaklinge handelt es sich um einen simplen und effizienten Mob-Grinder.

Mob-Farmen, -Fallen und Verteidigung

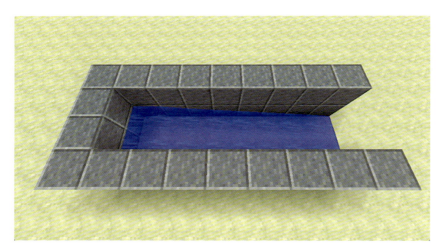

BILD 4.10   Der Wasserkanal schwemmt die Mobs in Richtung Lavaklinge.

2. Wie in Bild 4.11 zu sehen, werden die Wände des Kanals um weitere vier Blöcke erweitert. Platziere zwei Schilder oder Leitersegmente an der Stelle, wo der Wasserfluss endet. Diese halten die Lava auf und erzeugen damit den „Klingen"-Effekt. Ein weiterer Mauerblock über den Schildblöcken ist optional – durch die Lücke kannst du besser in die Konstruktion hineinsehen. Die Lava muss einen Block höher als das Wasser positioniert werden, sodass du wie gezeigt sechs weitere Blöcke an der Unterseite des Lavakanals anbringen musst. Anmerkung: Ich habe ein 2 × 1 großes Loch unterhalb der Schilder gegraben und dort eine Truhe positioniert. Einige Trichter an der Oberseite können jede Beute in die Truhe befördern, wodurch diese Konstruktion ein sehr kompaktes Sammelsystem darstellt.

BILD 4.11   Schließe die Lavaseite der Konstruktion mit einem erhöhten Kanal und Schildern oder Leitern zum Begrenzen des Lavaflusses ab.

3. Schütte zwei Eimer Lava in das entfernte Ende des Lavakanals, sodass diese in die Mitte fließen kann, wie in Bild 4.12 zu sehen ist. In Bild 4.13 siehst du die Lavaklinge in Aktion. Wenn du die Truhe und die Trichter eingebaut hast, grabe einen seitlichen Zugangstunnel, um an den Inhalt der Truhe heranzukommen. Du kannst die Anlage testen, indem du im Kreativmodus Spawn-Eier aus dem Inventar im Kanal platzierst.

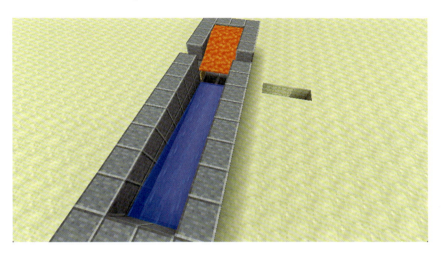

BILD 4.12   Der fertige Grinder. Am Ende des Wasserkanals kann man die beiden Trichter unterhalb der Lava erkennen, die sämtliche Beute in die darunterliegende Truhe befördern.

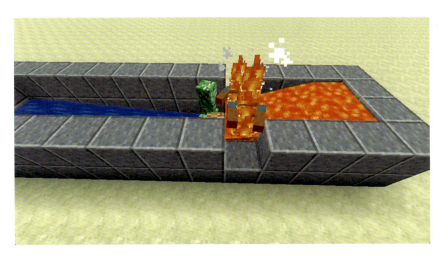

BILD 4.13   Die fertige Lavaklinge im Einsatz

78   Mob-Farmen, -Fallen und Verteidigung

Diese Variante der Lavaklinge kostet übrigens am wenigsten Ressourcen. Wenn du vier weitere Schilder baust, kannst du die Grundfläche der Anlage deutlich reduzieren, indem du die Lava in Bögen durch das Konstrukt laufen lässt. Folge diesen Schritten, um das Platz sparende Design zu wählen:

1. Bringe an der Unterseite der Mob-Farm Blöcke an, wie in Bild 4.14 illustriert. Zur besseren Übersicht habe ich Glas gewählt, doch du solltest undurchsichtige Blöcke verwenden, damit kein Licht in die darüber liegende Mob-Farm dringen kann. Bringe die beiden Schilder an der Innenseite der Wände an. Wenn du einen undurchsichtigen Block verwendest, kannst du auch Leitern statt Schilder verwenden. Achtung: Der Bau des Grinders kann im Überlebensmodus knifflig werden – richte deshalb eine ausreichend große, von der temporären Säule ausgehende Sicherheitsplattform ein, sodass du beruhigt arbeiten kannst.

BILD 4.14   Die erste Ebene des Lava-Grinders an der Unterseite der Farm. Vergiss die Schilder nicht!

2. Füge nun eine zweite Schicht Blöcke in der Form eines „U" hinzu, an dessen Öffnung sich später die Lava befinden wird. Bild 4.15 zeigt das Resultat.
3. Mit weiteren sechs Blöcken eine Ebene tiefer füllst du die Grundfläche der Öffnung auf, wobei du unter dem Ausgang der Farm beginnst und drei Blöcke setzt, bis sich die Grundfläche unterhalb des ersten Schilds befindet (siehe Bild 4.16).

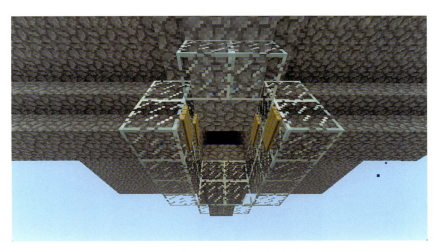

BILD 4.15   Die fertige Grundform des Mob-Grinders

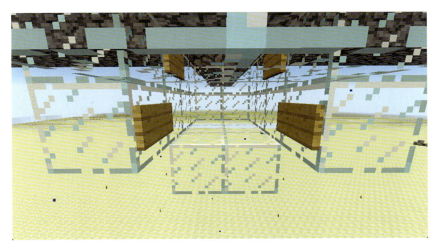

BILD 4.16   Eine Grundfläche für den Wasserfluss

4. Zuletzt bewegst du dich zur Öffnung zwischen den Schildern und schüttest zwei Eimer Wasser gegen die Wand am hinteren Ende des Tunnel, sodass der Wasserstrom an der Ausgangsöffnung der Farm beginnt. Dann bewegst du das Fadenkreuz über einen der seitlichen Blöcke zwischen den oberen und unteren Schildern und platzierst dort einen Lava-Quellblock, wie in Bild 4.17 zu sehen ist.

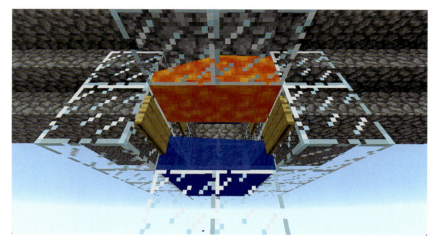

BILD 4.17   Schütte Wasser ins hintere und Lava ins vordere Ende des Tunnels in der Nähe der Schilder.

Nun solltest du über einen Grinder wie den in Bild 4.9 verfügen.

Übrigens: Eine weitere Reduzierung des Platzbedarfs ist kaum möglich – so würde das Platzieren lediglich eines kleinen Lavasees unterhalb der Öffnung die Mobs zwar in Brand setzen, doch beim Versuch, wieder zurück an die Oberfläche zu gelangen, würde die Beute der Kreaturen ebenfalls den Flammen zum Opfer fallen. Die Wasserströmung schwemmt die Mobs in Richtung Lava, wo sie aufgrund des Blocks über ihren Köpfen nicht auftauchen können – und die Beute unversehrt nach unten fällt.

Ein letzter Tipp: Dieses extrem kompakte Design hat eine kleine Macke – das Licht der Lava dringt in die Mob-Farm vor, wodurch die Spawn-Rate reduziert wird. Dieses Problem kannst du lösen, indem du den Wasserlauf auf bis zu acht Blöcke verlängerst, sodass die Lava viel weiter vom Ausgang der Farm entfernt ist.

Bevor wir das Thema Mob-Grinder fürs Erste hinter uns lassen (ich komme im Zusammenhang mit Fallen zur Verteidigung darauf zurück), will ich dir noch einen sicheren Weg zum Sammeln von Erfahrungspunkten zeigen. Verwende das früher beschriebene Trichter-Layout, errichte einen zwei Blöcke tiefen Wassergraben um die Trichter herum und platziere zwei Wasserquellen an jeder Seite der Truhe. Das Wasser fließt um das Raster aus zwölf Trichtern herum und kommt auf der anderen Seite zusammen, wo sich alle Mobs sammeln, die den vorangegangenen Sturz überlebt haben (Bild 4.18).

Schlage auf Höhe des Wasserspiegels einen Block aus der Wand (oder auch zwei, wenn du sichergehen kannst, dass keine Spinnen den Sturz überleben). Beide Wasserläufe befinden sich bereits am Strömungslimit von acht Blöcken, sodass das Wasser nicht in die Öffnung vordringt. Grabe nun einen Verbindungstunnel, der von oben in die gerade erstellte Lücke führt und einen Block tiefer endet. Dadurch kannst du die überlebenden Mobs attackieren, aber diese können nicht zurückschlagen, da du dich auf der Höhe ihrer Knie befindest (Bild 4.19). Die Beute wird vom Wasserlauf fortgetragen und kann durch zusätzliche Trichter unterhalb der Blöcke am Ende des Kanals eingesammelt und in eine darunterliegende Doppeltruhe befördert werden.

> **ACHTUNG**
>
> **Gefährliche Hühnerreiter**
>
> Die erst in Version 1.7 von Minecraft eingeführten Hühnerreiter sind Babyzombies, die auf weißem Federvieh durch die Gegend reiten. Es handelt sich um seltene Spawns, doch wenn mal einer erscheint, kann er eine ernsthafte Gefahr für deine auf Fallschaden basierende Mob-Farm darstellen. Das Huhn bewahrt seinen untoten Jockey vor dem Todessturz, indem es mit den Flügeln schlägt und somit Fallschaden verhindert. Diese ungewöhnlichen Mobs können auch durch einen Block hohe Lücken schlüpfen, was eine echte Gefahr bei Vorrichtungen zum Attackieren der Mobs auf Kniehöhe darstellt. Mit einer nur einen halben Block hohen Stufe kannst du dich vor diesen Mobs schützen, die eine neue Hackordnung im Spiel etablieren wollen.

BILD 4.18 Um das Trichter-Raster herumfließende Wasserkanäle befördern die angeschlagenen Mobs zu deinem Versteck, wo du sie sicher auf Kniehöhe attackieren kannst.

BILD 4.19   Eine sehr unfaire, aber ebenso schnelle wie sichere Weise zum Ansammeln von Erfahrungspunkten

Heimtückische Mob-Fallen

Zum Bau von Mob-Fallen gibt es in Minecraft unzählige, teils sehr listige Wege. Die bereits beschriebenen Fall- und Lava-Grinder sind zwei interessante Varianten. Im Gegensatz zu Grindern handelt es sich bei Fallen um defensive Anlagen, die typischerweise um deine Basis herum errichtet werden. Ähnlich wie Grinder, können auch Fallen zum Eliminieren oder Sammeln von Mobs verwendet werden. Obwohl die nachfolgend beschriebenen Fallen auch als Grinder eingesetzt werden können, liegt ihr Fokus eher auf der Defensive. In der Tat sind Kakteen in Minecraft das, was einer Panzersperre im echten Leben am nächsten kommt!

Hinterhältige Gräben

Der simple, zwei Blöcke tiefe Graben ist eine der einfachsten Fallen für Creeper, Skelette und Zombies. Wasser kann sie fortschwemmen, Lava kann sie verbrennen. Ziehe einige Gräben um dein Versteck herum, erweitere sie auf eine Breite von zwei Blöcken (um auch Spinnen zu fangen) und versehe die Ränder mit Glasblöcken, um Spinnen am Herauskrabbeln zu hindern. Damit kannst du beruhigt deinen Geschäften nachgehen. Auch das Schwemmen der Mobs in eine Lavaklinge ist möglich. So baust du eine kompakte Version mit einem zweiten Wasserlauf zum Einsammeln der Beute:

1. Ziehe einen Graben mit mindestens zwei Blöcken Tiefe und zwei Blöcken Breite um deine Basis herum – auch wenn du dadurch mehr als acht Blöcke Wasser benötigst, um sicherzustellen, dass der Wasserstand nicht alle sieben Blöcke sinkt und der Grinder tiefer liegt als in Bild 4.20.

2. Verwende dieselbe Herangehensweise wie bei der Farm, doch ordne diesmal die Schilder oder Leitern V-förmig an, um die Lava einen Block über dem Ende des Wasserstroms an Ort und Stelle zu halten. Ein Eimer Lava reicht aus – hier habe ich aus Gründen der Ästhetik zwei Eimer verwendet, da mir ein kompakter Lavablock besser gefällt als ein hin- und herschwappendes Gebilde.

BILD 4.20   Eine kompakte Version des grundlegenden Wasserbeckens. Du kannst es natürlich nach Belieben vergrößern.

3. Versiegle die Oberseite der Lava mit einem Block deiner Wahl, um Mobs am Auftauchen zu hindern, was die Beute verbrennen würde.
4. Nun gräbst du wie in Bild 4.21 gezeigt einen Abfluss unter den niedrigsten Teil des „V" und erweiterst diesen nach rechts. Wenn du das aktive Einsammeln von Drops planst, kann der Kanal beliebig lang sein. Du kannst die Beute auch mit Trichtern sammeln, die sich unterhalb eines sehr kompakten Wasserbeckens befinden. Im Bild siehst du unter dem Wasserbecken zwei Trichter.

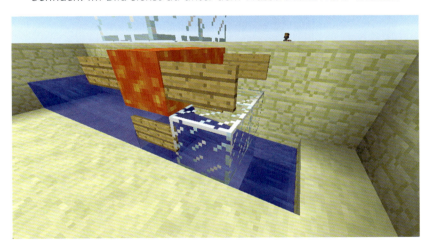

BILD 4.21   Obwohl die Anlage hauptsächlich der Sicherung deines Grundstücks dient, ist das Einsammeln der Beute durchaus sinnvoll – bevor sie verschwindet.

Sollte Lava knapp sein, kannst du auch Wasserblöcke in die V-förmige Halterung packen (Bild 4.22), um die Mobs zu ertränken. Zwar leben die Mobs im Wasser länger, doch dieses Design ist ungemein effizient, da zum Betrieb gerade mal zwei Eimer Wasser reichen, die in die entgegengesetzten Ecken eines 2 × 2 Blöcke großen Lochs gegossen werden.

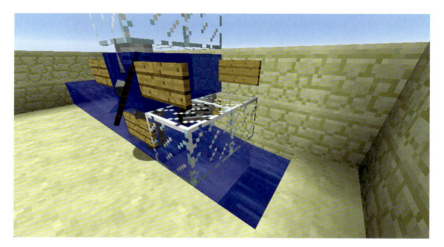

BILD 4.22   Spar dir den langen Weg zum Lavasee, indem du stattdessen Wasser verwendest. Die Todesschreie der Mobs halten zwar etwas länger an und gehen damit auf die Ohren, doch die Effizienz ist unschlagbar.

Killer-Kaktus

Der Kaktus ist bekanntermaßen ein stachliger Zeitgenosse. Kommen Mobs oder Spieler mit dieser leicht zu züchtenden Pflanze in Kontakt, erleiden sie augenblicklich Schaden in Höhe eines halben Herzsymbols (entspricht einem Lebenspunkt). Dieser Umstand macht den Kaktus zu einem der am leichtesten verwendbaren Elemente in Fallen. Der einzige Nachteil: Kakteen zerstören auch einen Teil der Beute, sodass sie sich weniger für Mob-Farmen, sondern eher zur Verteidigung eignen. Ein Mob, der mit einem Kaktus in direkten Kontakt kommt, stirbt an tausend Nadelstichen – ein Tod, den ich keinem wünsche. Dennoch sind Kakteen hervorragende und Platz sparende Grinder, die wenigstens einen Teil der Beute unversehrt lassen. Bild 4.23 zeigt die einfachste Kaktusfalle. Mobs werden in Richtung Kaktus geschwemmt und treiben dort auf und nieder. Der Kaktus sollte mindestens zwei Blöcke hoch sein, damit Mobs nicht darüberspringen können. Ein Trichter vor dem Kaktus sammelt die übrig gebliebene Beute ein. Kakteen gedeihen nur auf Sand, sodass du für ein entsprechendes Beet sorgen musst. Darüber hinaus benötigt die Pflanze an allen vier Seiten transparente Blöcke (Luft, Wasser und sogar Lava eignen sich dafür).

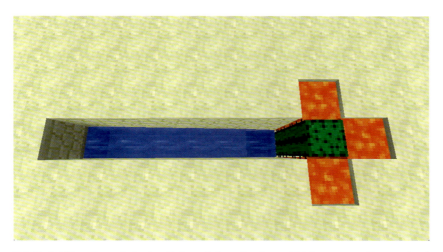

BILD 4.23   Eine einfache Kaktusfalle mit einem Trichter zum Sammeln der Beute. Obwohl es nicht erforderlich ist, habe ich die drei Blöcke um den Kaktus herum mit Lava gefüllt.

Das Einfangen von Spinnen in einem zwei Blöcke breiten Kanal erfordert eine kleine Anpassung: Die Kakteen werden dabei wie in Bild 4.24 diagonal versetzt angeordnet.

Beim Design sind deiner Fantasie keine Grenzen gesetzt. Zum Beispiel ein 4 × 4 Blöcke großes Becken (Bild 4.25) mit zwei Kakteen im Zentrum und mehreren verbundenen Trichtern. Vier Eimer Lava in die Ecken gegossen und die wehrlosen Mobs treiben in Richtung Zentrum, wo sie verenden und ihre Beute an die Trichter weitergeben. Du kannst die Anlage durch Wasserkanäle mit Mobs füttern oder sie einfach aus großer Höhe darauf stürzen lassen.

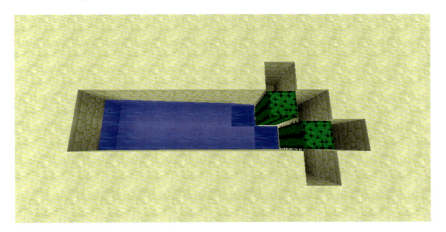

BILD 4.24   Ein Spinnen-Grinder erfordert eine diagonale Anordnung der Kakteen.

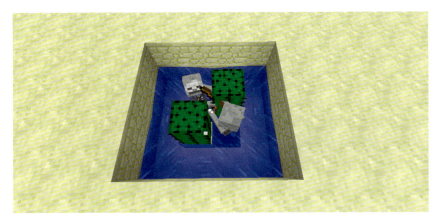

BILD 4.25   Ein Kakteen-Becken mit Trichtern zum Beutesammeln

Ähnlich wie in der echten Welt, kannst du das Gefälle der Landschaft für eine längere Sequenz nutzen, wie in Bild 4.26 gezeigt. Alle Mobs, die vom unerbittlichen Wasserstrom nach unten gezogen werden, prallen auf die verteilten Kakteen. Diese Variante ist nicht die effizienteste, da einige Mobs noch lebend unten ankommen werden, doch sie ist ein anschauliches Beispiel. Du kannst den angeschlagenen Mobs natürlich mit einer Lavaklinge oder einem Ertränker (ohne Kaktus) den Rest geben. Auch ohne Wasser ist dieses Design nützlich – herumwandernde Mobs prallen immer wieder gegen die Kakteen und verlieren dadurch Lebensenergie. Das Anpflanzen von Kakteen in jeder Art von Schneise eliminiert Mobs über die Zeit hinweg – simpel, effizient und tödlich.

BILD 4.26   Nutze das Terrain, um Wasser einen tiefen Graben hinunterlaufen zu lassen, und sammle die Beute am Ende ein.

TIPP

Spinnen-Spawner und Kakteen

Spinnen-Spawner sind eine potenzielle Gefahrenquelle für alle Abenteurer, die verlassene Minen, Verliese und Ähnliches erkunden. Wenn du auf solch einen Spawner stößt, verstelle den Eingang zum Spawn-Raum mit Kakteen – stelle je eine Pflanze am rechten und linken Rand des Durchgangs auf und lasse eine Lücke zwischen den beiden. Nun verletzen sich die Spinnen kontinuierlich an den Stacheln der Kakteen, wenn sie versuchen, zu dir zu gelangen. Nach einiger Zeit fallen sie tot um und geben ihre Beute – wertvolle Fäden – preis. Mit einer Redstone-Lampe und einem Schalter an der Außenseite kannst du den Spawner vorübergehend außer Kraft setzen, um die Fäden einzusammeln.

Wertvolle Werfer

Der Werfer ist ein enorm anpassungsfähiges Gerät zur Einrichtung vieler Fallen und Verteidigungsanlagen. Da er lediglich sieben Bruchsteine, einen Bogen und einen Redstone zum Bau benötigt, lässt er sich leicht herstellen, ohne deine Ressourcen überzustrapazieren. Am schwierigsten sind die Fäden zu bekommen (pro Werfer benötigt man drei Stück für den Bogen), doch diese Aufgabe kann eine Mob-Farm übernehmen. Werfer benötigen zum Abfeuern einen Redstone-Impuls, doch die Verkabelung ist im Vergleich zu Kolben und anderen Gerätschaften recht einfach. Du musst den Impuls nicht direkt in den Werfer leiten – ein Impuls, der durch einen Block in unmittelbarer Nähe läuft, reicht aus. Das bedeutet, dass du eine Reihe von Werfern lediglich mit einer dahinterliegenden Redstone-Spur abfeuern kannst. Diese Wand kannst du ganz nach Bedarf für Angriff oder Verteidigung nutzen. Die Spur muss lediglich auf derselben Höhe der Werfer liegen.

INFO

Tödliche Spender? Eher weniger …

Spender sind hauptsächlich zum flinken Befördern von Gegenständen in dein Inventar geeignet und die einzigen Geräte in Minecraft, die Gegenstände vertikal transportieren können. Für Fallen sind Spender dagegen weniger gut geeignet, da sie Gegenstände lediglich auf den Boden fallen lassen, statt sie abzufeuern – genau so, als würdest du die Taste **Q** drücken.

Spender lassen sich für verschiedene Aufgaben einsetzen:

- **Pfeile** – lade einen Spender mit Pfeilen und er wird eine Salve mit nahezu hundertprozentiger Erfolgschance auf Mobs innerhalb von fünf Blöcken abfeuern. Anders als bei von Skeletten abgefeuerten Pfeilen, kannst du jene

88 Mob-Farmen, -Fallen und Verteidigung

Projektile, die ihr Ziel verfehlt haben, wieder aufheben. Dummerweise musst du die Pfeile höchstselbst einsammeln – sie lassen sich nicht per Wasserlauf zu einem Sammelpunkt schwemmen. Indem du die Pfeile durch einen Lavablock schießt, werden sie zu brennenden Pfeilen, die Mobs Feuerschaden zufügen. Die steinernen (verwende kein Holz!) Druckplatten in Bild 4.27 registrieren lebende Mobs. Der Timer rechts sendet einen kontinuierlichen Impuls auf die andere Seite des UND-Gatters, sodass beim Aktivieren der Druckplatten ein Impuls an den Spender abgegeben wird, der Pfeile durch die Lava schießt. Indem die Lava in ein Loch unterhalb der Höhe der Druckplatten fließen kann, breitet sie sich nicht in den Tunnel aus. Der Steinknopf dient zum Starten der Anlage und kann später entfernt werden. Mit einem Kolben kannst du den Tunneleingang blockieren, wenn sich Mobs in der Falle befinden. Dadurch werden sie bei Treffern nicht aus dem tödlichen Areal hinausgestoßen.

- **Wasser und Lava** – indem du den Spender mit einem Eimer Wasser oder Lava füllst, kannst du eine Kaskade dieser Flüssigkeiten erzeugen. Wie du in Kapitel 2 gelernt hast, platziert der Spender den Quellblock direkt vor seiner Öffnung und saugt ihn bei einem weiteren Impuls wieder ein. Die Flüssigkeiten folgen den üblichen physikalischen Gesetzmäßigkeiten von Minecraft.

- **Feuerbälle** – das Abfeuern lodernder Feuerbälle ist im Überlebensmodus ein wenig extrem, da Feuerbälle sehr teuer in der Herstellung sind: Neben Schwarzpulver werden auch Lohenstaub von besiegten Lohen sowie Kohle oder Holzkohle benötigt. Des Weiteren ist ein Gefälle vonnöten, um die Kugeln rollen zu lassen. Interessantes Detail: Feuerladungen können wie Pfeile auch von Spendern abgefeuert werden, die sich unter oder hinter Wasser befinden.

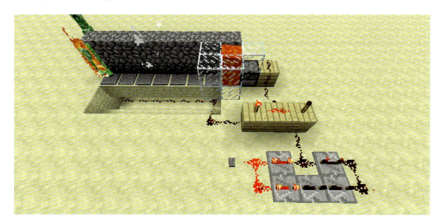

BILD 4.27   Ein automatischer Spender für Flammenpfeile (die Tunnelwand wurde der Übersicht halber entfernt)

- **Spawner-Eier** – bei der Gestaltung einer Abenteuerkarte oder im Kreativmodus kannst du Spender mit Spawner-Eiern bestücken und somit jeden Minecraft-Mob bei Bedarf erzeugen. So kannst du einen Spieler eine Armee von Zombies, Spinnen, Skeletten, Ghasts und so auslösen lassen.
- **Flammenwand** – das Konstrukt aus Bild 4.28 ist eine meiner Lieblingsfallen und ich nenne sie den „Zehenröster". Die Anlage besteht aus einer Reihe von nach oben weisenden Spendern, die mit Feuerzeugen gefüllt sind und von einer Druckplatte aktiviert werden. Betritt ein Mob die Druckplatte, schießt eine Flammensäule aus dem Spender empor und setzt alles in der Nähe in Brand. Aus diesem Grund solltest du keine Holzzäune in der Nähe errichten, da diese ebenfalls den Flammen zum Opfer fallen würden. Verwende stattdessen Stein als Baumaterial, wobei sich Zauntore glücklicherweise als feuerfest erweisen. Feuerzeuge sind nach 65 Einsätzen leer, sodass du mehrere davon in die Spender packen solltest, um die Verteidigungslinie so lange wie möglich aufrechtzuerhalten. Vergiss aber bei deiner Rückkehr nicht, über die Druckplatten zu springen, oder lege eine schmale Zugangsschneise an (Mobs werden die Platten beim Herumwandern trotzdem auslösen). Sollte dein Charakter dennoch mal Feuer gefangen haben, genügt ein beherzter Sprung in ein naheliegendes Wasserbecken wie jenes in der linken Ecke der inneren Mauer in Bild 4.28.

BILD 4.28 Übertrieben? Nein! Mit Feuerzeugen in Spendern und Druckplatten veranstaltest du das ultimative Mob-Barbecue.

TIPP

Spender nachfüllen

Spender geben ein Redstone-Signal über einen Komparator aus, das ihren Füllstand anzeigt. Diesen Umstand kannst du nutzen, um fast leere Spender automatisch nachzufüllen.
Viel einfacher ist es jedoch, eine Truhe mit Trichter über dem Spender zu platzieren. Um benachbarte Spender nachzufüllen, musst du unterschiedliche Truhenarten verwenden, denn zwei direkt nebeneinandergestellte Truhen werden automatisch zu einer Doppeltruhe, die wiederum nur einen der beiden Trichter versorgen kann. Setze deshalb wie in Bild 4.29 gezeigt abwechselnd herkömmliche und Redstone-Truhen ein.

TIPP

Redstone-Truhen

Redstone-Truhen (die etwas unglückliche Übersetzung der englischen Bezeichnung „Trapped Chest"; Fallentruhe) eignen sich ideal zum Hochnehmen anderer Spieler (vorwiegend neue Spieler; „Noobs" genannt). Sie sind kaum von herkömmlichen Truhen zu unterscheiden – lediglich die rötliche Färbung um das Schloss herum ist ein Indiz für eine Redstone-Truhe. Ein Schild mit der Aufschrift „Bediene dich!" kann wahre Wunder wirken. Beim Öffnen gibt die Truhe ein schwaches Redstone-Signal ab, das in der Regel mit einem Verstärker direkt hinter der Truhe aufgepeppt werden muss, wenn es lange Wege zurücklegen soll. Zum Auslösen eines TNT-Blocks direkt hinter der Truhe reicht der Impuls jedoch allemal aus.

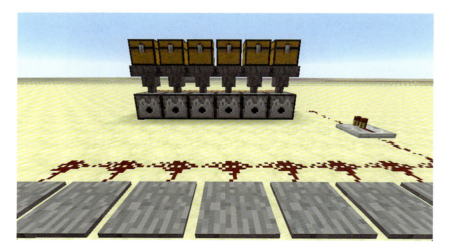

BILD 4.29 Eine Reihe von herkömmlichen und Redstone-Truhen liefert den darunterliegenden Spendern nahezu endlosen Munitionsnachschub.

Pulverisierende Kolben

Es gibt noch einen weiteren Weg, umherwandernde Mobs (außer Spinnen) und unachtsame Spieler zu *verarbeiten*: das „Kolbenbasierte Erstickungssystem". Es ist leicht zu bauen und erledigt seine Aufgabe sehr schnell. Bild 4.30 zeigt ein Beispiel, in dem die Mobs vom Wasser auf eine Druckplatte geschwemmt werden. Die Redstone-Fackel funktioniert wie ein Verstärker, was ein sehr kostengünstiges und Platz sparendes Layout ermöglicht. Sobald ein Mob die Druckplatte auslöst, wird der Kolben aktiviert. Der Glasblock hindert den Mob am Entkommen nach vorne, bis er das Zeitliche segnet und seine Beute preisgibt.

BILD 4.30   Eine einfache Erstickungsvorrichtung mit Kolben und Druckplatte

Das einzige Problem dieser Variante ist das Fehlen eines Sammelsystems für die Beute. Die Gegenstände liegen so lange auf der Druckplatte herum, bis sie von dir aufgehoben werden oder einfach verschwinden. Bild 4.31 zeigt einen leicht modifizierten Aufbau mit einem Trichter unterhalb der Druckplatte am Ende des Wasserlaufs. Du verbindest den Trichter per Umschalt-Klick, wenn du die Druckplatte darauf platzierst. Übrigens: Alle Redstone-Gegenstände mit geringer Bauhöhe lassen sich auf Trichtern platzieren: Schilder, Fackeln, Verstärker, Komparatoren und Tageslichtsensoren sind für Gegenstände durchlässig, sodass diese in den Trichter fallen können.

Eine geringfügige Änderung der Verkabelung ist erforderlich, um den Impuls der Druckplatte von einem danebenliegenden Block zu erkennen. Das Layout erfordert das Setzen dieses Blocks an der Vorderseite der Platte, von wo aus der Impuls zurück zur Fackel unterhalb des Blocks hinter dem Kolben läuft. Diese Verbesserung erfordert mit dem für den Trichter erforderlichen Eisen und der Truhe nur geringfügig mehr Ressourcen als die Basisversion.

BILD 4.31   Ein Trichter unterhalb der Druckplatte erlaubt das automatische Einsammeln der Beute.

Noch ein kleiner Tipp zum Schluss: Stolperdraht ist ein exzellenter Auslöser für Kolben, doch ähnlich wie hölzerne Druckplatten reagiert er sowohl auf Mobs wie auch auf Beutegegenstände, sodass eine manuelle Schaltung den Kolben zurückzieht, was das Aufsammeln der Beute erlaubt. Am einfachsten lässt sich dies mit einem weiteren UND-Gatter realisieren, doch dieses Mal kommt ein Hebel statt einer Redstone-Fackel zum Einsatz, der als Ausschalter dient. Bild 4.32 zeigt ein Beispiel. Einen großen Nachteil hat dieses Kolbendesign allerdings: Es ist nicht möglich, nur einen Block hohe Mobs damit zu töten, da jeder Kolben auf gleicher Höhe wie der Stolperdraht diesen einfach zerreißt, da er über den Kopf des Mobs hinwegsaust.

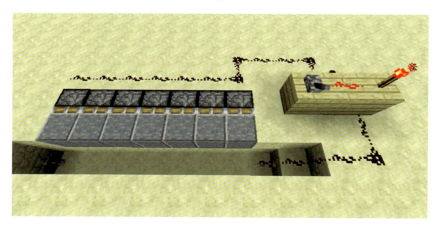

BILD 4.32   Diese Kombination aus Stolperdraht und Kolben erfordert ein UND-Gatter und einen Hebel zum Außerkraftsetzen der Anlage fürs Beutesammeln.

Zusammenfassung

In diesem Kapitel habe ich dir einen Überblick über Mob-Farmen und unterschiedliche Arten von Mob-Grindern und Fallen gegeben. Wie es in Minecraft üblich ist, gibt es nicht *die* beste Lösung für eine bestimmte Aufgabenstellung. In vielen Fällen musst du das Design an deine persönlichen Anforderungen anpassen und darüber hinaus gibt es unzählige Möglichkeiten zum Kombinieren, Verbessern oder Modifizieren der vorgestellten Anlagen – zur Anpassung an die Gegebenheiten … oder zur Ausführung deiner teuflischen Pläne.

Wenn du eine Mob-Farm planst, vergiss nie, die darunterliegenden Areale zu überprüfen, und erleuchte alle Höhlen, auf die du stößt – es genügt nicht, einfach nur die Höhleneingänge zu versiegeln. Ein tiefes Ozeanbiom macht die Sache leichter, denn obwohl auch der Meeresgrund von Höhlensystemen durchzogen sein kann, spawnen keine Mobs in mit Wasser gefüllten Arealen. Dadurch wird sich die Spawn-Rate in der Farm spürbar erhöhen. Mobs spawnen nur in einem quadratischen Bereich von 15 × 15 Blöcken oder 240 Blöcken pro Seite und mit dem Spieler als Mittelpunkt. Aus diesem Grund musst du stets nah bei deiner Farm bleiben, wenn sie fleißig Mobs produzieren soll. Auf der anderen Seite verfügt die kugelförmige „Schutzzone" um den Spielercharakter herum, in der keine Mobs spawnen können, über einen Radius von 24 Blöcken, sodass du deiner Farm nicht allzu sehr auf die Pelle rücken solltest. Wenn du über mehr als eine Minecraft-Lizenz und einen ungenutzten PC verfügst, kannst du ein Spiel über das Netzwerk laufen lassen und einen Spieler in der Nähe der Farm parken, damit die Mob-Produktion weiterläuft, während du selbst dich anderen Dingen widmest. Alternativ kannst du auch Mods wie Chicken Chunks installieren, die bestimmte Chunks unabhängig vom Aufenthaltsort deines Charakters stets aktiv halten. Lade den Mod unter http://www.chickenbones.craftsaddle.org herunter.

Mob-Farmen und -Grinder sind die beste Möglichkeit zum Ansammeln gigantischer Mengen an Ressourcen. Je tiefer du in die Materie eintauchst, desto lohnenswerter wirst du die Beschäftigung mit ihnen finden.

Bauen für Fortgeschrittene

In diesem Kapitel

- wählst du einen Baustil, der dich inspiriert,
- beeindruckst du deine Besucher mit geschmackvoller Inneneinrichtung,
- erschaffst du natürlich aussehendes Terrain und lebensechte Bäume,
- dekorierst du deine vier Wände mit 2D-Pixelbildern,
- baust du eine 3D-Statue,
- machst du es dir im Nether und im Ende gemütlich.

Bauen in Minecraft macht nicht nur wunderbar süchtig, sondern entfesselt auch das kreative Genie in dir. Von einer Metropole mit Wolkenkratzern über luxuriöse Kreuzfahrtschiffe bis hin zu Nachbildungen deiner Lieblingsfilmsets macht dich Minecraft sozusagen zum Architekten deiner kühnsten Träume.

Im Überlebensmodus ist erst einmal ausgedehnter Bergbau nötig, um all die Ressourcen für ein großes Bauvorhaben heranzuschaffen. Ich empfehle dir wärmstens, diese Herausforderung anzunehmen – es gibt kaum etwas Befriedigenderes, als im Kampf gegen Mobs und schwindende Gesundheit ein prachtvolles Gebäude hochzuziehen. Vergiss dabei nicht, deine Baustelle entsprechend gegen Gefahren von außen zu schützen. Im Kreativmodus stehen dir unendlich viele Ressourcen zur Verfügung, die du fliegenderweise auftürmst und von denen du hübsche Screenshots aus der Luft machen kannst. Ist dein Bauwerk fertiggestellt, wechsle wieder zurück in den Überlebensmodus.

TIPP

Quadratisch, praktisch – schlecht!

Obwohl es verlockend ist, vermeide einen quadratischen oder rechteckigen Grundriss für dein Gebäude. Dein Haus wird echter aussehen, wenn du es asymmetrisch anlegst (schließlich sind unsere linken und rechten Körperhälften auch verschieden). Balkone, Satteldächer, Gärten, Wege, versenkte Außenbereiche und Säulen sind die Schlüssel zum kreativen Bauen.

Den richtigen Baustil wählen

Dein Baustil ist wie deine Unterschrift – einzigartig und persönlich. Je mehr du baust, desto vertrauter wirst du mit bestimmten Techniken und Werkzeugen.

Wenn du einem Mehrspielerserver beitrittst, kann dessen Regelwerk verlangen, dass du dich dem dort vorherrschenden Baustil anpasst – sei es ein mittelalterlicher, viktorianischer oder elfischer Baustil.

Im Einspielermodus verfügt jede von dir erschaffene Welt über ein Biom, für das sich bestimmte Arten von Unterkünften und Kunsthandwerk eignen. In diesem Abschnitt werfen wir einen Blick auf die wichtigsten Baustile, die passenden Blöcke und Ressourcen und die Biome, in die sie passen. Diese Übersicht erhebt keinen Anspruch auf Vollständigkeit – für weitere Inspirationen solltest du in Google nach „Baustil" suchen und Screenshots von echten Gebäuden machen, die du nachbauen kannst.

Mittelalterlicher Stil

Konstruktionselemente: Burgen, Wassergräben, Heckenlabyrinthe, Wachtürme, Erker, Märkte, Tavernen, Schwertschmieden und Ställe

Passende Baumaterialien: Bruchstein, Eiche, Birke, bemooster Stein, Glowstone, Bücherregale, Eisen, Lapislazuli, Gold und Stein

Passende Dekoration: Kessel, Bücher, Tinte, Verzauberungstische, Braustand, Pilze, Öfen, Redstone-Lampen, Spinnweben und Bodenbewuchs

Mittelalterliche Welten gehören zweifellos zu den beliebtesten Minecraft-Settings, da sie den ohnehin schon starken Fantasy-Bezug von Minecraft um reizvolle Aspekte erweitern – von Tränken über Schwerter und Rüstungen bis hin zu Kämpfen mit riesigen Drachen. Der mittelalterliche Stil (Bild 5.1) wird in diesem Kapitel bevorzugt als Anschauungsbeispiel für bauliche Details herangezogen.

Wie immer bei großen Bauprojekten steht am Anfang die Planungsphase. Ebne ein Areal von der erforderlichen Größe ein und lege die Grundmauern deines Hauses mit farbigen Blöcken (siehe Bild 5.2). Markiere dabei die Durchgänge, Wände und Grundrisse jedes Raums für das Erdgeschoss. Bedenke dabei stets, in welche Richtung bestimmte Gebäudeteile weisen sollen, und versuche die Besonderheiten der Landschaft in dein Bauvorhaben zu integrieren. Denke dabei stets daran: Es ist besser, mehr Zeit für eine sorgfältige Planung aufzuwenden, als später Gebäudeteile wieder einreißen zu müssen.

Den richtigen Baustil wählen

BILD 5.1   In bester Lage — unsere heimelige mittelalterliche Burg steht auf einem Hügel mit Meerblick.

BILD 5.2   Unser neues Heim hoch über dem Meer hat alles, was eine zünftige mittelalterliche Burg so braucht: mehrere Stockwerke, eine Bibliothek, einen Ballsaal, einen runden Wachturm und ein Verlies für unser Enderportal und den Mineneingang.

Die Wände hochziehen

Da es sich um ein mehrstöckiges Gebäude mit viel Platz handelt, kannst du deiner Kreativität freien Lauf lassen. Entscheide dich für eine primäre Gebäudefarbe und zwei oder drei passende Farben/Texturen zum Verschönern der Außenwände. Verwende dieselben Farbtöne auch im Innenraum für Wände und Einrichtungsgegenstände.

Unser mittelalterliches Haus hat ein riesiges Panoramafenster im Ballsaal, das vom Boden bis zur Decke reicht und einen ungetrübten Blick auf den Ozean bietet (Bild 5.3). Das Erdgeschoss wird für gewöhnlich Wohnräume, Küche, Badezimmer und Toilette (Letztere sind unnütz, machen es aber etwas realistischer) sowie Eingangsbereich und Empfangshalle enthalten. Achte beim Bau der Treppe darauf, dass sie so wenig Platz wie möglich einnimmt (außer du willst eine riesige Eingangstreppe errichten), und nutze den darunterliegenden Platz als Lagerraum und Zugang zum Verlies.

BILD 5.3 Sei kreativ bei den Bodenbelägen — obwohl der Fußboden deine größte Leinwand ist, wird er oft übersehen. Experimentiere mit gefärbten Wollblöcken, um Muster zu kreieren, und variiere durch Ausheben von Blöcken die Höhe der Fußböden.

Das Dach des Erdgeschosses wird zum Fußboden des ersten Stocks und sitzt auf Mauern, in denen du Lücken für die Fenster und Türen lässt. Ich empfehle eine Mindesthöhe von sechs Blöcken pro Stockwerk, um mehr Platz für die Inneneinrichtung zu haben – je höher die Mauern, desto prachtvoller das Haus.

Passend zum mittelalterlichen Thema ziehen wir einen Turm in der Nähe des Verlieses hoch, der im Innern mit einer Treppe ausgestattet ist (Bild 5.4). Der Durchmesser des Turms beträgt acht Blöcke. Wie man kreisförmig, sphärisch und bogenförmig baut, erfährst du im Detail weiter hinten in diesem Kapitel.

Das erste Stockwerk bietet eine umlaufende Aussichtsplattform, wie in Bild 5.5 zu sehen ist. Vergiss nicht, die Mauern und Decken mit Stützpfeilern oder -bögen zu verstärken. Auch wenn sie nicht wirklich nötig sind, machen sie alles etwas realistischer. In unserem Beispiel wurde der Kamin des ersten Stocks über der Feuerstelle des Erdgeschosses platziert und mit Netherziegeln und Eisenbarren ausstaffiert. Einrichtungsgegenstände aus Holz sollten mindestens zwei Blöcke entfernt sein, da sie ansonsten Feuer fangen können.

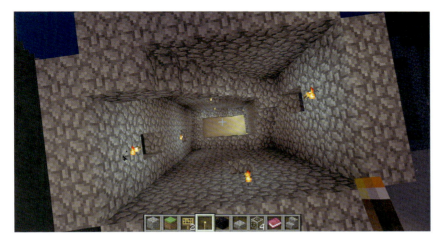

BILD 5.4   Ein Wach- oder Gefechtsturm gehört zu jedem mittelalterlichen Bauwerk und verleiht dem Gebäude eine interessante Kontur. Leuchte das Innere mit Fackeln aus, um einen Sturz in der Nacht zu verhindern.

BILD 5.5   Der erste Stock beherbergt Schlaf- und Badezimmer, eine Bibliothek mit Studierzimmer und Räume für besondere Anlässe.

Ein Dach über dem Kopf

Das Dach verleiht dem ganzen Gebäude seinen Charakter, egal wie einfach oder komplex du es gestaltest. Der Stil der Dachkonstruktion hängt von der Art deines Bauwerks ab – das Spektrum reicht von der Kuppel über das Satteldach bis hin zum Flachdach. Einige dieser Dachvarianten behandeln wir später in diesem Kapitel. Der verbreitetste Dachtyp ist das Satteldach (siehe Abschnitt „Viktorianischer Stil"). Um eine diagonal zusammenlaufende Dachlinie zu erzeugen, musst du für jede Ebene einen Hilfsblock errichten, den du nach getaner Arbeit wieder entfernst, wie in Bild 5.6 zu sehen ist. Diese pfiffige Baumethode wird dir schon bald in Fleisch und Blut übergehen.

Bild 5.6 Diagonal verbundene Blockreihen erzeugst du mithilfe eines temporären Hilfsblocks. In diesem Bild bin ich gerade dabei, diesen Block nach getaner Arbeit zu zerschlagen. Danach kannst du weitere Blöcke an der Stirnseite des vorhandenen anbringen.

Vergiss nicht, den wertvollen Platz unter der Dachkonstruktion zu nutzen. Statte den Raum unterhalb des Satteldachs mit Einrichtungsgegenständen aus und füge dem Dach passende Elemente wie Türmchen, Kamine, Dachgärten, Aussichtsplattformen, überdachte Wege, Solarzellen (Tageslichtsensoren oder Druckplatten) und Schwimmbecken hinzu. In Bild 5.7 siehst du unsere fertige Burg von oben – komplett mit einer halbkreisförmigen Aussichtsplattform, einem überdachten Weg, dem Glasdach des Ballsaals und dem Wachturm im Hintergrund.

BILD 5.7 Verwende unterschiedliche Konturen und stufe die Stockwerke zum Dachbereich hin ab, um ein ansprechendes Design zu erhalten.

Viktorianischer Stil

Konstruktionselemente: Kronleuchter, Straßenlaternen, Satteldächer, Landschaftsgärten, kunstvolle Dachlinien mit Kaminen und dekorativen Dachrinnen, Mansarden und Panoramafenster

Passende Baumaterialien: naturbelassene Stein- und Holzblöcke in Kombination mit auffälligen, bunten Dekorationsblöcken über und unter Fenster- und Türrahmen

Passende Dekoration: ein hübscher Pavillon, eine Parkbank und kleine Gewächshäuser für Blumen und Sträucher

Der viktorianische Baustil mit seinen charakteristischen Ornamenten (Bild 5.8) geht auf das frühe zwanzigste Jahrhundert zurück. Viktorianische Häuser verfügen generell über eine erhöhte Veranda, große Erkerfenster und nahezu symmetrische Räume. Beginne mit einem quadratischen Grundriss und ziehe das Gebäude weit in die Höhe – zwei oder drei Stockwerke hoch (siehe Bild 5.9).

Viktorianische Gebäude verfügen über zwei Arten von Dächern, die auch auf andere Baustile anwendbar sind, insbesondere das Satteldach. Aus diesem Grund gehen wir nachfolgend genauer auf die Konstruktionsmerkmale eines solchen Dachs ein.

BILD 5.8 Die besonderen Merkmale des viktorianischen Stils sind feine Details wie Vordächer über Fenstern und Türen, verglaste Balkone und Kronleuchter.

BILD 5.9 Setze Blöcke farblich voneinander ab, indem du Natursteine/-hölzer mit farbigen Materialien kombinierst.

Satteldach

Das Satteldach ist die meistverwendete Dachkonstruktion. Sie bietet jede Menge Platz unter dem Giebel und verleiht dem Gebäude einen ansprechenden dreieckigen Abschluss nach oben. Hier einige Tipps, die du beim Bau berücksichtigen solltest:

- Lasse das Dach mindestens einen Block über die Außenmauern hinausstehen – das verleiht deinem Haus mehr Tiefe.

- Ziehe die Dachblöcke reihenweise von vorne nach hinten auf und versetze sie jeweils um einen Block nach links/rechts, bis sie sich im Zentrum des Gebäudes treffen.
- Verziere die vordere/rückwärtige Fassade des Dachs mit besonderen Blickfängern – zum Beispiel einer dreieckigen Form, die ab etwa zwei Dritteln der Länge beginnt, oder einem Dachfenster mit einer Traufrinne. Versehe diese Linie mit Treppen und entferne die originalen Grundblöcke (siehe Bild 5.10).

BILD 5.10 Verwende diagonal verbundene Reihen, die sich am Ende über die gesamte Grundfläche des Hauses erstrecken.

- Erweitere deine horizontalen Dachblöcke von der Vorder- bis zur Rückseite, bis sie sich treffen, und versehe diese mit weiteren Abstufungen.
- Entferne die Grundblöcke der Fassade auf Höhe des Dachs auf der Vorder- und Rückseite und fülle die Lücken mit Blöcken in einer Kontrastfarbe, die das Dachfenster einrahmen.
- Verwende Dachfenster und kleine Balkone zur Individualisierung der Dachform, wie in Bild 5.11 und 5.12 gezeigt.

BILD 5.11 Verkleide dein Dachfenster mit einem Rahmen und Blöcken in Kontrastfarben, um die ansonsten leere Fassade zu gestalten.

BILD 5.12 Experimentiere mit eingelagerten Elementen in der Dachfassade, um sie optisch ansprechender zu machen. Achte dabei auf ein konsistentes Farbschema, das mit der Fassade des Hauses harmoniert.

Komplexes Dach

Im Internet kannst du einige spektakuläre Beispiele für komplexe viktorianische Dachkonstruktionen finden und dich von ihnen inspirieren lassen. Nachfolgend einige Tipps für einen wirklichkeitsnahen Look.

Komplexe Dachlinien entstehen hauptsächlich durch die Kombination unterschiedlicher Dachelemente. Das ist zu Beginn recht knifflig, doch mit ein wenig Erfahrung erschaffst du in kurzer Zeit echte Meisterwerke.

- Erweitere das Dach um mindestens einen Block über die Außenmauern hinaus, um deinem Haus mehr Tiefe zu verleihen.
- Verändere die Dachlinie (und wenn möglich auch die Grundform des Hauses), um interessante Variationen der Dachform zu erzielen – zum Beispiel mit Elementen wie Dachfenstern, Giebel, Türmchen oder Kaminen. Variiere die Länge der Dachbalken, um vereinzelte dreieckige Mini-Dächer zu erhalten, welche aus dem Dach herausragen (Bild 5.13). Verwende dabei die gewohnte diagonale Bauweise und verbinde die kleinen Dächer mit dem Hauptdach.

BILD 5.13 Variationen im Grundriss deines Gebäudes ermöglichen auch interessante Dachkonstruktionen. Füge niedrigere Wände, Nischen für Kamine und Türmchen hinzu, um kleine, individuelle Akzente zu setzen.

- Füge einen Eckblock an allen Stellen hinzu, wo mehrere Dachlinien zusammentreffen.
- Versehe alle Dachblöcke mit passenden Abstufungen, die der Dachlinie folgen. Wie schon beim Satteldach, erweiterst du nacheinander jede Blockreihe – diesmal von außen nach innen, bis sie in der Mitte zusammentreffen. Bearbeite jede Sektion einzeln und versuche die Schnittpunkte am selben Ort für jede Ebene zu halten, um einen Stufeneffekt wie in Bild 5.14 zu erhalten.
- Entferne die Grundblöcke der kleineren Dachelemente bis hin zur Mauerhöhe, sodass die dekorativen Abstufungen besser sichtbar werden.
- Das fertige Dach erscheint stark gestuft, wobei sich die Stufen an den höchsten Punkten treffen und jeweils den Dachfirst bilden (Bild 5.15).

BILD 5.14 Versehe fertige Blockreihen mit Abstufungen, die sich an denselben Punkten treffen.

BILD 5.15 Ein komplexes Dach wie dieses erfordert zwar ein wenig Übung, doch es sieht einfach fantastisch aus.

Japanischer Baustil

Konstruktionselemente: einfache, rechteckige Häuser mit einem doppelten, überhängenden Dach; Kirschbäume aus pinkfarbener Wolle und Birkenholz; kleine Steingärten mit Teichen, überschattet von Weidenbäumen

Passende Baumaterialien: Bruchstein, weiße Wolle, dunkle Hölzer, Zuckerrohr, Falltüren und Zaunpfähle

Passende Dekoration: Lilien, hängende Körbe und Laternen

Gestalte dein Gebäude innen minimalistisch mit dunklen Holzbalken und Wänden aus weißer Wolle. Traditionelle japanische Häuser verfügen in der Regel über eine Schiebetür aus Reispapier, sodass du für einen authentischen Look die Standardtür mit einer Falltür oder anderem, hellem Material ersetzen solltest (siehe Bild 5.16).

BILD 5.16 Ein japanisches Landhaus mit zwei Dachebenen und einem blühenden Kirschbaum

Dieser Stil ist sehr schwer zu realisieren, was vor allem am kunstvoll gestalteten Dach liegt. So bekommst du das doppelstöckige Dach am besten hin:

1. Rahme die Oberseite der Außenwand mit hellen Stufen ein und verwende einen Block, um jede Ecke zu verbinden.
2. Erweitere die untere Stufe mit einer abgesenkten, schwebenden Reihe von Stufen. Platziere eine weitere Stufe in den Ecken, diagonal zu den Eckblöcken.
3. Verwende auf den oberen Dachblöcken Stufen, die nach außen weisen, um ein wenig Höhe zu gewinnen, und fülle die Ecken erneut mit weiteren Stufen.
4. Fülle den Deckenbereich auf Höhe der dunklen Balken mit passendem, dunklen Holz. Füge dann eine weitere Lage Stufen ganz oben auf den Dachblöcken hinzu, bevor du diese mit Reihen schwebender Stufen erweiterst, um eine zweite Abdeckung über dem Originaldach zu konstruieren (siehe Bild 5.17).
5. Füge ganz oben im inneren Bereich ein Rechteck aus dunklen Holzblöcken hinzu und setze darauf wiederum helles Holz. Von außen nach innen baust du dann das Satteldach aus diagonal verlaufenden Blockreihen auf. Lasse die vordere und rückwärtige Dachfassade frei für dekorative Elemente.
6. Füge zwei weitere Reihen schwebender Stufen hinzu, um das Dach zu vervollständigen, und fülle die noch leeren, dreieckigen Fassadenbereiche mit dunklem Holz und weißer Wolle auf. Vollende dein Werk mit einer Reihe von Stufen, die du am Dachfirst anbringst.

BILD 5.17 Stufen und umgedrehte Treppen sind der Schlüssel zu einer mehrlagigen Dachkonstruktion.

Dekoriere dein Haus im japanischen Stil mit weiteren Stufen, hängenden Laternen und Weiden mit langen, hängenden Blättern. Aus pinkfarbener Wolle kannst du sogar Kirschblüten machen. Der Außenbereich wird mit einem Steingarten inklusive Wasserlilien und steinernen Bänken verziert. Die Inneneinrichtung sollte so reduziert wie möglich sein und über weiche Texturen verfügen. Mit Zuckerrohr simulierst du die typischen Bambuswände, die Wohnbereiche voneinander trennen.

Zeitgenössischer Stil und Vorstadtidylle

Konstruktionselemente: Medienraum, Swimmingpool, Whirlpool, Garage, Billardtisch, überdachter Garten, Solarzellen (Tageslichtsensoren oder Druckplatten), Auffahrten und ein Freizeitbereich vor der Tür mit einer Feuerstelle für einen Grill.

Passende Baumaterialien: Milchglasfenster (undurchsichtig), dezent gefärbter Ton oder Quarz zur Simulation grob verputzter Wände, Sand, Wasser und Bambus für Fensterrahmen. Für einen Vorstadt-Look verwende roten Ziegel, helle Holzbretter und gefärbte Wolle in passenden Farben.

Passende Dekoration: Bambus, Blumentöpfe, Glas, Sandstein für Wasseranlagen, Kessel für Waschbecken und Toiletten, horizontale Fensterrahmen und Büsche in Blumenkästen

Für den Bau zeitgenössischer Gebäude gibt es keine Grenzen – wandere einfach mit offenen Augen durch die Nachbarschaft und lasse dich von ultramodernen Wohnhäusern (Bild 5.18) oder traditionellen Vorstadtbauten (Bild 5.19) inspirieren.

Den richtigen Baustil wählen 109

BILD 5.18   Glatter Ton und Quarz sorgen für einen realistischen, strukturierten Look der Außenwände.

Bild 5.19   Ein klassisches Vorstadtgebäude aus rotem Ziegel

Beachte Folgendes, wenn du ein zeitgenössisches Bauprojekt in Angriff nimmst:

- Glatte, klare Linien mit breiten horizontalen Fenstern sorgen für ein modernes Erscheinungsbild. Wähle für den größten Teil des Gebäudes eine helle Grundfarbe, die von kolorierten oder texturierten Blöcken in der Nähe des Haupteingangs komplementiert wird. Um große Flächen nicht monoton wirken zu lassen, setze Akzente mit Nischen oder Spalten.
- Nutze die verfügbare Gesamthöhe gut aus – das Tieferlegen des Eingangsbereichs um einen oder zwei Blöcke ermöglicht höhere Decken im Wohnbereich, was in der modernen Wohnung für ein großzügiges Raumgefühl sorgt.

- Statte das Flachdach mit einem Dachgarten aus. Verwende Knochenmehl als Dünger für superschnelles Wachstum (siehe Bild 5.20).
- Swimmingpools auf dem Dach tragen sehr zur Ästhetik eines modernen Gebäudes bei. Um Wasserschäden durch undichte Stellen zu vermeiden, muss die Wandung doppelt ausgeführt werden.
- Nutze den Platz unter den Treppen als Lager oder führe die Treppen hinunter in einen Keller.

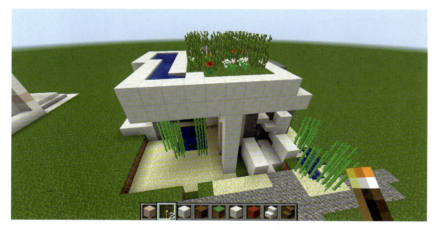

BILD 5.20   Nutze den Platz auf dem Dach für Solarzellen, Gärten oder Wasserbecken – der perfekte Ort für ein wenig Ruhe mitten in der Stadt.

Straßenbau

Mit folgenden Materialien bildest du eine Straße (nach US-amerikanischem Vorbild) nach, die durch dein Wohngebiet führt:

- 1 × Weiße Wolle
- 1 × Schnee
- 3 × Schwarze Wolle
- 1 × Gold

Ordne diese Blöcke nebeneinander an und wiederhole diesen Vorgang, bis die Straße die gewünschte Länge erreicht hat. Grabe zwei Blöcke tief, wenn Bürgersteig und Grasnarbe jeweils einen Block höher liegen sollen als die Straße. Die Mittelstreifen entstehen mit Goldbarren, indem mittig drei goldene Blöcke, ein schwarzer Block usw. gelegt werden (Bild 5.21). Übrigens: Deutsche Straßen mit weißen Mittelstreifen sind viel günstiger – hier tut es ein Wollblock statt des Goldbarrens.

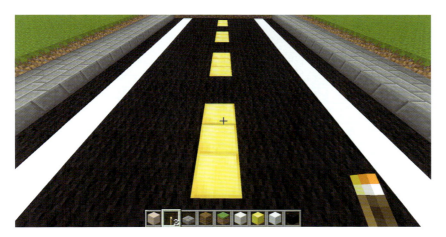

BILD 5.21 Erweitere deinen Horizont mit einer Straße – warum keine ganze Stadt erbauen? Indem du weitere Fahrspuren hinzufügst, baust du die Straße zur Autobahn aus.

TIPP

Außenwände mit mehr Tiefe

Sprenge die Grenzen deines Grundrisses mit besonderen Blöcken, tragenden Säulen und interessant geformten Wänden, um der Außenansicht deines Gebäudes mehr Tiefe zu verleihen. Erweitere das Dach nach außen hin, damit ein Überhang entsteht, oder füge Blumenkästen unterhalb der Fenster (natürlich mit Fensterläden!) sowie Erker hinzu, um die Blicke des Betrachters auf sie zu lenken. Bedenke stets, dass Detailreichtum und Tiefe viel zum Erscheinungsbild deines Hauses beitragen und aus einem normalen Gebäude ein kreatives Meisterwerk machen.

Wikingerstil

Konstruktionselemente: sehr steiles Dach mit einem zur Mitte hin abgesenkten Dachfirst und dekorativen Elementen an den Giebeln, eine gemütliche wie praktische Inneneinrichtung mit einer großen Feuerstelle als Fixpunkt. Baue den Innenraum in mehreren Ebenen aus, sodass man von der Brüstung des Schlafzimmers in den Wohnbereich sehen kann. Ein Langhaus (zentrale Kommunalbauten für Versammlungen und Gelage) verfügt über Holzwände auf Steinfundamenten. Ein Ritualhaus (ähnlich einer Kirche) ist ein einfaches Holzgebäude, wo Waffen besiegter Gegner ausgestellt werden und das über reiche Verzierungen auf dem Dach und im Eingangsbereich verfügt.

Passende Baumaterialien: Eiche und Fichte, Bretter und Panele für Gebäude mit Steinfundamenten. Eis, Schnee, Ton, Sand und weiße Wolle für Kontraste. Vertäfelungen aus dunklem Holz im Innen- und Außenbereich bilden einen reizvollen Kontrast zur schneebedeckten Umgebung.

Passende Dekoration: Schnee, Schnee und noch mal Schnee! Fichten, Blumenkästen und Büsche. Den Innenraum dekorierst du mit Schilden und gemusterten Wandbehängen.

Der Bau eines Wikingerhauses ist eine spaßige Herausforderung, vor allem wegen der interessanten Dachlinie und der aufwendigen Dekoration. Von außen sollte das Haus dunkel und einschüchternd wirken (Bild 5.22), doch die Inneneinrichtung sollte Wärme und Geborgenheit ausstrahlen. Die Grundmauern werden mit rechteckig angeordneten, dunklen Hölzern angelegt. Ziehe darauf Wände (mit einer Stärke von einem oder zwei Blöcken) aus heller Wolle oder Holz bis zur Dachlinie hoch.

BILD 5.22   Zuhause ist, wo du deine Axt hinhängst.

Ein Haus im Wikingerstil fällt vor allem durch sein sehr steiles Satteldach (um zu verhindern, dass zu viel Schnee darauf liegenbleibt) und die konkave Linie des Dachfirstes auf. Ganz oben sitzt ein auffälliger, langer Dachbalken, der weit über die Fassaden hinausragt. Du kannst die Dächer natürlich weiter individualisieren, wie du im vorangegangenen Abschnitt am Beispiel des komplexen viktorianischen Dachs gelernt hast.

Die gebogene Dachlinie ziehst du vom Mittelpunkt des Hauses aus stufenweise nach vorne/hinten, bis das Endresultat so aussieht wie die Silhouette eines Boots.

Versehe jedes Ende des Dachbalkens (und jedes Fenster) mit großen, dekorativen Endstücken – hergestellt aus umgekehrten Treppen und Stufen (siehe Bild 5.23). Experimentiere mit Treppen, Blöcken und Stufen, um das für dich perfekte Ergebnis zu erzielen – und immer schön auf steile Konturen achten!

Den richtigen Baustil wählen   113

BILD 5.23   Ein typisches Wikingerdach zeichnet sich durch große Steilheit und einen konkaven Dachfirst aus. In diesem Beispiel wurde das Dach mit diagonal verbundenen, umgekehrten Treppen unterhalb einer hochgestellten Treppe konstruiert.

Ägyptischer Stil/Wüstenstil

Konstruktionselemente: geometrische Formen, Pyramiden, Grabmale, Statuen, Märkte, Tempel, geometrisch geformte und dicht zusammenstehende Wohnhäuser (denke an Tetris in großem Maßstab), ausgedehnte Getreidefelder und ein einzelnes Wasserbecken als Zeichen von Königlichkeit

Passende Baumaterialien: Sandstein, Sand, orangefarbene Wolle, Gold, Glowstone und Ton

Passende Dekoration: Kakteen, Zuckerrohr, Pergament und Grabbeigaben wie leere Blumentöpfe, Saatgut, Getreide, Blumen und verdorbenes Fleisch (oder in diesem Kontext: mumifiziertes Fleisch!)

Es gibt kaum etwas Beeindruckenderes als einen Monolithen. Wenn du dich in einem Wüstenbiom wiederfindest, nutze das Überangebot an Sand und verwandle diesen in etwas, für das ein Pharao töten würde. Der Bau einer Pyramide (siehe Bild 5.24) oder eines Tempels lässt sich mit der bereits erlernten Technik für Satteldächer leicht bewerkstelligen (Bild 5.24). Wenn du sehr ambitioniert bist und deine Wüstenmetropole mit Sphinxen ausstatten willst, solltest du den Einsatz einer 3D-Software erwägen (dazu mehr später in diesem Kapitel).

BILD 5.24 Die Pracht einer ägyptischen Pyramide ist erst der Anfang. Im Untergrund errichtest du ausgedehnte Labyrinthe und Grabstätten, stilecht ausgestattet mit Redstone-Fallen.

BILD 5.25 Mit der Bautechnik für Satteldächer schichtest du die Wandungen einer Pyramide auf.

Steampunk-Stil

Konstruktionselemente: Schiffe und dampfgetriebene Maschinen, viktorianische Gebäude mit düsteren Verzierungen im Gothic-Stil, Luftschiffe, schwebende Inseln, asymmetrische Architektur und Inneneinrichtung aus Holz

Passende Baumaterialien: dunkle Eichenblöcke, Bruchstein, Zaunpfähle, Eisenbarren, Spender, Pfähle, Laternen, Stahl und gefärbte Wolle

Passende Dekoration: Apparate, Hebel, Zahnräder, deformierte Einrichtungsgegenstände, Spinnweben, Stahlbarren, Fensterstürze aus Holz, komplexe Dachlinien und jede Menge Treppen und Schränke im Innern

Steampunk ist ein abwechslungsreicher Mix aus Alt und Neu – kombiniere einfach moderne Elemente mit altmodischer Technologie und du kannst nichts falsch machen. Mechanische Objekte sollten dampfgetrieben sein und manuell gesteuert werden, doch stets mit einem Hauch von Fantasy ausgestattet sein. Bild 5.26 zeigt einen 3D-Bauplan im Steampunk-Stil, der von *Minecraft-Schematics.com* importiert wurde. Online findest du viele atemberaubende Bauwerke in diesem Stil.

BILD 5.26   Diese 3D-Modelle eines Hauses und einer Windmühle im ausgefallenen Steampunk-Stil wurden von Minecraft-Schematics.com importiert.

Elfischer/märchenhafter Stil

Konstruktionselemente: Baumhäuser, hochgelegene Gehwege, Glowstone-Lichter in den Bäumen und Wasserfälle. Gestalte einen zentralen Treffpunkt (großer Wasserfall/Garten), der von Baumhäusern umgeben ist. Statte einen gigantischen Baumstamm mit einer Wendeltreppe aus, um ein mehrgeschossiges Baumhaus zu erschaffen (mehr Details dazu im Abschnitt zur Gestaltung natürlicher Landschaften und Bäume).

Passende Baumaterialien: bemooster Stein, Tropenblätter, Tropenholzblöcke, geschwungene Wege aus Bruchstein oder versenkten Holzstämmen in regelmäßigen Abständen, Leitern, Glowstone

Passende Dekoration: Seerosen, Sonnenblumen, Lianen, Pilze und Spinnennetze; versteckte Statuen von Naturgöttern im tiefen Wald

Um riesige Bäume für dein Dschungelbaumhaus oder deine Fantasy-Welt zu züchten, pflanze vier Tropenbaumsetzlinge in jeden Block eines 2 × 2 Blöcke großen Areals. Stelle sicher, dass die umgebenden Blöcke keinerlei Hindernisse enthalten, die das Wachstum hemmen könnten. Mit Knochenmehl verwandelst du die Setzlinge in einen großen Tropenbaum mit einer Grundfläche von 2 × 2 Blöcken – sofort und ohne Wartezeit, sogar die Lianen erscheinen augenblicklich. Ersetze weitere angrenzende Blöcke durch Erde, wiederhole den Vorgang und der Baum wird sich entsprechend ausdehnen. Um schwindelerregende Höhen zu erreichen, setze ein „Nest" aus Erdblöcken an die Spitze des Baums und pflanze dort wie zuvor weitere Setzlinge (idealerweise an einer nicht einsehbaren Stelle).

Ein Iglu bauen

Wie wäre es mit einem Iglu wie in Bild 5.27, um auch in einem Schnee-Biom ein sicheres und warmes Plätzchen zu haben? Im Kreativmodus kannst du gleich loslegen, während du im Überlebensmodus zunächst einmal Formen für das Wasser bauen und warten musst, bis es gefroren ist. So geht's:

BILD 5.27   Im Iglu mit Redstone-Fackel erfriert garantiert niemand.

1. Grabe einen kreisförmigen Grundriss in den Schnee. Bedenke, dass jede Ebene unabhängig von der nächsten gefrieren muss – große Iglus brauchen Zeit.
2. Grabe in der Mitte zwei Blöcke tief und fülle die untere Schicht mit dem gerade entfernten Schnee auf. Lege die Bodenplatte wie in Bild 5.28 mit Glasblöcken aus, um Mobs am Spawnen zu hindern.
3. Errichte eine doppelwandige Gussform aus Erdblöcken um den Grundriss herum als Form für das Eis. Fülle Wasser hinein und warte, bis es gefriert.
4. Errichte eine Gussform für einen zwei oder drei Blöcke langen Eingangsbereich und gehe vor wie in Schritt 3. Die komplette Form ist in Bild 5.29 zu sehen.
5. Wiederhole diesen Prozess mehrmals, damit dein Iglu an Höhe gewinnt. Erhöhe die Wandungen der Gussform, während das Wasser in der darunterliegenden Ebene gefriert. Wie du sicherlich schon geahnt hast, sind die Erdblöcke nur temporär und werden am Ende entfernt.

Den richtigen Baustil wählen 117

BILD 5.28   Ein gläserner Fußboden hindert Mobs am Spawnen im Iglu.

6. Nachdem der Eingangstunnel eine Höhe von zwei Blöcken erreicht hat, verschale den zukünftigen Deckenbereich mit Erde und fülle Wasser in die Gussform. Der Eingang sollte tiefer liegen als der Innenbereich des Iglus.

BILD 5.29   Erdblöcke als temporäre Gussform für gefrierendes Wasser

7. Nachdem die Außenwände die gewünschte Höhe erreicht haben, musst du eine Kuppel errichten. Dazu versiehst du den oberen Eisring mit Erdblöcken, um die externe Wand der Gussform zu errichten. In Richtung Zentrum wird die interne Wand gezogen und die entstehende Gußform mit Wasser gefüllt.
8. Arbeite dich auf diese Weise von außen nach innen vor, bis sich die Teile der Kuppel in der Mitte treffen und mit einem einzelnen Erdblock verschlossen werden können (siehe Bild 5.30).

BILD 5.30 Ziehe die Gussform Schritt für Schritt nach innen zum Bau eines Kuppeldachs.

9. Sobald das Dach gefroren ist, entferne die Erdblöcke, inklusive der Eisblöcke, die den Eingang blockieren – fertig ist die eisige Hülle.
10. Füge innerhalb des Eingangs eine Tür hinzu, indem du den Bodenblock durch Schnee ersetzt. Dekoriere den Innenbereich mit Redstone-Fackeln, aber errichte keinesfalls eine Feuerstelle! Zuletzt stattest du dein eisiges Zuhause noch mit allen Annehmlichkeiten aus, die dir so einfallen.

Dekorationstechniken für Profiarchitekten

Die Ausgestaltung deines Hauses ist – außen wie innen – in erster Linie Geschmackssache. Dennoch solltest du sicherstellen, dass sich dein Bauwerk durch Konsistenz in Sachen Materialien und Farben auszeichnet – sowohl von außen betrachtet als auch bei dekorativen Einrichtungsgegenständen im Innenraum.

Versuche keinesfalls, zu viele Elemente in ein einzelnes Gebäude zu packen – das sieht dann ganz schnell nach einem Lagerhaus mit jeder Menge nicht zueinander passenden Dingen aus.

So sollten beispielsweise die Sekundärfarben für Tür- und Fensterrahmen sowie tragende Säulen auch bei der Innenarchitektur verwendet werden und sich damit auch an Kamin und Bett, Trennwänden und Einrichtungsgegenständen wiederfinden, was zu einer angenehmen optischen Einheitlichkeit führt.

Allgemein zeichnet sich ein modernes Haus durch glatte Oberflächen, großzügige Räume und klare Linien aus, wogegen dunkle und raue Hölzer, Bruchstein und Eisentüren eher zu mittelalterlichen oder rustikalen Gebäuden passen.

INFO

Verschönere deine Gebäude mit faszinierenden Texturpaketen, die du online herunterladen kannst. Unter http://www.planetminecraft.com/resources/texture_packs/ kannst du unter Tausenden Paketen nach Kategorie, Auflösung und Beliebtheit suchen.

Hier einige Konzepte für angehende Innenarchitekten:

Fenster

- Verwende für Fenster die etwas helleren Glasscheiben, um Muster auf Glasblöcken zu erzeugen, ohne den Durchblick zu verlieren.
- Verschönere deine Fenster mit Fensterbänken oder Fensterläden in Farben, die deine primäre Blockfarbe komplementieren.

Badezimmer

- Verwende halbhohe Stufen als Bodenbelag für das Badezimmer, sodass Toilette und Badewanne tiefer liegen.
- Eine Toilette baust du aus einem mit Wasser gefüllten Kessel. Eine Falltür fungiert als Klodeckel und ein Quarzblock mit einem Knopf als Spülkasten.
- Errichte einen Spiegel aus Eis und erbaue dahinter eine exakte Nachbildung deines Badezimmers, um eine realistisch wirkende „Reflexion" zu erzielen.

Wände

- Türen sollten bündig mit den Außenwänden abschließen.
- Experimentiere mit Raumteilern und Trennwänden mit Regalen (umgedrehte Treppen), Glasmosaiken und gemusterten Zierwänden.
- Rahme die Unterseite der Außenwand bis auf Fensterhöhe mit andersfarbigen Ziegeln, Holzbrettern oder Texturen ein, um große Flächen zu beleben.
- Zuckerrohr eignet sich hervorragend als heller, ansprechender Raumteiler. Pflanze es in Sand mit einer Wasserrinne als Hingucker.

Fußboden

- Die Oberseiten von Kolben und Öfen geben fantastische Bodenbeläge ab.
- Erzeuge mit Stufen ein abgestuftes Bodenmuster, ähnlich wie in der mittelalterlichen Bibliothek in Bild 5.31.
- Sand- und Netherstein ergeben eine geniale Schachbrettkombination für innen und außen. Hat jemand Lust auf eine Partie Gartenschach?
- Auch Laubblöcke eignen sich hervorragend als attraktive Bodenplatten.
- Die Oberseiten von Werkbänken ergeben einen Boden im Gothic-Stil.

BILD 5.31　Versenkte Stufen brechen die Monotonie des Bodenbelags auf.

Küche

- Druckplatten auf Ofen und Werkbank sind ideale Arbeitsplatten für Küchen.
- Einen Küchentisch machst du aus vier Redstone-Fackeln und einem Kolben.
- Ein Schneeblock mit einem seitlichen Knopf auf einem mit Nahrung gefüllten Spender ergibt einen funktionierenden Kühlschrank (Bild 5.32). Eine Eisentür dient dabei als Kühlschranktür. Gekühlte Speisen auf Knopfdruck!

BILD 5.32　Fast Food: Ein Spender fungiert als Kühlschrank.

Einrichtungsgegenstände

- Polstere deine Stühle mit gefärbter Wolle hinter der Lehne.
- Eine Lore auf einer einzelnen Antriebsschiene lässt sich zu einem Sessel ausbauen, auf dem man tatsächlich sitzen kann!
- Einen Fernseher baust du aus zwei schwarzen Wollblöcken auf zwei Bücherregalen mit einem an der Vorderseite angebrachten Gemälde. Ein Hebel an der Oberseite wirkt wie eine altmodische Antenne.
- Bringe ein kleines Bild an der Vorderseite einer halben Stufe an, die du mit einer flach auf dem Tisch liegenden Druckplatte verbindest – fertig ist das Notebook!
- Stockbetten baust du, indem du ein Bett auf zwei Reihen Bretter stellst, die Bretter entfernst und an deren Stelle ein zweites Bett platzierst.
- Eine sanft leuchtende Lounge-Lampe entsteht aus einem Bücherregal, einem Zaunpfahl und einem Glowstone mit zwei Falltüren an den Flanken.
- Verziere den Boden vor deinem Bett mit einem Teppich.
- Eine Lage Eisblöcke, die Pflanzen umschließt und mit einer Holzplatte abgedeckt wird, ergibt ein extravagantes Aquarium als Raumteiler.

Beleuchtung

- Eine besonders interessante Lampe entsteht, wenn du einen Amboss in einen Rahmen einsetzt und am dahinterliegenden Block eine Fackel anbringst.
- Schwarze Wolle an den Wänden absorbiert Licht für ein dunkles Ambiente.
- Mehr als sechs Blöcke hohe Räume verdienen einen Kronleuchter. Verbinde dazu einen Glowstone mit einem Zaunpfahl und platziere eine Fackel an jeder Seite. Entferne den Block und setze ihn neu, um die Verbindungsteile zu entfernen (Bild 5.33).

BILD 5.33   Ein Kronleuchter sorgt für Eleganz in hohen Räumen.

Außenbereich

- Errichte ein Bootsdock hinter deinem Haus und verbinde es über einen unterirdischen Wassertunnel mit dem Meer.
- Weiße Wolle, die aus einem Kamin „steigt", lässt ein Haus bewohnt aussehen.
- Baue große Straßenlaternen wie zuvor den Kronleuchter – bringe die Lichtquellen einfach an einem Zaun an, der auf einen hohen Pfahl montiert ist.
- Mithilfe von Stufen kannst du deinen Pool mit einem Sprungbrett versehen.
- Ein Heckenlabyrinth aus Tropenblatt-Blöcken ist eine spaßige Ergänzung für jedes mittelalterliche Gebäude – platziere eine Belohnung für deine Gäste in der Mitte des Labyrinths!
- Baue eine nie erlöschende Feuerstelle im Garten, indem du Feuerzeuge oder Feuerauflagen auf Nethersteinen über einem Bruchstein-Grill platzierst und das Ganze mit roten Ziegeln einrahmst.

Natürliche Landschaften und Bäume

Wenn du deine Umgebung so natürlich und realistisch wie möglich gestalten möchtest, erreichst du dies am besten, indem du die vorhandenen Strukturen der Landschaft zu deinem Vorteil nutzt. Baue um die vorhandenen Merkmale herum und erhalte dabei Kurven, Ungleichmäßigkeiten und die natürliche Topografie.

Natürlich kommt es auch vor, dass du in einer extrem flachen Welt landest oder eine existierende Welt mit einer schöneren Landschaft versehen willst. Für diesen Fall gibt es Mods wie MC Edit (www.mcedit.net), WorldEdit (http://minecraft-mp.com/plugin/worldedit/) und VoxelSniper (http://dev.bukkit.org/bukkit-plugins/voxelsniper/), mit denen sich umfassende Änderungen in der Landschaft vornehmen lassen. Diese Mods sind Open-Source-basiert, haben nichts mit Mojang zu tun und laufen sowohl auf Mehrspieler-Servern als auch im Einspielermodus. Wie du Mods installierst, erfährst du in Kapitel 1 dieses Buchs.

Diese Programme bieten sogenannte Mapping-Tools, mit denen sich im Spiel weitreichende Änderungen am Terrain vornehmen lassen. Dabei kannst du Details mit verschiedenen Pinseln gezielt verändern, Massenänderungen an gruppierten Objekten vornehmen sowie neue Objekte platzieren. So kannst du zum Beispiel einen Pinselstil auf hochgelegenes Bergland anwenden oder mit einem anderen Pinsel Erde in Luft verwandeln und damit Canyons oder Ozeane erschaffen.

Per Textkommando kannst du Bauwerke „naturalisieren", indem du sie beispielsweise mit Gras bedeckst oder mit Bäumen verzierst. Alle Programme erlauben auch das gleichzeitige Ändern von verbundenen Blöcken (z.B. das Verwandeln einer Sanddüne in einen massiven Berg). Dazu stellst du einfach den Radius des Pinsels auf die gewünschte Größe ein und erledigst alles mit einem Klick.

Weitere Plug-ins und Mods erzeugen beispielsweise automatisch ganze Wälder um dein Haus herum, doch mit den freien Editoren genießt du mehr Kontrolle über die Landschaftsgestaltung. Das Wichtigste beim Erzeugen natürlicher Landschaften ist der konsequente Verzicht auf Symmetrie. Verwende unterschiedliche Abmessungen und asymmetrische Formen. Die Natur ist nicht perfekt und genau das macht ihren Charme aus.

2D-Pixelbilder malen

Mit einem Bildbearbeitungsprogramm überträgst du deine Lieblingsbilder in die Minecraft-Welt. Schon das im Lieferumfang von Windows enthaltene Paint genügt für diesen Zweck. Alternativ kannst du dir Freeware von www.pixlr.com oder www.getpaint.net oder unter www.adobe.com eine 30 Tage-Testversion von Photoshop holen. Im folgenden Beispiel übertrage ich den Klassiker *Astroboy* in unseren Pixelhimmel. Zunächst lädst du das Bild in den Editor. Verfügt es über zu viele Farben und Details, konvertiere es ins 16-Bit-Farbformat, um die Farbpalette zu reduzieren (siehe Bild 5.34).

BILD 5.34   Das Pixelbild nach dem Laden in der Bildbearbeitungssoftware

Reduziere die Bildgröße so weit, bis du die Vorlage aus bunten Blöcken in Minecraft nachbauen kannst – also ein farbiger Block pro Pixel. Je größer das Bild ausfällt, über desto mehr Pixel verfügt es und umso länger wird der Bau dauern. Als Nächstes legst du wie in Bild 5.35 ein Raster über das Bild, um besser zwischen den einzelnen Pixeln unterscheiden zu können.

Zu guter Letzt verwendest du diese Vorlage, um das Bild Zeile für Zeile in Minecraft zu übertragen, indem du farbige Blöcke aneinanderreihst, die in etwa der Farbe der Vorlage entsprechen (siehe Bild 5.36).

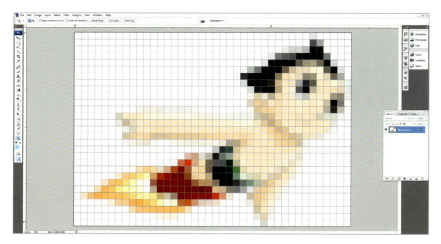

BILD 5.35   Verringere die Bildgröße und lege ein Raster über das Bild.

BILD 5.36   Das in Minecraft Zeile für Zeile nachgebaute Pixelbild.

Eine 3D-Statue gestalten

Der Bau einer Statue für deine Welt kann sehr schwierig sein, doch das Ergebnis ist es wert. Nachfolgend werfen wir einen Blick auf verschiedene Techniken für die Bildhauerei in Minecraft.

Die manuelle Lösung ist an die Tätigkeit eines echten Bildhauers angelehnt und besteht im Herausschlagen von Blöcken aus einem großen Stein. Es bedarf eines ausgeprägten räumlichen Vorstellungsvermögens und jeder Menge Geschick, um den Michelangelo in dir zu entfesseln.

Mit der zweiten Methode verleihst du zweidimensionalen Vorlagen räumliche Tiefe. Einige brillante Freeware-Programme verwandeln jedes 3D-Bild in eine Vorlage, die du für dein Bauwerk verwenden kannst. Wie schon beim 2D-Malen, benötigst du auch hier eine Bildbearbeitungssoftware.

Wenn du fertige 3D-Vorlagen suchst, an denen du deine Fähigkeiten aufpolieren kannst, besuche Seiten wie Qblock (http://kyucon.com/qblock), wo die User Vorlagen für eine Vielzahl von Objekten, Formen und Anime-Charakteren online teilen. Du kannst Farben und Blöcke verändern und das Model um 360 Grad rotieren lassen. Analysiere jede Ebene der Vorlage und versuche, das Schema Schritt für Schritt mithilfe farbiger Blöcke in die Spielwelt zu übertragen, wie ich es in Bild 5.37 vorgemacht habe.

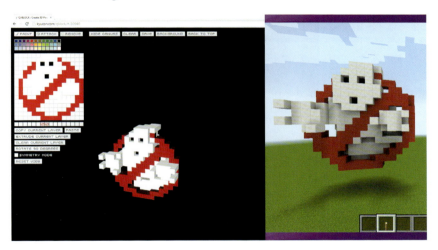

BILD 5.37   Bilde deine Statue Schicht um Schicht in der Spielwelt nach, indem du Vorlagen aus 3D-Konvertierungsprogrammen oder Freeware-Lösungen verwendest – hier das bekannte Ghostbusters-Logo von Qblock.

Um dein eigenes 3D-Modell zu erschaffen, benötigst du spezielle Software wie Blender (http://blender.org) oder Trimble SketchUp (www.sketchup.com). Dabei handelt es sich nur um zwei von vielen verfügbaren kostenlosen Open-Source-Programmen.

Wenn du existierende 3D-Modelle in Pixelvorlagen verwandeln willst (Fachbegriff „Voxelization"), leisten dir Konvertierungsprogramme wie Binvox (www.patrickmin.com/minecraft) wertvolle Dienste. Sobald die Datei im Minecraft-kompatiblen Format (.schematic) vorliegt, kannst du sie mit einem Open-Source-Editor wie MCEdit (Bild 5.38) ins Spiel importieren.

126　Bauen für Fortgeschrittene

BILD 5.38　Mit MCEdit fügst du der Welt Mobs und Ressourcen hinzu.

MCEdit erlaubt das Verändern der physikalischen Attribute deiner Minecraft-Welt, indem du 3D-Formen hinzufügst und Landschaftskomponenten beliebig änderst – von der Größe über die Formgebung bis hin zum direkten Platzieren von Mobs und Ressourcen. In diesem Beispiel aus Bild 5.39 und 5.40 habe ich ein großes Haus heruntergeladen und in eine existierende Welt eingefügt. Eine große Sammlung fertiger Bauwerke lässt sich unter Minecraft-Schematics.com herunterladen – so wie dieses Steampunk-Haus vom User Mad_Mr_Potato.

BILD 5.39　Der Import einer Vorlagendatei mit der Endung „.schematic" erlaubt die Integration riesiger Bauwerke in deine Minecraft-Welt binnen weniger Minuten.

BILD 5.40 Sobald du deine eigene 3D-Vorlagendatei importiert hast, erscheint sie an derselben Stelle in deiner Minecraft-Welt und ist bereit zur Nutzung.

Kugeln, Kreise und Bögen bauen

Einige brillante, kostenlose Online-Konvertierungsprogramme erlauben dir das Errichten von Kugeln oder Kreisen in Minecraft. Gib einfach den gewünschten Blockradius ein, um ein Muster zu kreieren, das du in deine Minecraft-Welt einbauen kannst. Wirf einen Blick auf diese großartigen Seiten: *www.mineconics.net* und *www.plotz.co.uk*. Auch die Filler-Maschine aus Buildcraft (siehe auch Kapitel 7) kann diese Aufgabe übernehmen.

Wenn du eine überaus große kreisförmige Struktur, Kuppel oder Kugel erschaffen und eine Menge Zeit sparen willst, bewältigst du dieses Projekt am besten mit einem Mod hinter den Kulissen. Probiere den zeitsparenden Filter unter *http://sethbling.com/createrotatedsolid* aus, um einen Monolithen zu generieren und davon eine Scheibe für dein Projekt zu verwenden. Die Scheibe wird als solides Objekt generiert und lässt sich um 360 Grad rotieren. Bevor du diese Technik einsetzt, solltest du deine bestehenden Gebäude sichern und die Aktion weit entfernt von anderen Bauwerken durchführen, um Überschneidungen zu verhindern. Wenn du die Herangehensweise von Michelangelo bevorzugst (Blut, Schweiß und Tränen), kannst du nur mit deiner Spitzhacke bewaffnet ans Werk gehen. So baust du farbige Ringe (Bild 5.41), die ich für das Luftschloss in Bild 5.43 verwendet habe:

1. Erstelle einen vertikalen Kreis mit dem Durchmesser deiner Kugel. Jedes Viertel muss dabei identisch ausfallen.
2. Wenn du eine fliegende Kugel planst, gelange per Säulenspringen in die gewünschte Höhe und entferne die Säule später wieder.
3. Baue einen zweiten Kreis, der sich mit dem oberen Zentrum und den unteren Blöcken des ersten Kreises überschneidet.

BILD 5.41   Gestalte jedes Viertel des Kreises identisch.

4. Lege kreisförmig weitere Blöcke aus, bis ein weiterer kompletter Ring entsteht, und wiederhole diesen Vorgang (Bild 5.42). Setze den ersten Block eines neuen Kreises in Armlänge nach innen versetzt, um den neuen Kreisradius festzulegen.

BILD 5.42   Während des Baus solltest du stets sicherstellen, dass die Ringe symmetrisch verlaufen.

5. Sobald alle Ringe fertig sind, fülle die Lücken von der Innenseite her aus – die äußere Form der Ringe soll dabei gleich bleiben.

BILD 5.43   Ein schwebendes Heim – Zeit, mit der Innenausstattung zu beginnen

Bauen im Nether und im Ende

Konstruktionselemente: Baue eine hohe Festung aus Bruchstein oder Netherstein und stelle dabei sicher, dass deine Minentunnel mit Glas ausgekleidet sind. Eine Baumfarm (bringe die erforderliche Erde selbst mit) versorgt dich mit Ressourcen für Werkzeuge, Fackeln, Holzkohle und Baumaterialien.

Passende Baumaterialien: Magmawürfel, Netherziegel, Endstein, Netherquarz, Obsidian, Kiesel und Netherstein

Passende Dekoration: Enderkristalle, Obsidian, Dracheneier, Glowstone und Seelensand

So wenig einladend der Nether auch sein mag – du kannst hier beeindruckende Farmen, Wälder und Heimstätten errichten, um das Spiel in einer völlig anderen Umgebung zu genießen. Doch du solltest gut planen, um keine wertvollen Ressourcen zu verschwenden.

Bruchstein und Glas sind deine wichtigsten Baumaterialien im Nether. Bevor du dich in die Unterwelt aufmachst, solltest du eine große Menge Sand abbauen, um diesen per Ofen zu Glas einzuschmelzen. Im Nether verfügt Bruchstein über dieselben Eigenschaften wie Obsidian, was es zu einer haltbaren Bauressource macht. Es ist in der Oberwelt leicht zu finden, sodass du womöglich schon einige Stapel davon im Inventar hast.

Im Nether kannst du die hohen Netherstein-Formationen als Aussichtspunkt über die Landschaft nutzen. Beginne mit einem hohen Sicherheitsraum mit 360-Grad-Glasfenstern, damit du sicher vor bösen Überraschungen bist. Eine starke defensive Basis ist vor allem in Mehrspielerpartien unersetzlich.

Versuche die Wände auf Leitern zu erklimmen und werfe eine Enderperle ins Grundgestein (oder setze eine Falltür ein), um eine Basis zu errichten. Dadurch entsteht ein idealer Raum zum Stapeln deiner Truhen im PvP-Modus. Vergiss nicht, genug Materialien für den Weg nach unten mitzunehmen, ansonsten wird deine

Reise zu einem One-Way-Trip! Darüber hinaus solltest du beachten, dass ein im Grundgestein errichtetes Netherportal dich nicht an die ursprüngliche Position zurückbringt, sodass du stets eine Karte bei dir tragen solltest, um zurück in der Oberwelt nicht die Orientierung zu verlieren.

Verbinde deine Wohnbereiche, Minenschächte und Aussichtsplattformen mit Glas, um dich vor Ghast-Angriffen zu schützen – deine mühsam aufgebaute Festung soll schließlich nicht in die Luft gejagt werden. Versehe deine Festung mit mehreren Geheimausgängen, falls du mal schnell die Flucht ergreifen musst. Versiegle die Notausgänge mit Türen (evtl. mit einem versteckten Hebel), um die Mobs draußen zu halten. Wenn du eine natürlichere Wohnstatt bevorzugst, schmelze Netherstein zu Netherziegel und repariere eine aufgegebene Netherfestung mit neuen Mauern, Treppen, Stufen und Zäunen. Eine Baumfarm erspart dir regelmäßige Holzfälltrips zur Oberwelt. Versuche nicht, das Wachstum eines Baums zu beschleunigen, wenn nicht genug Platz ist – sonst ist dein Knochenmehl verschwendet. Auf leeren Bereichen können Ghasts spawnen, sodass du auf deiner Farm mit einem Muster aus Glowstone und Glas sowohl Spawns verhindern als auch deine Setzlinge mit Licht versorgen kannst. Gepflügte Blöcke müssen aufgrund fehlenden Wassers sofort bepflanzt werden oder sie verwandeln sich zurück in Erde. Pflanzen wachsen im Nether ein wenig langsamer als auf der Oberwelt. Wenn du mehrere Basen oder ausgedehnte Minensysteme planst, aktiviere eine Karte im Nether. Dank der 3:1-Skalierung kannst du den gesamten Nether ressourcensparend mit Schienensystemen versehen, die alle 15 Blöcke einen Redstone-Block zur Energieversorgung brauchen.

Willst du lieber im Ende bauen, solltest du eine Endermen-Farm zum Perlenfarmen bauen sowie eine temporäre Basis für dein Portal. Ziehe einen Graben um deine Basis herum, damit Endermen nicht hineinteleportieren können. Baumaterialien musst du aus der Oberwelt (oder Netherfestung) mitbringen, da es im Ende bis auf den gelbgrünen Enderstein und die seltsame Obsidiansäule keine Ressourcen gibt.

Zusammenfassung

Dein Know-how als Bauherr verbesserst du – natürlich! – durch fleißiges Bauen. Je weiter du deine Ideen entwickelst und neue Techniken ausprobierst, desto schneller wird sich deine Expertise entwickeln. Viele tolle Programme verleihen dir maximale Kontrolle über die Landschaft und die darin enthaltenen Modelle. Nutze die Vielfalt an kreativer Software, auf die du Zugriff hast, zu deinem Vorteil.

Bauen in Minecraft nimmt viel Zeit in Anspruch, doch das Gefühl der Befriedigung, wenn deine Bauwerke zum Pixel-Leben erwachen, ist unbezahlbar. Was immer du tust – halte an deinen Ideen fest! Wenn du nicht weiterkommst, hol dir Rat bei anderen Minecraft-Architekten und versuch es noch mal. Rom wurde auch nicht an einem Tag erbaut – in Minecraft hat es fünf Monate gedauert und lässt sich als komplettes Projekt herunterladen: http://www.planetminecraft.com/project/roman-city-download/ (http://goo.gl/E8Nqdn).

Unter Strom

In diesem Kapitel

- lernst du den Aufbau smarter Dimmer,
- bastelst du ein Kombinationsschloss für deine Festung,
- baust du ein automatisches Weichensystem für deine Loren,
- siehst du Rot mit einem der besten Mods für Minecraft,
- vergisst du Redstone und verwendest stattdessen „echte" Kabel.

Erinnerst du dich an all die verschachtelten Verstärkerschaltungen, sperrigen UND-Gatter und anderen Schaltkreisen aus den vorangegangenen Kapiteln? Wie wäre es, wenn du diese auf einige wenige clevere Komponenten reduzieren könntest? Möchtest du gerne ein schickes Kombinationsschloss zum Absperren deiner Tür bauen? Oder wie wäre es mit einem automatischen Weichensystem, das deine Loren zu jeder automatisierten Farm schickt, dort die Güter aufnimmt und sie zurück zu deiner Basis bringt? Oder wie würdest du es finden, wenn deine Farmen ohne einen einzigen Knopfdruck vollautomatisch Pflanzen säen und ernten? All das und mehr erfährst du auf den nächsten Seiten, wo es um fortgeschrittene Redstone-Schaltkreise und einen interessanten Mod geht, mit dem du jede Menge hochfunktionaler Geräte entwerfen kannst.

Kombinationsschloss

Manchmal werden herkömmliche Redstone-Systeme unglaublich kompliziert (wie du früher oder später sehen wirst). Zum Beispiel wenn es darum geht, drehbare Gegenstände in Rahmen einzufassen. Die Möglichkeit, ihre Position über einen Komparator auszulesen, erlaubt mehrere Optionen:

- Rahmen werden zu Widerstandsreglern, die unterschiedliche Spannungen ausgeben können – etwa so wie ein Dimmer. Damit kannst du in deinem Haus verschiedene Lichtstimmungen erzeugen – perfekt für ein ruhiges Abendessen vor dem Kamin.
- Obwohl der Bau von Kombinationsschlössern in Minecraft schon immer möglich war, erlaubt Version 1.8 eine andere Herangehensweise: Statt Knöpfe in einer bestimmten

Reihenfolge zu drücken, lassen sich nun Gegenstände in Rahmen drehen – ähnlich einem Fahrradschloss. Jeder Rahmen erlaubt acht Zustände, sodass ein Dreier-Set 8×8×8 (512) Kombinationen erlaubt.

Was ist so schwierig daran? Dimmer lassen sich leicht bauen – das zeige ich dir in wenigen Schritten. Doch Kombinationsschlösser sind ungleich komplizierter, vor allem in Sachen Code-Einstellung. Es wäre ja toll, einen Wert einstellen und diesen per Knopfdruck zuweisen zu können, doch so einfach lässt sich ein aktueller Wert in Minecraft leider nicht speichern. Dafür bräuchte es eine Art Analog-Digital-Konverter – so etwas ist zwar möglich, aber so komplex wie ein Berg Spaghetti. Doch es gibt eine gute Lösung, die du gleich lernen wirst. Zunächst werfen wir einen Blick auf die Rahmen mit rotierenden Gegenständen. Folge diesen Schritten – Bild 6.1 zeigt das Endergebnis:

1. Setze einen Rahmen auf die Vorderseite eines opaken Blocks (z.B. Holz).
2. Setze deinen Lieblingsgegenstand in den Rahmen ein – ich habe den abgetrennten Kopf eines Creepers verwendet (wofür ich nicht verantwortlich bin!).
3. Platziere einen Komparator hinter dem Block (Ausgangsseite nach hinten) und führe eine acht Blöcke lange Redstone-Spur davon weg.
4. Setze eine Reihe Redstone-Lampen neben die Spur.
5. Nun führe einen Rechtsklick auf den Rahmen aus. Der Gegenstand im Rahmen lässt sich in acht Positionen drehen, wobei die Lampen der Reihe nach aufleuchten.

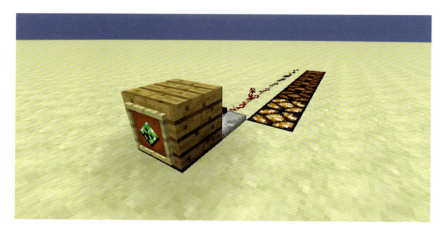

BILD 6.1   Eine Lampenreihe wird vom Gegenstand im Rahmen angesteuert.

Wenn sich der Dimmer in großem Abstand zur ersten Lampe befindet, solltest du eine Reihe von Komparatoren nutzen, um die erste Lampe mit genug Strom zu versorgen. Von Verstärkern rate ich hierbei ab, da diese das Ergebnis der Dimmer-Einstellung verfälschen.

Nun zurück zu den Kombinationsschlössern.

Es gibt zwei Alternativen für den Bau solcher Schlösser: Die erste nutzt versteckte Rahmen zur Einstellung des Codes und einen Schaltkreis, der die Werte des Rahmens an der Tür mit denen des versteckten Rahmens vergleicht. Die zweite nutzt eine Reihe physischer Blöcke zur Vorgabe der Kombination.

Die erste Methode erfordert ein wenig Arbeit, da ein Redstone-Komparator im *Vergleichs*modus nur ein Signal ausgibt, wenn ein anliegendes Signal gleich oder stärker als ein anderes ist. Deshalb bedarf es eines weiteren Vergleichs, um herauszufinden, dass das Signal gleich oder schwächer als das andere ist. Geben beide Komparatoren gleichzeitig ein Signal aus, sind die Werte identisch.

Das mag zunächst kompliziert klingen, macht aber bei der Umsetzung viel Spaß, da du dabei einige sehr nützliche Redstone-Konzepte kennenlernst (die andere Version zeige ich dir anschließend). Folge lediglich diesen Schritten:

1. Setze die Grundkomponenten wie in Bild 6.2 gezeigt – vier Komparatoren und ein Richtung Wand zeigender Verstärker unten rechts. Vergiss nicht, die beiden Redstone-Stäube und die Fackel auf dem Block hinzuzufügen.

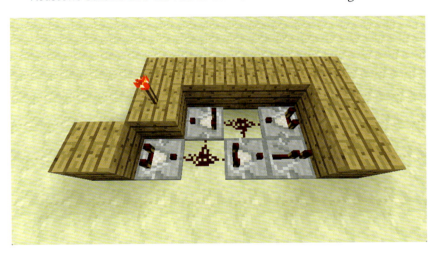

BILD 6.2   Aufbau der Grundschaltung

2. Bild 6.3 zeigt die Schaltung von hinten. Der Rahmen kommt an die Vorderseite des mittleren rechten Blocks und dient zum Einstellen der Kombination. Versehe den Rahmen mit einem beliebigen Gegenstand und platziere eine Redstone-Fackel an der Vorderseite des Blocks links neben dem Rahmen. Die hintere Wand musst du um zwei Blöcke erhöhen, um ein unkontrolliertes Fließen der Redstone-Ströme zu unterbinden. Du kannst auch zwei Redstone-Verstärker verwenden, die auf die im Bild gezeigte Rückwand weisen.

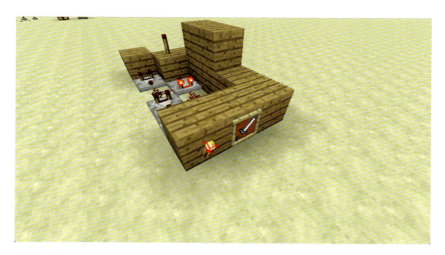

BILD 6.3   Setze einen beliebigen Gegenstand in den Rahmen.

3. Ziehe eine Redstone-Spur von der aufrechtstehenden Fackel über den Blockwall hinunter auf den Boden (Bild 6.4), sodass die Spur mit der Fackel links neben dem Rahmen verbunden ist. Fast fertig!

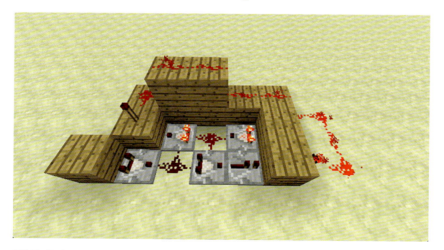

BILD 6.4   Zwei Punkte (oder Fackeln) werden mit Redstone verbunden.

4. Setze wie in Bild 6.5 gezeigt einen weiteren Rahmen auf den frontalen, separat stehenden Block.

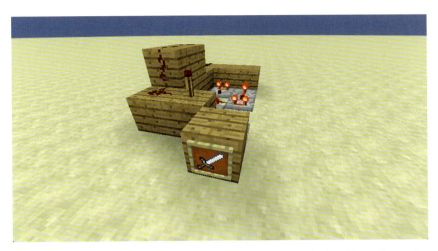

BILD 6.5   Dieser Rahmen liefert die Eingabe, die mit der Einstellung des zweiten Rahmens verglichen wird.

5. Zuletzt ergänzt du die Schaltung um den Block, die Fackel und die Lampe aus Bild 6.6 und führst eine Redstone-Spur von der Oberseite aus zu den neuen Elementen.

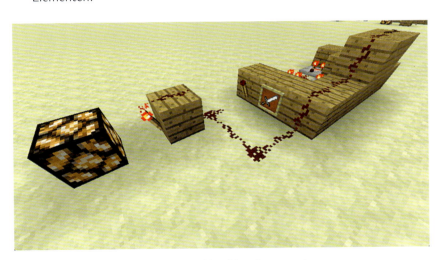

BILD 6.6   Das fehlende Teil des Kombinationspuzzles

Wie funktioniert das nun? Wirf einen Blick auf Bild 6.7. Die von den Rahmen weg weisenden Komparatoren führen keinerlei Vergleiche oder logische Operationen durch – sie leiten lediglich das Signal des Rotationswinkels der Rahmengegenstände (1 bis 8) weiter. Die wahre Arbeit leisten die beiden Komparatoren in der Mitte der Schaltung.

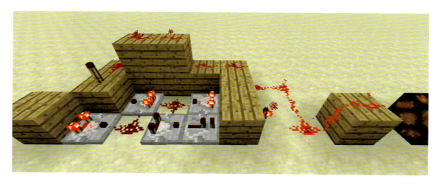

BILD 6.7   Das System im Testlauf

Nachfolgend geht es um boolesche Logik – wenn dich das Thema langweilt, empfehle ich das Überspringen der nächsten paar Absätze. Wenn du mir folgen möchtest und/oder die Funktionsweise von Komparatoren nicht richtig verstehst, nun die Erklärung im Detail: Im Vergleichsmodus (der Grundeinstellung eines Komparators) gelangt ein Signal von hinten in die Einheit und wird nur dann weitergeleitet, wenn das an der Seite anliegende Signal gleich oder größer als das Eingangssignal ist. Der linke Komparator in der unteren Reihe (direkt vor dem Verstärker) erhält sein Hauptsignal von hinten und das seitliche Signal über den Redstone, der mit dem oberen rechten Komparator verbunden ist. Wenn das Signal des linken Rahmens (der die Vorderseite zieren wird) gleich oder größer ausfällt, gelangt ein positives Signal zum Verstärker und über den Block zur Redstone-Fackel, die dadurch ausgeschaltet wird.

Zwischenzeitlich erhält der Komparator in der oberen Reihe rechts ein Signal vom Rahmen auf der Rückseite, mit dem der Code eingestellt wird, vergleicht dieses mit dem Signal des vorderen Rahmens und sendet nur dann ein Signal aus, wenn sein Rahmen über eine identische oder höhere Signalstärke verfügt.

Logisch betrachtet: Wenn ein Schaltkreis nur aktiviert werden kann, wenn ein identisches oder höheres Signal anliegt, und der andere Schaltkreis nur dann aktiv wird, wenn ein gleiches oder niedrigeres Signal anliegt, dann wird die gesamte Anlage nur dann aktiviert, wenn die beiden Eingangsignale identisch sind.

Nun verfügen wir über zwei Schaltkreise, die nur unter einer Bedingung ein Signal liefern. Beide Ausgänge werden über die Redstone-Fackeln invertiert, was bedeutet, dass die Fackel neben dem vorderen Rahmen nur dann leuchtet, wenn beide Schaltkreise kein Signal ausgeben. Das logische Ziel ist die Ausgabe eines Signals von beiden Schaltkreisen, wenn die Rahmeneinstellungen nicht identisch sind, und die Invertierung dieses Signals, bevor es die Redstone-Lampe erreicht – womit die Lampe nur dann leuchtet, wenn beide Rahmeneinstellungen gleich ausfallen. Das erspart dir jede Menge zusätzliche Schaltungen, macht eine ganze Batterie von UND-Gattern obsolet und wird als NICHT-ODER-Gatter bezeichnet (kurz NOR).

Da es sich um ein modulares Design handelt, kannst du es wie in Bild 6.8 zu einer ganzen Serie von Code-Einheiten ausbauen, die per Redstone mit einer abschließbaren Tür verbunden werden und die in den Bildern 6.9 und 6.10 gezeigte Schließanlage ergeben.

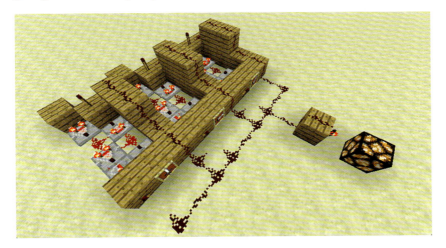

BILD 6.8   Drei Code-Einheiten mit verbundenen Ausgängen

BILD 6.9   Frontalansicht eines möglichen Designs von vielen. Die Rahmen können auch höher positioniert werden, indem du die ganze Anlage um einen Block anhebst.

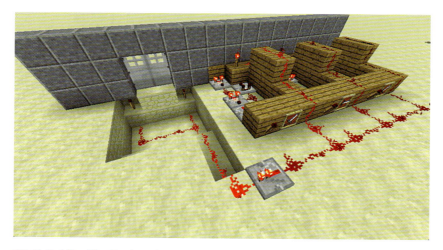

BILD 6.10   Die Rückansicht des fertigen Schließmechanismus

Ergänze die Anlage bei Bedarf um weitere Einstellungsrahmen, wobei ein zweiter Rahmen aufgrund der acht einstellbaren Positionen die mögliche Anzahl an Kombinationen auf 64 erhöht und ein dritter auf 512.

Wenn dir das Ganze etwas verwirrend vorkommt, kannst du dich an einem anderen Design versuchen. Es beweist, dass ein Blick über den Tellerrand zu schnellen Resultaten führen kann, und basiert auf einer Demonstration der Minecraft-Legende SethBling. Dieses elegante Design setzt auf Blockreihen unterschiedlicher Länge, um den Eingabecode zu generieren.

Wirf einen Blick auf Bild 6.11. Der linke Block trägt (auf dem Bild nicht sichtbar) den Rahmen an seiner Vorderseite. Der nächste Block rechts davon ist der Komparator, der das Signal vom Rahmen weitergibt. Die drei folgenden Blöcke in der Mitte legen den Code für den Rahmen fest. In diesem Fall habe ich den Code durch die Anzahl der Blöcke auf 3 festgelegt – du kannst zwischen einem und acht Blöcken verwenden.

Der letzte Codeblock verfügt über eine seitlich angeflanschte Redstone-Fackel und der rechte Block in der Reihe reduziert die Signalstärke um 1, bevor sie vom anschließenden Verstärker wieder hochgeschraubt wird. Dieser Schritt ist nötig, um die vom Rahmen gelieferte Signalstärke von 3 auf 0 zu bringen, bevor das Signal den Verstärker erreicht. Nun passiert Folgendes: Wenn die Signalstärke kleiner als 3 ist, leuchtet die Redstone-Fackel auf und setzt die darunterliegende Verkabelung unter Strom. Ist die Signalstärke größer als 3, wird zwar die Fackel am Aufleuchten gehindert, doch der Strom überwindet die vier Blöcke bis zum Verstärker dennoch und erreicht die Verkabelung. Nur ein exakter Wert von 3 führt dazu, dass die Lampe nicht aufleuchtet. Dieses Layout ist enorm modular und kann mit einer Lücke weniger zwischen den Code-Eingaben gebaut werden als das vorangegangene

Beispiel. Die Verkabelung ist ganz einfach: Du musst lediglich sicherstellen, dass sich keine Kabel vor den Verstärkern am Ende jeder Reihe kreuzen. Danach hast du die freie Wahl – du kannst beispielsweise Kabelschächte zur Verlegung der Redstone-Spuren ausheben oder was immer am besten passt. Bedenke jedoch stets, dass das Signal wie schon im letzten Beispiel invertiert ist, sodass du es mit einer Redstone-Fackel unter der Tür umkehren oder innerhalb des Schaltkreises invertieren musst, bevor es die Tür erreicht. Bild 6.12 zeigt eine Kombination aus drei Blockreihen für den Zahlencode 3 – 6 – 4.

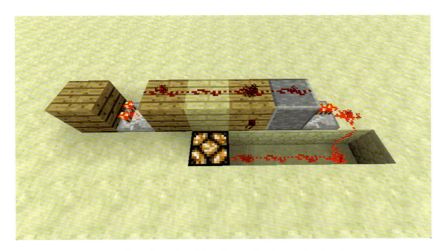

BILD 6.11   Einstellen der Kombination mit einer Blockreihe

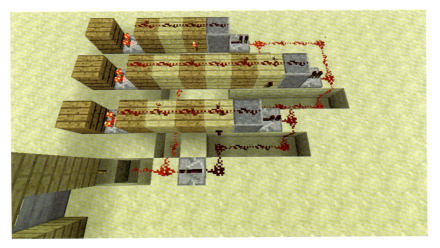

BILD 6.12   Verbinde die einzelnen Reihen mit Redstone, wobei du bei der Verkabelung nahezu freie Hand hast.

> **TIPP**
>
> **Blöcke vor Schaden bewahren**
>
> In der Vanilla-Version von Minecraft scheinen Kombinationsschlösser keinen Sinn zu machen – jeder Spieler kann Wände mit einer Spitzhacke einreißen. Die meisten Minecraft-Server haben jedoch ein System namens WorldGuard implementiert, das es nur bestimmten Spielern/Gruppen erlaubt, Blöcke zu zerstören oder zu setzen. Wenn du ein solches System im Einspielermodus, auf einer LAN-Party oder auf einem einfachen Server verwenden willst, nutze den Mod „Permissions" oder Ähnliches, um andere Spieler am Zerstören, Platzieren von TNT oder generellem Vandalismus zu hindern. Der Mod funktioniert mit Version 1.6.4 und kann unter http://goo.gl/Afw6C9 heruntergeladen werden.

Damit kennst du zwei Varianten von Kombinationsschlössern – vergiss nicht abzuschließen, bevor du das Haus verlässt, indem du die Kombinationen in den Rahmen verstellst!

Intelligentes Verteilersystem

In Kapitel 2 hast du gelernt, wie du Verladestationen für automatisierte Farmen baust, die das selbsttätige Be- und Entladen von Loren ermöglichen und sogar Erzeugnisse sortieren können.

In diesem Abschnitt möchte ich dieses Konzept um ein intelligentes Verteilersystem erweitern, in dem eine einzelne Lore jede Farm ansteuert, die Erzeugnisse abholt und zur Basis bringt. Dadurch werden Kollisionen mehrerer Loren verhindert (offenbar verfügen deren Fahrer nicht über eine gültige Fahrerlaubnis ...) und du kannst jede Menge Ressourcen einsparen, indem du die Schienenwege auf das Notwendigste reduzierst. Darüber hinaus kannst du alle Komponenten deiner Farmen mit nur einem Knopfdruck starten – die Ernte beginnt automatisch, die Lore nimmt die Erzeugnisse auf, fährt alle Farmen ab und lädt ihre Fracht in das automatische Sortiersystem bei deiner Basis. Klingt nett, oder? Das Beste daran: Du verfügst bereits über fast alle Teile, die für ein solches System vonnöten sind!

Der erste Teil dieses Systems ist der Schlüssel zur Automatisierung: Sensorschienen stellen die Weiche an einer T-Kreuzung der Schienenwege (Bild 6.13).

Alle Schienen, die sich an einer Abzweigung treffen, werden automatisch zu Weichen – im Bild ist das die gebogene Schiene. Jegliche Energiezufuhr schaltet die Weiche in die andere Richtung um. Der einfachste Weg besteht im Hinzufügen eines Hebels wie im Bild, doch du kannst auch andere Energiequellen wie beispielsweise Tageslichtsensoren verwenden. Letztere sind besonders nützlich für Weichen, die eine Lore bei Einbruch der Nacht auf den Schienenweg ins sichere Depot in der Nähe deiner Basis bringen sollen.

Intelligentes Verteilersystem 141

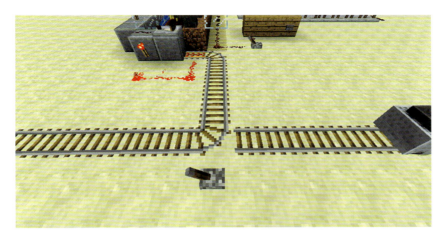

BILD 6.13   Verbinde die Reihen mit Redstone, wobei dir die Art der Verkabelung freisteht.

Ein Hebel allein genügt jedoch nicht, um eine Lore unbeaufsichtigt über die Gleise huschen zu lassen – die Lösung heißt Sensorschiene. Bild 6.14 zeigt ein leicht nachzuvollziehendes Muster: Platziere die Sensorschienen mindestens zwei Schienenabschnitte von der Weiche entfernt und führe die Redstone-Verkabelung ebenfalls zwei Blöcke vom Schienenstrang entfernt, wobei das mittlere Kabel in die Weiche führt. Eine engere Verkabelung würde das Umschalten nicht auslösen.

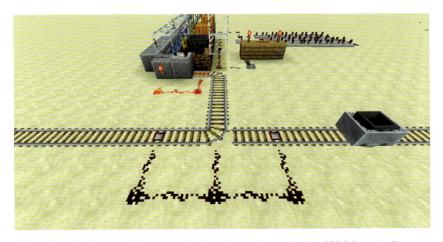

BILD 6.14   Dieses Muster erlaubt das automatische Weichenstellen.

Während des Schienenbaus wird dir auffallen, dass Weichen ohne Energie stets nach Osten führen, während mit Energie versorgte Weichen nach Westen weisen. Das kann eine interessante Routenführung nach sich ziehen, doch die Lore wird stets wieder zu ihrem Ausgangspunkt zurückkehren.

Zuletzt musst du das Schienensystem noch mit der Sortieranlage verbinden. Am besten erledigst du dies mit dem automatischen Entladesystem für Loren, das du in Kapitel 2 kennengelernt hast. Bild 6.15 zeigt ein Beispiel.

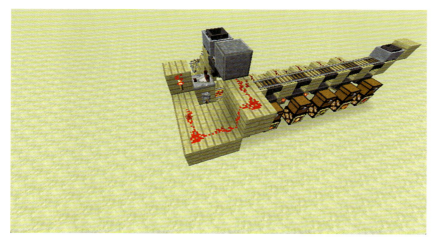

BILD 6.15   Das automatische Entladesystem wird mit dem Sortiersystem verbunden. Stelle sicher, dass Antriebsschienen der Lore dabei helfen, die Rampe zu erklimmen!

Project:Red

Nun wird es richtig interessant. Bei unserem Project:Red handelt es sich um einen Mod, der das Redstone-System von Minecraft um eine unglaubliche Funktionsvielfalt erweitert. Project:Red löst all die kniffligen Probleme, die durch immer neue Logikgatter zu riesigen Konstrukten führen, indem es die entsprechende Funktionalität auf einem Chip vereint. Kabel können Wände hochlaufen und sogar um die Ecke gelegt werden. Indem du Kabel zusammenfasst, kannst du lange Strecken mit nur einem Strang überbrücken und die einzelnen Kabel am Ziel wieder aufteilen. Darüber hinaus überbrückt der Redstone-Strom 250 Blöcke statt der üblichen 15. Der Mod fügt auch neue Sensoren sowie Forge Multipart (siehe Kasten „Was ist Forge Multipart?") hinzu. Darüber hinaus findest du neue Features für das Terraforming und Bauvorhaben, darunter Vulkane, neue Blöcke und Bäume, extrem coole Laternen und vieles mehr. Nachfolgend gehe ich gezielt auf die Verkabelung ein.

Die aktuelle Version ist für Minecraft v1.6.4 optimiert und besteht aus einer Vielzahl von Dateien. Das Laden geht deutlich leichter, wenn du einen Mod wie MultiMC verwendest, den ich in Kapitel 1 vorgestellt habe.

INFO

Was ist Forge Multipart?

Multipart verändert das Blocksystem von Minecraft dahingehend, dass mehrere unterschiedliche Blöcke nur den Platz eines einzelnen Blocks benötigen. Dazu verwendest du die neue Säge, mit der du nahezu jeden Block im Spiel in mehrere kleine Blöcke „zersägen" kannst. Den resultierenden Block kannst du per Handwerksplan verändern. Kleine Blöcke lassen sich sogar erneut zersägen und damit in noch kleinere Exemplare verwandeln. Das Beste daran: Mehrere verschiedene Blöcke/Gegenstände passen in den von Minecraft vorgesehenen Platz für einen normalen Block. So kannst du etwa Hebel, Knöpfe, Redstone-Fackeln und mehr in einen einzigen Block packen, der an die Wandung des nebenstehenden Blocks anschließt. Das hilft dir enorm beim Platz sparenden Design aktiver Systeme. Wenn du mehr über Forge Multipart erfahren willst, schau dir das Video von direwolf20 an: http://goo.gl/iDlbJw.

Wenn du diesen Mod separat, also nicht als Bestandteil eines Mod-Pakets, herunterladen möchtest, findest du die Dateien unter http://projectredwiki.com/wiki/Version_archive. Prüfe, ob es sich immer noch um Version 1.7.2 handelt, da die Mods häufig aktualisiert werden, bevor du http://files.minecraftforge.net/CodeChickenLib/ besuchst und die passende *Universal*-Version dieses Mods herunterlädst (eventuell musst du die Option **View Legacy Builds** aktivieren, um die richtige Version zu finden). Installiere beide Mods in dieselbe Instanz, die von MultiMC kreiert wurde (siehe Kapitel 1), und stelle sicher, dass Forge ebenfalls installiert ist. Fertig!

TIPP

Zu viele Gegenstände?

Die Zahl an neuen Gegenständen in Project:Red ist überwältigend und die dazugehörigen Handwerkspläne fallen oft überaus komplex aus. Da ich auf den Kreativmodus eingehe, habe ich auf eine Auflistung aller Pläne verzichtet. Natürlich kannst du den Mod auch im Überlebensmodus nutzen, da die neuen Bäume und Blöcke alle notwendigen Ingredienzen liefern. Wenn du es ausprobieren möchtest, empfehle ich das Herunterladen des Mods „Not Enough Items" (eine Neuauflage des betagten Mods „Too Many Items", deshalb der Kastentitel). Wenn du nun dein Inventar öffnest, siehst du alle verfügbaren Gegenstände auf der rechten Bildschirmseite. Bewege deine Maus über einen Gegenstand und drücke **R** für dessen Plan oder **U,** um alle Pläne zu sehen, die den Gegenstand verwenden. Du kannst natürlich keinen der Gegenstände an dich nehmen, doch die Anzeige der Pläne und Verwendungszwecke ist unbezahlbar. NEI, wie es abgekürzt genannt wird, verfügt über viele weitere Optionen, darunter die Möglichkeit, bis zu sieben Speicherpunkte zu erstellen (Bild 6.16). Diese kannst du sehen, indem du eine Welt im Kreativmodus startest oder im Überlebensmodus **/gamemode creative** eingibst, kurz nachsiehst und per – du ahnst es sicher schon – **/gamemode survival** in den Überlebensmodus zurückkehrst. Du findest NEI unter http://goo.gl/lBeYCl – es lohnt sich!

BILD 6.16   Der Mod Not Enough Items bei der Anzeige der Anwendungsmöglichkeiten von Knochenmehl

Eine Kürbisfarm automatisieren

Mit einem Beispiel aus Kapitel 2 wagst du deine ersten Schritte mit Project:Red – die Kürbisfarm mit all ihren verwirrenden Kabeln, Verstärkern und Logikgattern aus Blöcken, Fackeln und Redstone-Staub (Bild 6.17 zur Erinnerung). In diesem Beispiel nutzen wir ein UND-Gatter, das den Wasserfluss nur dann zulässt, wenn die Kolben ausgefahren sind. Mit Project:Red lässt sich das viel leichter realisieren. Mit nur vier Hauptkomponenten, ein wenig Verkabelung und einem zuverlässigen Schraubenzieher baust du nicht nur die Farm aus Kapitel 2 nach, sondern eine verbesserte Version, die den Wachstums- und Ernteprozess überwacht. Zusammen mit einem automatischen Sammel- und Sortiersystem wird daraus eine vollautomatische Farm, die keine manuellen Eingriffe mehr benötigt.

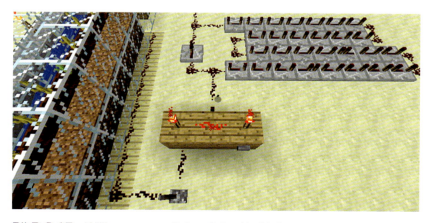

BILD 6.17   Willkommen zurück auf der Kürbisfarm!

Du benötigst folgende Gegenstände aus dem Inventar:

- **Red alloy wiring (Kabel aus roter Legierung)** – viel besser als Redstone, weil es nicht nur eine Reichweite von 255 Blöcken aufweist, sondern auch an Wänden nach oben, um Ecken herum und sogar an der Decke verlegt werden kann. Außerdem ist es (wie alle Komponenten des Mods) wasserfest. Wasser ist eine ständige Bedrohung beim Hantieren mit Redstone – denke nur an das Creeper-Meme „Ich habe in fünf Sekunden alles kaputt gemacht, was ich in fünf Stunden aufgebaut habe". Du findest die Kabel unter dem Reiter **Transmission** auf der zweiten Seite des Inventars.
- **Repeater (Verstärker)** – der Verstärker von Project:Red funktioniert wie sein normales Minecraft-Pendant, wobei du eine längere Verzögerung einstellen kannst. Wir verwenden ihn lediglich als Diode, damit der Strom nicht in die falsche Richtung fließen kann. Er findet sich zusammen mit den nächsten drei Gegenständen unter dem Reiter **Integration**.
- **State cell (Zustandszelle)** – ein sehr praktisches Gerät, das nach einem einmaligen Impuls unbegrenzten Stromdurchfluss erlaubt. Kann auch mit einem zweiten Signal blockiert werden und ist damit der Schlüssel zur fehlerfrei funktionierenden Farm.
- **Pulse former (Pulsformer)** – konvertiert fließenden Strom in einen einzelnen Impuls – genau das, was wir für die Steuerung des Spenders benötigen.
- **Sequencer (Sequenzer)** – die Hauptkontrolleinheit, die für das Wachstum der Pflanzen verantwortlich ist.
- **Screwdriver (Schraubendreher)** – ein wichtiges Werkzeug, das per Rechtsklick die Orientierung einer Komponente ändert. Per Umschalt-Rechtsklick lassen sich weiterführende Parameter einstellen. Befindet sich unter dem Reiter **Core**.
- **Minecraft-Komponenten** – unsere Anlage verwendet auch Standardkomponenten aus der Redstone-Sektion des Inventars: Hebel, klebriger Kolben und ein mit Evian gefüllter Spender (herkömmliches Wasser tut es auch …).

In Bild 6.18 ist das Schema der Anlage zu sehen. Das Problem: Fließendes Wasser darf niemals die Stängel der Pflanzen hinwegschwemmen. Dazu muss der Kolben so lange ausgefahren bleiben, bis das Wasser aus dem Spender die Ernte weggespült hat und der Kanal vollständig getrocknet ist. Alles beginnt mit dem Sequenzer (2), der in jede Richtung platziert werden kann und an dem sich per Rechtsklick (nicht mit dem Schraubendreher!) das Zeitintervall zwischen den Ernten einstellen lässt. Kürbisse wachsen sehr schnell, sodass ein Intervall zwischen 300 und 600 Sekunden (je nach gewünschter Erntemenge) gut funktioniert. Übrigens: Leider lässt sich die Farm aus Kapitel 2 nicht in diese Minecraft-Version importieren, sodass du sie von Grund auf neu bauen musst.

146 Unter Strom

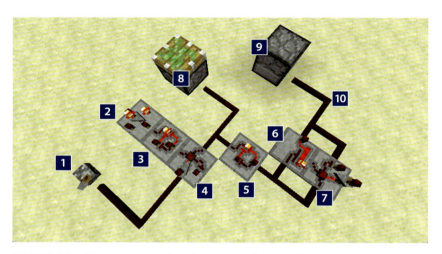

BILD 6.18 Komponenten für die automatisierte Ernte, der Prozess läuft von links nach rechts ab.

1 Standard-Hebel

2 Sequenzer: regelt die Intervalle zwischen den Ernten

3 Pulsformer

4 Zustandszelle: regelt die Ernteperiode

5 Pulsformer

6 Verstärker

7 Zustandszelle

8 Klebriger Kolben

9 Spender: kontrolliert den Wasserfluss

10 Verkabelung aus roter Legierung

Der Sequenzer startet lediglich die gesamte Anlage und könnte gegen einen Standardblock mit Redstone-Knopf ersetzt werden – dann wäre die Anlage aber nicht *voll*automatisch.

Sequenzer stellen einen anhaltenden Strom bereit, sobald der voreingestellte Zeitpunkt erreicht wird – hier kommt der Pulsformer (3) ins Spiel, der den anhaltenden Strom in einen zwei Ticks (oder eine Zehntelsekunde) langen Impuls konvertiert.

Die Statuszelle (4) konvertiert diesen Impuls in ein Signal, das die Kolben so lange anhebt, bis der Wasserstrom versiegt ist. Nach dem Platzieren weist der rotierende Kopf an der Oberseite nach links. Die Grafik sieht mehr oder minder aus wie ein Pfeil, der nach links und damit in die falsche Richtung weist – doch keine Angst, es passt so, wirf einen Blick auf die Detailansicht in Bild 6.19.

Das Wasser muss rund acht Sekunden lang fließen. Da der Impuls die Kolben bereits zuvor anhebt und ein kleines Zeitpolster aus Sicherheitsgründen nötig ist, stelle die Zeit nach einem Rechtsklick auf 16 Sekunden ein.

Zustandszellen sind nützlich, da der nach links ausgegebene Strom über die gesamte eingestellte Zeit bestehen bleibt. Nach vorne wird dagegen lediglich ein Impuls nach dem Ende der eingestellten Zeit ausgegeben – perfekt, um das gesamte System zu blockieren.

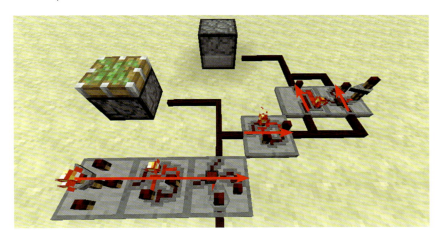

BILD 6.19   Die Pfeile geben den Weg vor. Du kannst die Ausrichtung der Elemente bei Bedarf mit dem Schraubendreher (Rechtsklick!) korrigieren.

Der nächste Pulsformer (5) konvertiert den anhaltenden Strom von der Zustandszelle in einen weiteren schnellen Impuls, sodass die Signale an den Spender mit der gebotenen Vorsicht behandelt werden können. Der Impuls trifft den Verstärker (6) und folgt der Verkabelung direkt zum Spender, um die Wasserversorgung einzuschalten. Des Weiteren gelangt dieser Impuls zur zweiten Zustandszelle (7), was deren Zeitzyklus auslöst. Danach wandert der Strom von der Vorderseite der Zelle in Form eines neuen Impulses zum Spender, wodurch der Wasserfluss unterbrochen wird. Stelle hier das Intervall auf acht Sekunden ein. Der Verstärker (6) weist in Richtung Spender. Da Verstärker den Strom in nur eine Richtung passieren lassen, wird verhindert, dass der Impuls zurück in den Schaltkreis gelangt, der die Zustandszelle (7) versorgt. Ohne den Verstärker würden ohne Unterlass Impulse an den Spender gesendet. Am besten lässt sich diese Schaltung begreifen, indem du sie selbst nachbaust und in Aktion betrachtest. Verlege die Kabel aus roter Legierung (10) wie im Bild und hebe einen drei Blöcke langen Graben vor dem Spender aus, um eine Überflutung zu verhindern. Setze den Sequenzierer auf ein kurzes Intervall von 60 Sekunden, damit du nicht ganze zehn Minuten lang warten musst, bis etwas passiert!

Bild 6.20 zeigt das fertige System in Kombination mit unserer originalen Kürbisfarm.

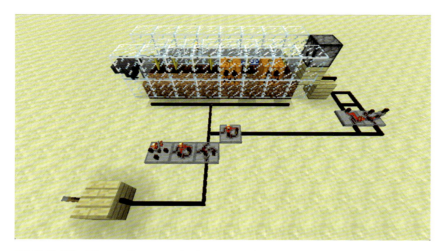

BILD 6.20   Eine vollautomatische Kürbisfarm — endlich etwas Nützliches, oder?

Was kann man noch alles mit Project:Red anstellen?

Schön, dass du fragst! Project:Red ist ein unglaublich guter Mod. Im Moment handelt es sich lediglich um eine partielle Neufassung von Red Power 2 – wahrscheinlich einer der berühmtesten Mods aller Zeiten, nur leider lange nicht mehr gepflegt. Doch mittlerweile werden neue Features schnell hinzugefügt.

Wie du sicher schon aufgrund der vielen Installationsdateien und Erweiterungen des Inventarmenüs geahnt hast, kann Project:Red noch viel mehr. Es ist in vier grundlegende Kategorien unterteilt:

Core

Core enthält Unterstützungssysteme für den Rest des Mods, darunter alle Objekte, die im Handwerk verwendet werden und mit anderen Objekten interagieren.

Integration

Diese Kategorie enthält alle Logikgatter – Sequencer, State Cell und so weiter. Doch es geht noch viel, viel weiter! Solche Komponenten sind unter herkömmlichen Minecraft-Bedingungen unglaublich schwer oder gar unmöglich herzustellen – dabei sind die meisten davon sehr leicht verständlich. Ich werde hier nicht alle Elemente aufzählen, da es einfach zu viele sind – doch mit einigen ausgewählten Schaltungen (inklusive ihren Minecraft-Äquivalenten) kann ich dir hoffentlich den Mund wässrig machen:

- **AND gate (UND-Gatter)** – ein UND-Gatter verfügt über bis zu drei Eingänge – sind alle positiv, wird Strom ausgegeben (siehe Bild 6.21). Das Gatter kann mit dem Schraubendreher per Umschalt-Klick auf nur einen Eingang reduziert werden, was allerdings nicht sonderlich hilfreich ist. Doch wie alle Komponenten aus Project:Red kann es an jeder beliebigen Seite eines Blocks angebracht werden, was sehr hilfreich ist bei engen Platzverhältnissen. Dank isolierter Kabel (dazu später mehr) kann es keine Überkreuzungen geben.

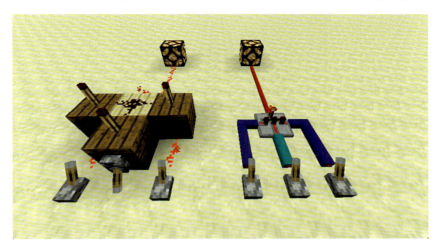

BILD 6.21   Links: Dreiwege-UND-Gatter aus Minecraft. Rechts: die Project:Red-Version desselben Gatters

- **XOR gate (Exklusives ODER-Gatter)** – diese Gatter (Bild 6.22) lassen sich auf vielfältige Weise nutzen. Es wird nur dann Strom ausgegeben, wenn ein Eingang mit Strom versorgt wird und der andere nicht. Diese Elemente verhalten sich wie Lichtschalter im Haushalt, die eine Lampe variabel ein- und ausschalten können. Das geht auch in Minecraft: Schalte eine Reihe von Redstone-Lampen an der Vordertür ein, am Hintereingang aus und so weiter. Die Einsatzmöglichkeiten sind grenzenlos – etwa zum Heben einer Zugbrücke an einem Ende und zum Absenken derselben am anderen Ende oder zum Öffnen einer Geheimtür am Eingang und zum Schließen nach dem Betreten des Raums.
- **Randomizer (Zufallsgenerator)** – dieser bereitet mir großes Vergnügen. Der einzige Weg, einen Zufallsgenerator in Minecraft zu simulieren, wäre ein armes Schwein, das in einen Verschlag gesperrt wird und auf Druckplatten herumwandert. Mit dem Randomizer gelingt dies bedeutend einfacher (Bild 6.23).

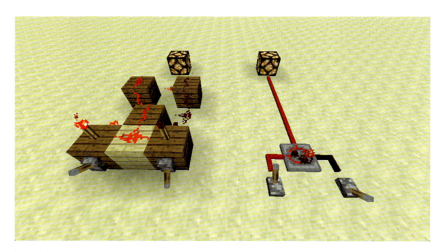

BILD 6.22   Links: Dreiwege-Exklusiv-ODER-Gatter in Minecraft. Rechts: die Project:Red-Version des Gatters

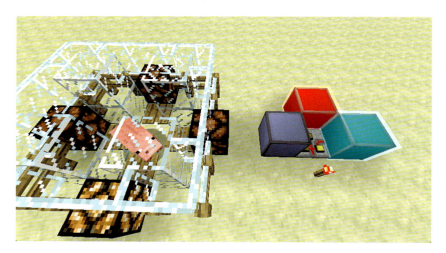

BILD 6.23   Licht aus, Spot an: Disko-Beleuchtung in Minecraft

Transmission

Das ist die Verkabelungskategorie, die womöglich die Art und Weise, wie du Schaltkreise in Minecraft aufbaust, revolutionieren wird. Viele Möglichkeiten können auf beeindruckende Weise miteinander kombiniert werden – zwei Beispiele:

- **Steigen und Biegen** – Kabel können an Wänden hoch und an der Decke verlegt werden und sich per Abdeckung verstecken lassen. Dadurch verkabelst du dein Haus problemlos und unglaublich einfach (siehe Bild 6.24).

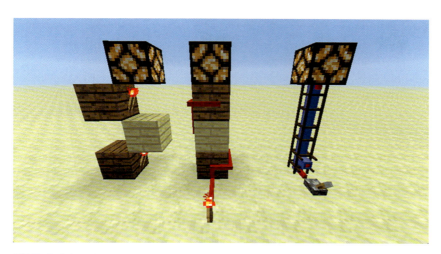

BILD 6.24 Links: herkömmlicher vertikaler Stromtransport. Mitte: Kabel aus roter Legierung von Project:Red, das sich um die Ecken der Blöcke herum windet. Rechts: Ein Turm mit Gerüst und zentralem Kabel in Project:Red

- **Bündeln** – bis zu 16 isolierte Kabel lassen sich in einem Strang zusammenführen, wobei es zu keinerlei Übersprechen zwischen den einzelnen Adern kommt (siehe Bild 6.25), sodass die Signale korrekt auf der anderen Seite ankommen.

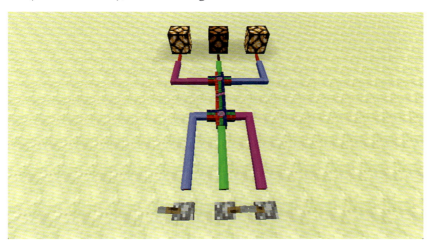

BILD 6.25 Fasse die Kabel zu einem Strang mit drei Adern zusammen – versuche das einmal mit herkömmlichem Redstone ...

Transportation

Hier geht es nicht um Personenbeförderung. Diese Art von Transportwesen nutzt ein Netzwerk aus Röhren, um Gegenstände von einem Behältnis zum nächsten zu befördern. Betrachte es einfach als weitaus fortschrittlichere Version des automatischen Sortiersystems aus Kapitel 2. Die Frachtlore steuert nach dem Einsammeln der Ernte von den automatisierten Farmen eine Truhe an, die mit einem Röhrennetzwerk verbunden ist. Jede weitere Truhe kann nun einen bestimmten Gegenstand von der Haupttruhe anfordern. Gleichzeitig kann ein Trichter, der in einen Ofen führt, Gegenstände zum Einschmelzen anfordern und die fertigen Produkte per Röhrensystem an eine weitere Truhe senden. Zu guter Letzt kann eine mit dem Netzwerk verbundene Handwerksröhre Ingredienzen für bestimmte Handwerksgüter anfordern und die entsprechenden Erzeugnisse automatisch anfertigen.

Bild 6.26 zeigt eine sehr vereinfachte Sicht auf die Möglichkeiten – ich gehe im nächsten Kapitel anhand eines weiteren atemberaubenden Mods näher auf solche Produktionsstätten ein.

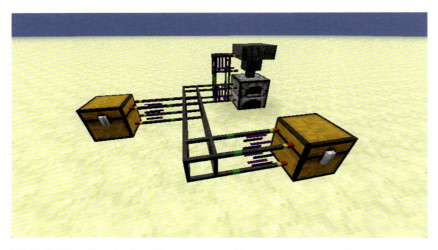

BILD 6.26   Ein simples Netzwerk aus Transportröhren – da geht noch mehr!

Zusammenfassung

Redstone verfügt über bemerkenswerte Eigenschaften, doch oftmals verhält es sich wie eine Fuge von Bach: Sobald man tiefer in die Materie einsteigt, nimmt die Komplexität kein Ende.

Was als leichter Einstieg in die stark limitierten Eigenschaften der Grundkomponenten beginnt, wird zu einer langen Forschungsreise mit unterschiedlichen Kombinationen und verschiedenen Wegen zur Lösung bestimmter Probleme.

Im Netz gibt es eine Vielzahl von Tutorials zu Redstone und ich habe dem Thema ein ganzes Kapitel in meinem *Großen Minecraft Buch* gewidmet, in dem ich die grundlegenden Redstone-Konzepte anhand vieler Beispiele erklärt habe. Dennoch kann selbst der Bau ganz simpler Lösungen in puren Frust ausarten (forsche im Web einmal nach dem Thema „Dreiwege-Weichen für Loren in Minecraft"). Deshalb gibt es Mods wie Project:Red, welche die Dinge so einfach machen. Allein schon die Möglichkeit, Kabel zu Strängen bündeln und dann verlegen zu können, ist eine Riesenerleichterung – keine unerwünschten Kreuzungen, keine Massen an Redstone-Steinen und sehr kompakte Schaltkreise. Dabei habe ich die wunderschönen Laternen noch gar nicht erwähnt, die mit dieser Art der Verkabelung möglich sind. Um mehr zu erfahren, besuche die Homepage des Mods unter http://projectredwiki.com.

Es dauert nicht lange, bis du die Komponenten dieses Mods zu simplen Systemen verbindest, mit denen sich tolle Dinge umsetzen lassen. Doch mit den richtigen Mods lassen sich noch viel größere Projekte realisieren, wie du im nächsten Kapitel anhand eines weiteren fabelhaften Mods selbst sehen wirst: BuildCraft.

Imperien errichten mit BuildCraft

In diesem Kapitel

- baust du ein automatisches Sortiersystem mit Rohren,
- errichtest du Kraftwerke auf Basis von Motoren,
- gräbst du riesige, automatisierte Steinbrüche zum Abbau verschiedenster Ressourcen,
- transportierst du flüssige Ressourcen mit Pumpen,
- raffinierst du Öl zu Treibstoff für Motoren,
- speicherst du Blaupausen von Anlagen zur späteren Wiederverwendung.

BuildCraft erweitert Minecraft um eine Vielzahl von Features. Du kannst es zum Erstellen automatisierter Minenmaschinen verwenden oder zum Transport von Flüssigkeiten oder Blöcken durch Röhren. Auch die Steuerung von Rohren und verbundenen Maschinen über Logikblöcke zum Ausführen bestimmter Aktionen ist vorgesehen. Das Sortieren wird durch BuildCraft zum Kinderspiel und sogar das automatische Herstellen von Gegenständen sowie das Speichern und Reproduzieren von Blaupausen ist möglich – und vieles mehr.

Grundkonzepte von BuildCraft

Der BuildCraft-Mod ist unter http://www.mod-buildcraft.com/download/ (http://goo.gl/26jvFU) verfügbar. Er erfordert Forge, wobei beides wie gewohnt installiert wird (siehe Kapitel 1). Die aktuelle Version unterstützt Minecraft v1.7.10. Wie bei allen gut gemachten Mods kannst du jeden Gegenstand auch von Grund auf im Überlebensmodus herstellen. Die Gegenstände erscheinen ebenso in zusätzlichen Reitern im Inventar des Kreativmodus und arbeiten perfekt mit Not Enough Items (NEI) zusammen, sodass du leichten Zugriff auf die Handwerkspläne aller Gegenstände hast. Weitere Infos findest du im BuildCraft-Wiki unter http://goo.gl/WEFz4S. BuildCraft ist in mehrere Schlüsselbereiche unterteilt, wovon einige in Bild 7.1 zu sehen sind:

- **Transport von Blöcken und Flüssigkeiten** – wie schon in Project:Red (siehe Kapitel 6), bezieht sich der Begriff *Transport* auf das Verschieben von Objekten per Rohrsystem zwischen verschiedenen Inventaren, Tanks und Maschinen. Mehr dazu im Abschnitt „Traumhafte Rohre".

- **Motoren und Energie** – BuildCraft treibt Rohre, Fabriken und andere Objekte mit Motoren an. Es bietet drei Arten von Motoren mit unterschiedlichen Treibstoffen, Kühlsystemen und Energieabgabeleveln. Die Energie der beiden stärkeren Motoren richtig zu verwalten, ist entscheidend für das Design automatisierter Systeme, da Fehler ganz schnell zu einer katastrophalen Explosion führen können. Glücklicherweise lässt sich das Energiemanagement mit den Logikgattern von BuildCraft automatisieren.
- **Fabriken** – Fabriken sind nichts anderes als automatisierte Objekte. Dazu gehören etwa Herstellungs- und Bergbaumaschinen für Steinbrüche und Minen.
- **Öl- und Flüssigkeitsextraktion** – BuildCraft enthält Pumpen, die Lava, Wasser und Öl aus dem Boden holen können. Öl ist dir bisher sicherlich noch nicht untergekommen, da es nur bei installiertem BuildCraft verfügbar ist. Neben Ölvorkommen im Meer oder Erdreich gibt es auch die typischen sprudelnden Ölquellen an Land.
- **Automatisiertes Bauen** – kopiere Blöcke und Anlagen ganz einfach und konvertiere sie in eine Blaupause, die wiederverwendbar ist und auf verschiedenen Wegen (z.B. per E-Mail) an andere Spieler weitergegeben werden kann. Der Mod bietet ein Bausystem, das dreidimensionale Grundformen wie Pyramiden, Zylinder oder Würfel erzeugen sowie ganze Areale mit nur einem Mausklick einebnen kann.

BILD 7.1   Ein automatisierter Steinbruch mit Motoren und Sortiersystem

BuildCraft wird ständig weiterentwickelt, sodass bereits im nächsten Release 6.1 neue Roboter eingeführt werden, die gegen Mobs kämpfen, sich als Farmarbeiter verdingen und sogar Felder bepflanzen können. BuildCraft ist einer der umfangreichsten Mods für Minecraft – deshalb sollten wir gleich in die Materie einsteigen und die ersten funktionierenden Maschinen bauen.

Traumhafte Rohre

Das beherrschende Prinzip von BuildCraft ist, Gegenstände, Flüssigkeiten oder Energie durch Rohre zu transportieren und anschließend weiterzuverarbeiten. Erinnerst du dich an das komplizierte Sortiersystem aus Kapitel 6? Du wirst staunen, wie leicht sich eine ähnliche Anlage in BuildCraft aufbauen lässt. Wie immer empfehle ich dir das Ausprobieren im Kreativmodus und die Anwendung des Erlernten im Überlebensmodus.

So baust du eine Anlage zum Sortieren von Gegenständen:

1. Stelle wie in Bild 7.2 zwei Truhen in einer Entfernung von drei Blöcken auf. Eine Truhe enthält die zu sortierenden Gegenstände und Truhe Nr. 2 empfängt diese.
2. Öffne mit **E** das Inventar und wechsle zum Reiter **BuildCraft-Rohre** auf Seite 2 des Inventarmenüs.
3. Wähle den ersten Gegenstand aus, das Hölzerne Transportrohr (Extraktionsrohr). Nimm auch gleich ein Pflasterstein-Transportrohr mit auf.
4. Wechsle zum Reiter **BuildCraft-Blöcke** und hole dir einen Redstone-Motor.
5. Aus dem Bereich **BuildCraft-Items** entnimmst du einen Schraubenschlüssel, mit dem sich falsch ausgerichtete Gegenstände neu positionieren lassen.

BILD 7.2 Unser erstes Transportsystem in BuildCraft befördert Gegenstände von der linken in die rechte Truhe.

6. Besorge dir einen Hebel aus dem Bereich **Redstone**.
7. Sammle ein paar Gegenstände ein, die du in die linke Truhe legst. Ich habe mir bei gedrückter **Umschalttaste** einen Stapel Sand und einen Stapel Bruchstein (je 64 Einheiten) geschnappt.
8. Setze das hölzerne Transportrohr auf den Block rechts neben die linke Truhe, woraufhin beide Gegenstände verbunden werden. Hölzerne Rohre können Gegenstände extrahieren, sobald sie mit Energie versorgt werden. Allerdings lassen sie sich nicht miteinander verbinden – das ist der Grund für den Einsatz des Pflastersteinrohrs als Verbindungsglied zur rechten Truhe.

9. Schließe die Lücke zur rechten Truhe mit dem Pflastersteinrohr. Dieser Rohrtyp kann Gegenstände über große Entfernungen transportieren, ist allerdings sehr langsam (dafür im Überlebensmodus am einfachsten zu bauen).
10. Platziere den Redstone-Motor hinter dem hölzernen Rohr. Der Motor richtet sich automatisch korrekt aus. In seltenen Fällen kommt es zu einer falschen Ausrichtung, die sich jedoch mit dem Schraubenschlüssel korrigieren lässt.
11. Setze den Redstone-Hebel neben dem Motor auf den Boden oder bringe ihn direkt an der Rückseite des Motors an. Redstone-Motoren sind die schwächsten, aber auch am leichtesten zu verwendenden der drei in BuildCraft verfügbaren Antriebe. Dieser Motorentyp eignet sich höchstens zum Antreiben von Rohren oder zum Lösen von Aufgaben, die nur sehr wenig Energie benötigen. Es gibt mit dem Kreativmotor noch einen weiteren Motorentyp, der nur im Kreativmodus verfügbar ist und sich zum Experimentieren auf verschiedene Energieniveaus einstellen lässt.
12. Betätige den Schalter, um den Motor anzuwerfen, und schon machen sich die Blöcke aus der linken Truhe durch die Rohre auf den Weg zur rechten Truhe.

Schalte die Anlage nach dem Transport einiger Gegenstände wieder aus und packe die übertragenen Blöcke manuell zurück in die linke Truhe.

Nun ist es an der Zeit, die Dinge zu sortieren! Das tun wir mit einem weiteren Rohrtyp von BuildCraft. Schaue dir Bild 7.3 an und folge diesen Schritten:

1. Füge vor der rechten Truhe eine weitere hinzu – mit genug Abstand, dass keine große Doppeltruhe entsteht.
2. Verbinde die neue Truhe mit der rechten Truhe, indem du wie im Bild Pflastersteinrohre verlegst. Das T-Stück am Verbindungspunkt entsteht automatisch.
3. Hole ein Diamantenes Transportrohr aus dem Inventar und ersetze damit das vorhandene T-Stück an der rechten Truhe.

    Diamantene Transportrohre verhalten sich wie Sortierer. Am Kreuzungspunkt erscheinen verschiedene Farbindikatoren für jede der sechs möglichen Verbindungen (links, rechts, oben, unten, vorne und hinten). In Bild 7.3 kannst du den blauen Indikator Richtung Versorgungstruhe, die rote Markierung in Richtung rechte Truhe und einen gelben Indikator zur neuen Truhe hin erkennen.
4. Nimm einen beliebigen Gegenstand (nur kein Rohr) in die Hand und führe einen Rechtsklick auf das T-Stück aus, um das Konfigurationsfenster aus Bild 7.4 aufzurufen. Platziere nun einen Block aus dem Inventar auf der gewünschten Farbe. Im Beispiel wandert der Sand zur zweiten und der Bruchstein zur dritten Truhe.

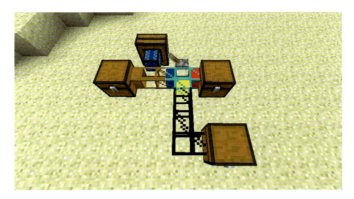

BILD 7.3   Rohre verbinden sich automatisch. Einige verfügen über logische Kontrollfunktionen, die ein Sortieren der durchlaufenden Gegenstände erlauben.

TIPP

Richtig filtern

In T-Kreuzungen befindliche Rohre schicken Gegenstände in beide Richtungen – selbst dann, wenn ein Filter wie beim Diamantenen Transportrohr verwendet wird. Stelle stets sicher, dass allen Ausgängen die gewünschten Gegenstände zugewiesen sind, um Fehltransporte von vornherein auszuschließen.

5. Fülle die Versorgungstruhe mit Bruchstein und Sand auf und betätige den Hebel. Nun wandern die Gegenstände in die zuvor von dir festgelegten Truhen.

BILD 7.4   Platziere die Blöcke in den Farbfeldern, die zu den Farben der Ausgänge des diamantenen T-Stücks passen.

Auf dieser Basis lässt sich das Rohrsystem zu einer Sortieranlage ausbauen, die du statt der komplizierten Anlage aus Kapitel 6 verwenden kannst (Bild 7.5).

BILD 7.5 Eine automatische Sortieranlage. Das lila Rohr am Ende ist ein Löschendes Transportrohr, das überzählige Gegenstände vernichtet.

BuildCraft bietet jede Menge spezieller Rohre, die – bis auf Kaffee kochen – nahezu alle Aufgaben erledigen können:

- **Löschendes Transportrohr** – vernichtet alle eingehenden Gegenstände.
- **Smaragd-Transportrohr** – ähnlich dem hölzernen Rohr kann dieses Rohr Gegenstände aus dem Inventar eines Blocks entnehmen. Allerdings verfügt es über ein integriertes Filtersystem mit neun Kategorien. Standardmäßig zieht das Rohr nur Gegenstände, die sich im oberen Filterfeld befinden. Mit der mittleren Einstellung kann aber auch ein Ausschlussfilter definiert werden, der alles bis auf die in den Filterfeldern vorhandenen Gegenstände akzeptiert. Die dritte Einstellung zieht abwechselnd Gegenstände, die sich im Filterfeld befinden. Dadurch lassen sich prima verschiedene Gegenstände an eine Werkbank schicken, wie in Bild 7.6 zu sehen ist.

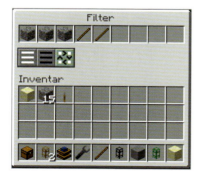

BILD 7.6 Der dritte Modus des Smaragd-Transportrohrs zieht abwechselnd die vorgegebenen Gegenstände aus der Versorgungstruhe – so lange, bis eines der Materialien zur Neige geht. In diesem Fall werden jeweils drei Bruchsteine und zwei Stöcke für die Produktion von Spitzhacken weitergeleitet.

- **Gestreiftes Transportrohr** – ein sehr ungewöhnliches Rohr. Unter Energie saugt dieses Rohr jeden Block auf, der sich vor der Öffnung befindet. Bild 7.7 zeigt ein solches Rohr als Bestandteil eines Bruchsteingenerators. Das Rohr saugt die frisch produzierten Blöcke auf und befördert sie in die Truhe. Liegt keine Energieversorgung an, platziert oder benutzt das Rohr Gegenstände – es kann Fackeln oder Hebel setzen oder Saatgut anpflanzen. Schicke eine Spitzhacke durch das Rohr und es wird den Block vor der Öffnung zerschlagen. Eine Hacke im Rohr wird den Boden davor pflügen – das eröffnet interessante Möglichkeiten für automatisierte Farmen. Schickt man ein reguläres Rohr durch das gestreifte Rohr, erweitert sich die Rohrverbindung. Dies ist allerdings in der Anwendung stark begrenzt, da es keine Möglichkeit gibt, die Länge eines Rohrs auf ähnliche Weise zu verringern.

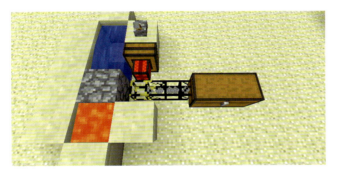

BILD 7.7 Das gestreifte Transportrohr funktioniert wie ein Staubsauger und saugt den im Generator entstehenden Bruchstein auf.

- **Obsidian-Transportrohr** – saugt jegliche losen Gegenstände vor der Öffnung auf. Eine Energieversorgung erhöht die Reichweite des Effekts. Verwende diese Rohre als Alternative zu Trichtern, um Beute von Mobs oder angeschwemmte Ernteerzeugnisse in Truhen zu befördern.

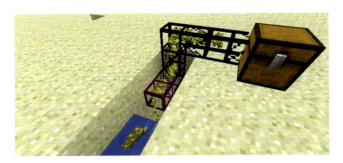

BILD 7.8 Obsidian-Transportrohre ermöglichen das einfache Aufsammeln von Beute oder Gegenständen aus einem Wasserkanal.

Es gibt noch viele weitere Rohre für komplexere Transportaufgaben – darunter das Emzuli-Transportrohr, welches in Verbindung mit Logikgattern Gegenstände farblich kennzeichnet, um die spätere Routenführung zu erleichtern.

Soweit zu den grundlegenden Funktionsweisen von Transportrohren. Später werde ich dich noch auf eine Reise durch die Welt der Transportrohre für Flüssigkeiten mitnehmen – denn Motoren wollen mit Kühlwasser und Treibstoff versorgt werden.

Motoren

Wie bereits erwähnt, bietet BuildCraft drei grundlegende Motorentypen sowie einen vierten, speziellen Motor für das Experimentieren im Kreativmodus:

- **Redstone-Motor** – die einfachste Version der BuildCraft-Motoren hast du bereits kennengelernt. Dieser Motor benötigt lediglich eine Redstone-Fackel zum Betrieb, bietet jedoch nur eine geringe Leistung von 0,5 MJ/t, was höchstens zum Extrahieren von Gegenständen reicht.
- **Stirlingmotor** – dieser Motor benötigt Treibstoff wie Kohle, Holzkohle, Holz, Stöcke oder Lava. Dafür bringt er es auf eine Leistung von 1 MJ/t, was zum Betrieb von Minenmaschinen und Steinbrüchen ausreicht.
- **Verbrennungsmotor** – dieser Motor verbraucht Öl (Leistung: 3 MJ/t) oder Öl, das zu Treibstoff raffiniert wurde (Leistung: 6 MJ/t).

INFO

Energie

BuildCraft verfügt im Grunde genommen über ein ähnliches Energiesystem wie Redstone, allerdings mit deutlich mehr Finesse. Die von Motoren produzierte Energie wird in Minecraft Joule pro Tick (MJ/t) gemessen, wobei Maschinen unterschiedlich viel Leistung aufnehmen und Energie in einem internen Puffer speichern. Energie wird mit speziell dafür ausgelegten Energieleitungen übertragen. Einige Versionen von BuildCraft geben die Energieleistung in Redstone Flux pro Tick (kurz RF/t) an, wobei der Umrechnungsfaktor 10 RF zu 1 MJ beträgt.

Motoren können sowohl mit den unterschiedlichen BuildCraft-Maschinen als auch direkt miteinander verbunden werden, um die Leistung zu erhöhen. Weil bei dieser In-Reihe-Schaltung aber viel Energie verloren geht, ist dies nur mit Stirling- und Verbrennungsmotoren möglich. Bei unsachgemäßer Handhabung können Stirling- und Verbrennungsmotoren explodieren und damit einen Großteil der Anlage verwüsten. Beide müssen die von ihnen erzeugte Energie an Verbraucher abgeben können, da sie ansonsten überhitzen und in die Luft fliegen. Der Verbrennungsmotor benötigt darüber hinaus auch Kühlwasser, um nicht zu überhitzen. Da der Bau und Betrieb von Motoren im Überlebensmodus eine beträchtliche Menge an Ressourcen verschlingt, empfiehlt es sich, sie abseits anderer Strukturen in einem kleinen Kraftwerk zusammenzufassen und die Energie per Röhren an die Verbraucher zu übertragen. Und genau so etwas bauen wir jetzt.

Ein Kraftwerk bauen

Kraftwerke versorgen Maschinen von einem zentralen Ort aus mit Energie.

Da einige Anlagen wie beispielsweise der Steinbruch (dazu später mehr) die Energie von bis zu neun Verbrennungsmotoren verschlingen können, müssen Aufbau und Handhabung eines jeden Motors mit großer Sorgfalt erfolgen, um Explosionen vorzubeugen – ein guter Grund für ein einzelnes, zentrales Kraftwerk.

Mit den folgenden Schritten baust du dein eigenes Kraftwerk. Wir beginnen mit Stirlingmotoren und wenden uns danach den anspruchsvolleren Verbrennungsmotoren zu:

1. Platziere wie in Bild 7.9 zwei Reihen mit je drei Stirlingmotoren, die eine Gesamtleistung von 6 MJ/t produzieren.

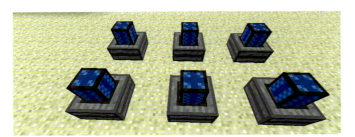

BILD 7.9   Stirlingmotoren sind doppelt so stark wie ihre Redstone-Pendants. Jede Maschine erzeugt 1 MJ/t Energie.

2. Führe eine Blockreihe zwischen den Motoren hindurch und platziere Redstone auf der Oberseite sowie einen Hebel an einem Ende (Bild 7.10). Alle BuildCraft-Motoren starten, sobald sie ein Redstone-Signal erhalten, sodass der Hebel als Hauptschalter für die gesamte Anlage dient.
3. Die Energieverteilung erfolgt über eine hölzerne Energieleitung aus dem Build-Craft-Inventar. Setze eine einzelne Leitung auf die Oberseite jedes Motors. Der Tooltipp im Inventar sagt aus, dass die Leitung bis zu 32 MJ/t verkraftet – mehr als genug für die Motorenleistung von 1 MJ/t. Die Energieleitungen lassen sich allerdings nur direkt mit einem Energieerzeuger verbinden, nie untereinander.
4. Deshalb wählst du nun die Pflastersteinenergieleitung aus und führst damit Rechtsklicks auf jede hölzerne Leitung aus, bevor du alle Motoren durch weitere Leitungsteile miteinander verbindest. Dies kann auf verschiedene Art und Weise geschehen – Bild 7.11 ist nur ein Beispiel.

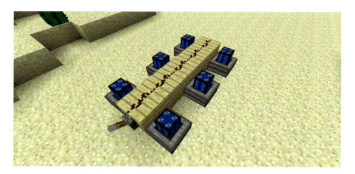

BILD 7.10 Wichtig: Jeder Motor muss mit einem Redstone-Signal versorgt werden. Der Hebel dient als Hauptschalter, doch du kannst auch das Signal einer beliebigen anderen Redstone-Quelle verwenden, sodass die Anlage nur dann anspringt, wenn Energie benötigt wird.

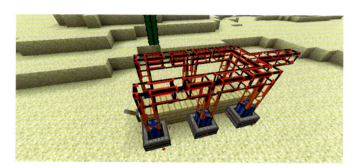

BILD 7.11 BuildCraft-Rohre und -Leitungen verbinden sich automatisch, sodass ein Netzwerk wie dieses in wenigen Sekunden vollendet ist. Die Energie einer jeden Motorenreihe wird am T-Stück am rechten Rand der Anlage gesammelt, doch die Verbindungen zwischen den Energieleitungen können an beliebiger Stelle vorgenommen werden.

5. Stirlingmotoren laufen mit Lava, Kohle, Holzkohle und Holz. Klicke mit der rechten Maustaste auf jeden Motor, um dessen Interface zu öffnen und einen Eimer Lava in den Treibstoff-Slot zu füllen. Dann starte die Anlage mit dem Hebel.

Von nun an produziert das Kraftwerk zwar Energie, doch diese wird nicht verbraucht, was wir aber bald ändern werden. Zunächst müssen wir eine konstante Treibstoffversorgung sicherstellen.

Obwohl Stirlingmotoren mit Lava sehr lange laufen, wird dieser Treibstoff aufgebraucht und ist nicht erneuerbar. Deshalb müssen wir die Lava durch herstellbaren Treibstoff wie Kohle ersetzen. Schalte die Anlage aus und folge diesen Schritten:

1. Setze eine mit Kohle beladene Truhe in einem Block Abstand zur Redstone-Plattform hinter die Anlage.

2. Bringe ein hölzernes Transportrohr an der Rückseite der Truhe an und platziere einen Redstone-Motor an der Oberseite des Rohrs (Bild 7.12). Der Motor sollte sich korrekt ausrichten, bezieht seine Energie vom Redstone und wird dazu verwendet, alle anderen Motoren zu starten.

BILD 7.12   Aufbau einer automatisierten Kraftstoffversorgung

3. Führe ein Pflastersteintransportrohr um die Motoren herum, wobei dieses die Anlage komplett umrunden muss. Durch einen Bogen an der Vorderseite kannst du den Hebel besser erreichen.
4. Entferne den leeren Eimer per Rechtsklick aus jedem Motor, um Platz für die Kohle zu schaffen.
5. Packe ca. sechs Stapel Kohle in die Truhe und schalte das Kraftwerk ein. Du siehst, wie die Kohle durch das Transportrohr wandert und jeden Motor mit Treibstoff versorgt. Ist der Treibstoff-Slot eines Motors gefüllt, wandert die Kohle daran vorbei, bis sie einen Motor mit Treibstoffbedarf findet.

Das war es auch schon mit den Grundlagen eines Kraftwerks, das auf Stirlingmotoren basiert. Verbrennungsmotoren sind dagegen ungleich komplexer – vor allem, wenn sie raffinierten Treibstoff benötigen. Lass uns erst die gerade fertiggestellte Anlage zum Laufen bringen, ehe wir uns dann mit der nächsten beschäftigen.

Minenbohrer

Minenbohrer sind sehr einfach gestrickt: Versorge sie mit Energie und sie graben sich bis zum Grundgestein vor und stoppen erst dann, wenn sie unterwegs auf Lava treffen. Verbinde sie mit einer Truhe, in der die zu Tage geförderten Ressourcen gesammelt werden. Eine solche Anlage fördert sogar Diamanten, obwohl für ihren Bau kein Obsidian erforderlich ist. Außerdem kannst du deinen Bohrturm nach getaner Arbeit mit einer Eisen-, Gold- oder Diamantspitzhacke abbauen und immer wieder neu verwenden.

Hole dir einen Minenbohrer aus dem Kreativinventar und platziere ihn in der Nähe des Kraftwerks. Führe dann eine Pflastersteinenergieleitung vom Kraftwerk in die seitliche Flanke des Minenbohrers.

Stelle eine Truhe direkt neben dem Bohrer auf und nimm das Kraftwerk in Betrieb. Bild 7.13 zeigt die fertige Anlage.

BILD 7.13 Sobald der Minenbohrer (oder jedes andere Gerät) Energie zieht, siehst du ein hellblaue Linie wie einen Laser durch die Energieleitung schießen.

INFO

Minenbohrer in Reihe schalten

Um noch mehr Erze zu Tage zu fördern, kannst du mehrere Minenbohrer in Reihe schalten. Dadurch erhöht sich jedoch nicht die Geschwindigkeit, mit der die Erze abgebaut werden – die Energie vom Kraftwerk wird nämlich gleichmäßig auf alle drei Anlagen verteilt, wobei jede insgesamt 25 MJ benötigt, um einen Block abzubauen. Bild 7.14 zeigt eine Batterie von drei Minenbohrern, wobei der linke Bohrer seine Erze über ein Pflastersteintransportrohr an die Truhe übermittelt.

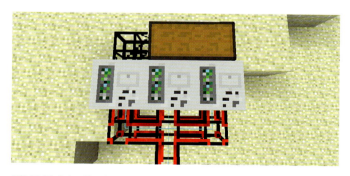

BILD 7.14 Drei in Reihe geschaltete Minenbohrer, die ihre zu Tage geförderten Erze in einer gemeinsamen Truhe ablegen.

> **TIPP**
>
> **Energieverwaltung**
>
> Energieleitungen können nur eine bestimmte Menge von Energie auf einmal transportieren. Du siehst die maximale Belastung im Tooltip der jeweiligen Leitung. Das Spektrum reicht von 8 MJ bei der Pflastersteinenergieleitung bis hin zu stattlichen 1.024 MJ bei der Diamantversion. Die aktuell ausgegebene Energiemenge wird im per Rechtsklick erreichbaren Inventarmenü eines Motors angezeigt, indem du den Mauszeiger über das rechte Icon bewegst. Ein weiterer Indikator für die ausgegebene Energiemenge ist die Stärke der blauen Linie, die in der Mitte der Energieleitung zu sehen ist. Bei einer Überlastung färbt sich die Linie rot. Dies kannst du mithilfe einer vorgeschalteten, eisernen Energieleitung verhindern, an der du mit Hilfe des Schraubenschlüssels (Rechtsklick!) den Durchsatz reduzierst.

Wenn du im Überlebensmodus spielst, wirst du herausfinden, dass sich Minenbohrer durch das Hinzufügen von Tanks in Pumpen verwandeln lassen. Diese benötigen wir für den Betrieb von Verbrennungsmotoren, welche die Energieausbeute noch einmal deutlich erhöhen.

Verbrennungsmotoren

Verbrennungsmotoren sind die leistungsstärksten Motoren in BuildCraft. Sie laufen mit Öl oder Benzin. Während du in einer mit installiertem BuildCraft erstellten Welt überall Ölfelder und -springbrunnen findest, musst du Benzin erst in einer Raffinerie erzeugen. Benzin sorgt für eine wesentlich höhere Energieausbeute und mehr Effizienz.

Zunächst musst du ein Öllager aufspüren. Findet sich keines in der Nähe, kannst du einen Ölquellen-Block aus dem Inventar des Kreativmodus holen und zehn oder mehr davon platzieren. Die Blöcke verwandeln sich zufällig in Quellen, doch bereits nach einer oder zwei Minuten solltest du die ersten Quellen auftauchen sehen. Öl ist eine endliche Ressource, sodass eine Quelle ähnlich wie ein Eimer schnell geleert ist, was die Suche nach großen Ölfeldern lohnenswert macht. (Die Tiefe eines Ölfelds kannst du ermitteln, indem du hineinspringst – unter der Oberfläche ist Öl so durchsichtig wie Wasser.) Durch das Füllen einer Grube mit Öl aus einem Eimer kannst du auch dein eigenes Ölfeld erschaffen. Die zur Kühlung benötigte Wasserquelle erzeugst du entweder mit dem Wasserquelle-Block oder durch ein 3 × 3 Blöcke großes und einen Block tiefes Loch, das mit Wasser aus Eimern gefüllt wird. Ein nur 2 × 2 Blöcke großes Reservoir wird unter Umständen nicht genügen, um die Motoren mit ausreichend Kühlwasser zu versorgen.

Wir bauen nun ein aus drei Verbrennungsmotoren bestehendes Kraftwerk. Zwei Stirlingmotoren treiben die Wasserpumpe an, während ein Redstone-Motor die Ölpumpe am Laufen hält. Im Betrieb mit Öl erzielen die Motoren eine Leistung von 9 MJ/t, die mit Benzin auf 18 MJ/t steigt, sodass wir später eine Raffinerie bauen werden. Im Überlebensmodus werden Pumpen aus Minenbohrern mit Tanks hergestellt, doch nachfolgende Anleitung bezieht sich auf den Kreativmodus:

1. Platziere drei Verbrennungsmotoren mit einem Abstand von je einem Block in einer Reihe. Dann stellst du eine Pumpe am Rand des Wasserreservoirs und eine weitere bei der Ölquelle auf (siehe Bild 7.15).

BILD 7.15 Die Basis für ein auf Verbrennungsmotoren basierendes Kraftwerk

2. Verbinde die Ölpumpe per steinernem Flüssigkeitsrohr mit den drei Motoren und verwende für die Verbindung mit der Wasserpumpe ein goldenes Flüssigkeitsrohr (Bild 7.16). Ich verwende Gold für den Wasserkreislauf, da dieses Rohr den vierfachen Durchsatz der steinernen Variante bietet, was für den reibungslosen Betrieb der Motoren von größter Wichtigkeit ist. In einigen Fällen musst du die Kapazität der Pumpen mit Ausgangsröhren auf beiden Seiten erhöhen. Auf ein hölzernes Extraktionsrohr kannst du in diesem Fall verzichten, da die Pumpen die Flüssigkeit selbsttätig in die angeschlossenen Rohre pressen. Bei größeren Anlagen musst du sicherstellen, dass alle Rohrverbindungen des Wasserkreislaufs die gleiche Länge aufweisen, um eine gleichmäßige Versorgung mit Kühlwasser zu gewährleisten – andernfalls kann der am weitesten von der Quelle entfernte Motor überhitzen.

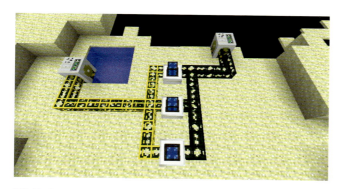

BILD 7.16 Goldene und steinerne Flüssigkeitsrohre versorgen die Motoren mit Wasser und Öl.

3. Wie schon beim vorangegangenen Kraftwerk platzierst du auf jedem Motor eine hölzerne Energieleitung, die du über Quarz-Energieleitungen miteinander verbindest. Quarz-Energieleitungen können bis zu 64 MJ/t transportieren, was für die Gesamtleistung der Anlage von 18 MJ/t mehr als ausreichend ist.
4. Da Verbrennungsmotoren zum Explodieren tendieren, fügen wir ein Logikgatter hinzu, das die Motoren nur bei blauem oder grünem Betriebsstatus mit einem Redstone-Signal versorgt. Jeder andere Betriebsstatus zeigt eine Überhitzung an, was durch Ausschalten und Abkühlen verhindert werden kann. Platziere dazu an jeder hölzernen Energieleitung ein eisernes ODER-Gatter (BuildCraft-Bezeichnung: OR-Gatter). Am Ende sollte deine Anlage so wie in Bild 7.17 aussehen.

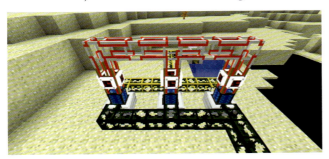

BILD 7.17   Das Kraftwerk nach dem Hinzufügen der OR-Gatter

5. Öffne per Rechtsklick das Konfigurationsmenü eines jeden Gatters und klicke auf die vier Felder, bis du eine Konfiguration wie in Bild 7.18 erzielst. Die Logik des Gatters impliziert, dass nur dann ein Redstone-Signal zum Einschalten der Motoren ausgegeben wird, wenn deren Kondition Blau oder Grün ist.

BILD 7.18   Konfiguration des eisernen OR-Gatters

6. Stelle einen Stirlingmotor hinter der Wasserpumpe und einen Redstone-Motor hinter der Ölpumpe auf. Du kannst diese entweder über Hebel oder Fackeln mit Energie versorgen oder eine Redstone-Leitung wie in Bild 7.19 zu einem zentralen Punkt ziehen.

TIPP

Rohre versiegeln

Die meisten Rohre verbinden sich automatisch mit anderen, sodass ein Verlegen unter beengten Bedingungen in eine wahre Herausforderung ausarten kann. Glücklicherweise lassen sich Rohre mit Rohrstöpseln versehen. Bring dazu einfach einen Stöpsel an jener Stelle an, an der sich die Rohre verbinden würden. Steinerne und Pflastersteinrohre verbinden sich nicht miteinander, sodass diese Varianten ideal geeignet sind für die parallele Verlegung mehrerer Rohre.

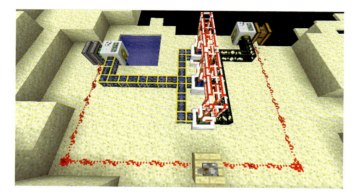

BILD 7.19 Das fertige Kraftwerk mit Verbrennungsmotoren

Nun wartet die ganze Energie darauf, sinnvoll eingesetzt zu werden. Ziehe die steinerne Energieleitung zu einem Minenbohrer und aktiviere die Anlage – du siehst die Erze viel schneller aus dem Boden schießen als zuvor mit dem Stirlingkraftwerk.

Doch es lässt sich noch mehr Power aus dem Kraftwerk herauskitzeln – wenn du die Motoren mit Benzin antreibst, wodurch sich die Leistung verdoppelt. Alles, was du dazu brauchst, ist eine Raffinerie.

TIPP

Ölquellen erschließen

Mit der Zeit werden deine Kraftwerke selbst die größten Ölreserven aufgebraucht haben. Glücklicherweise finden sich große Reservoirs tief im Erdreich, speziell wenn du mit mehreren Minenbohrern danach suchst. Mit einer Pumpe beutest du diese Vorkommen aus – egal wie tief sie liegen. Anschließend kannst du das schwarze Gold entweder direkt in deine Ölpipelines leiten oder es mit dem Schleusentor aus dem BuildCraft-Inventar direkt in deine Auffanggrube befördern.

Öl raffinieren

Raffinerien verwandeln Öl in Benzin, das ausschließlich von Verbrennungsmotoren genutzt wird, die doppelte Leistung erzeugt und fünf Mal so lange vorhält wie Öl. In Zahlen: 250.000 MJ pro Eimer bei einer Betriebsdauer von 40 Minuten, verglichen mit 25.000 MJ und acht Minuten bei Öl.

Setze eine Raffinerie in der Nähe des Ölreservoirs neben die Ölpumpe. Führe dann, wie in Bild 7.20 gezeigt, eine Quarzenergieleitung vom Kraftwerk zur Raffinerie.

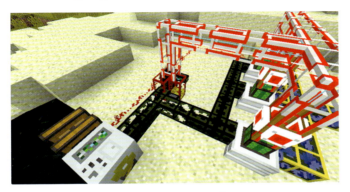

BILD 7.20   Raffinerien verwandeln Öl in das viel effizientere Benzin.

Raffinerien bestehen aus drei Tanks. Zwei davon enthalten Öl, während der dritte stetig mit Benzin aufgefüllt wird.

Lass die Raffinerie ein paar Minuten lang zum Auffüllen laufen, dann entferne die zu den Motoren führende Ölleitung und ersetze diese durch ein steinernes Flüssigkeitsrohr, das über ein hölzernes Extraktionsrohr mit der Raffinerie verbunden wird. Setze dann einen Redstone-Motor neben die Pumpe und treibe diesen mit einer Redstone-Fackel oder einer Netzverbindung per Redstone-Staub an. In Bild 7.21 siehst du meine Version.

BILD 7.21   Damit das Kraftwerk mit Benzin versorgt werden kann, müssen die Rohrverbindungen erneuert werden.

Sobald jeder Motor sein Restöl verbraucht hat, saugt er das Benzin an und erhöht seine Leistung auf 6 MJ/t. Fertig ist das sichere Verbrennungsmotorkraftwerk.

Automatisierte Steinbrüche

Lass uns nun die im Überfluss vorhandene Energie einem nützlichen Zweck zuführen. Der Steinbruch ist eines der mächtigsten Features von BuildCraft – stelle ihn dir einfach als eine Art gedopten Minenbohrer vor. Im Standardmodus wird ein 9 × 9 Blöcke messendes Loch bis hinunter zum Grundgestein oder zur Lava (was immer zuerst kommt) in den Boden getrieben. Mit den Wegpunkten (die ich ein wenig später vorstellen werde) lässt sich ein Steinbruch mit den enormen Grundmaßen von 64 × 64 Blöcken anlegen. Bild 7.22 zeigt die einfachste Variante mit Steinbruchblock, Truhe und Stirlingmotor. Durch Platzieren des Steinbruchs erscheint ein gelbschwarz gestreifter Rahmen. Der Steinbruch vernichtet zunächst alle Blöcke in diesem Rahmen, bevor er einen soliden Gitterrahmen wie in Bild 7.23 errichtet und mit dem Graben beginnt.

BILD 7.22   Ein einfacher Steinbruch in der Konstruktionsphase

BILD 7.23   Stirlingmotoren versorgen den Steinbruch mit sehr wenig Energie, sodass die Grabung recht langsam erfolgt.

Lege deinen Steinbruch in der Nähe des Kraftwerks an, um die Energieleitungen kurz zu halten. Die bereitgestellte Energie lässt die Anlage in einem ordentlichen Tempo laufen. So erstellst du einen Steinbruch in jeder gewünschten Größe:

1. Die Platzmarker von BuildCraft erlauben die schnelle Markierung größerer Areale. Setze Platzmarker an jede Ecke des gewünschten Steinbruchs, wobei die Marker exakt ausgerichtet sein und sich auf gleicher Höhe befinden müssen. Setze eine Redstone-Fackel neben den ersten Marker, um ein praktisches blaues Hilfsraster wie in Bild 7.24 zu erhalten.

BILD 7.24   Es bedarf keiner weiteren Ressourcen, den Steinbruch größer als 9 × 9 Felder zu machen. Definiere die gewünschte Größe mit Platzmarkern.

2. Folge den blauen Hilfslinien, um die vier Ecken deines Steinbruchs mit neuen Markern festzulegen und neben den Markern Fackeln zu platzieren. Die Linien können auch durch andere Blöcke hindurchgehen. Befindet sich eine gewünschte Ecke unterhalb des Bodens, grabe so lange, bis du den Schnittpunkt erkennen kannst.
3. Ein Rechtsklick auf einen Marker aktiviert diesen, wodurch die Markierungslinienrot aufleuchten.
4. Platziere den Steinbruchblock direkt hinter dem Marker, der dem Kraftwerk am nächsten steht, jedoch nicht innerhalb der Markierung und auch nicht auf der Markierungslinie. Wenn du alles richtig gemacht hast, erscheint das bekannte gelbschwarze Raster mit den gewünschten Abmessungen.
6. Setze eine Truhe neben den Steinbruch und verbinde diesen per Quarzenergieleitung mit dem Kraftwerk, wodurch er in Aktion tritt (Bild 7.25).

Steinbrüche fördern jede Menge Material zu Tage und all den Sand, den Bruchstein oder die Erde wirst du sicher nicht benötigen. Dieses Problem löst du mit steinernen Transportrohren, die mit Truhen verbunden sind. Setze ein Diamanttransportrohr an jede Kreuzung, um festzulegen, welche Ressourcen du behalten willst (das funktioniert auch mit mehreren Truhen wie in Bild 7.26). Die unerwünschten Blöcke leitest du an ein löschendes Transportrohr weiter. Achtung: Lege in den Filterfeldern die tatsächlichen Ressourcen von Diamanten, Smaragden, Redstone oder Kohle fest und nicht deren Erze. Ein Steinbruch fördert diese als fertige Ressourcen zu Tage – genau so, wie wenn du selbst Bergbau betreiben würdest. Alle anderen Ressourcen gelangen in Erzform aus dem Steinbruch.

BILD 7.25   Der fertige Steinbruch in Aktion. Was für ein riesiges Loch ...

BILD 7.26   Ein Sortiersystem aus Diamanttransportrohren trennt die Spreu vom Weizen, respektive die Erde von den Diamanten.

Das Kraftwerk produziert mehr als genug Energie für den Betrieb weiterer Steinbrüche. Setze einen weiteren Steinbruchblock neben den ersten, lege seinen Aktionsbereich mit Platzmarkern fest und verbinde den neuen Steinbruch per eisernem Transportrohr mit dem Ausgang des vorhandenen. Sollte das Rohr nicht korrekt ausgerichtet sein, drehe es einfach mit dem Schraubenschlüssel in die gewünschte Richtung. Bild 7.27 zeigt ein Beispiel.

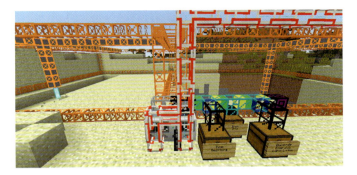

BILD 7.27 Erweitere deine Anlage um einen weiteren Steinbruch. Teile die Energieleitung so auf, dass beide Aggregate die gleiche Energiemenge erhalten.

Blaupausen und Schablonen für Gebäude

Hast du auch schon mal ein ganz tolles Gebäude konstruiert und danach gedacht, dass ein Neubau eine echte Qual sein würde? Oder hast du ein Bauwerk auf einem Mehrspielerserver bewundert und dich gefragt, ob du dir seine Entwurfspläne für deine eigene Welt ausleihen könntest? Mit BuildCraft funktioniert das auf einfachste Art und Weise. Auch im Überlebensmodus handelt es sich um keinen Cheat, da du nach wie vor alle Baumaterialien beschaffen musst. Nichtsdestotrotz vereinfacht es das Duplizieren von Gebäuden drastisch. Selbst der Großteil eines Kraftwerks lässt sich damit – bis auf ganz wenige Blöcke – problemlos reproduzieren.

Das Design wird als Blaupause oder Schablone gespeichert und kann an andere Spieler weitergegeben werden – mehr dazu im Kasten „Geteilte Freude ...".

Und so funktioniert es:

1. Verwende Platzmarker, um den zu kopierenden Bereich festzulegen.
2. Setze einen weiteren Marker über einen Platzmarker in einer Ecke, um die Höhe des Bereichs definieren zu können. Falls nötig, errichte eine temporäre Säule zum Abstecken der Grenzen und flansche den Marker an der Stirnseite an.
3. Aktiviere per Rechtsklick zuerst einen der unteren und dann einen der oberen Marker, um eine dreidimensionale Box zu erhalten. In Bild 7.28 siehst du, wie ich das Design einer Schmiede in einem Dorf kopiert habe.
4. Platziere einen Architekturtisch direkt hinter einem der Marker, wodurch der Bereich blauweiß markiert wird; ähnlich wie zuvor beim Steinbruch.
5. Öffne per Rechtsklick auf den Architekturtisch den Dialog aus Bild 7.29. Gib einen Namen ein und ziehe dann einen leeren Bauplan oder eine leere Schablone in die Eingabebox. Baupläne speichern alle Objekte, die zum Nachbauen erforderlich sind, Schablonen nur die Form des Bauwerks, die mit beliebigen Materialien aus deinem Inventar aufgefüllt werden kann.

Imperien errichten mit BuildCraft

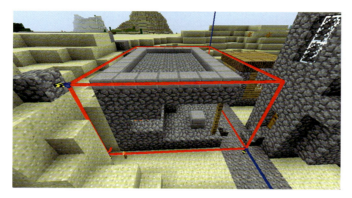

BILD 7.28 Festlegen des zu kopierenden Bereichs

BILD 7.29 Erstellen der Blaupause einer Schmiede

> **TIPP**
>
> **Explosive Schablonen**
>
> Da Schablonen lediglich die Struktur des Gebäudes speichern und nicht die verwendeten Materialien, kannst du viel Spaß damit haben. Kopiere dein aktuelles Gebäude in eine Schablone, gehe auf sichere Entfernung, stelle einen Konstrukteur auf und lasse das Bauwerk aus TNT nachbauen. Mal sehen, wie lange du widerstehen kannst, das Feuerzeug rauszuholen ...

6. Nimm die bedruckte Blaupause ins Inventar und begebe dich zu dem Ort, an dem du das Gebäude nachbauen möchtest.

7. Platziere einen Konstrukteur, der in die Richtung des gewünschten Bauplatzes weist. Der Bau erfolgt von derselben Ecke aus wie beim Erstellen der Blaupause. Öffne das Fenster aus Bild 7.30 per Rechtsklick auf den Konstrukteur.

Blaupausen und Schablonen für Gebäude 177

8. Ziehe die Blaupause auf das Eingabefeld oben, woraufhin die benötigten Ressourcen im rechten Fensterbereich erscheinen. Ziehe nun die entsprechenden Ressourcen von deinem Inventar in das Feld **Bauressourcen**. Da auch Gegenstände aus Truhen in die Blaupause übernommen werden, musst du nicht alle angezeigten Elemente ins Konstrukteurinventar ziehen. Bevor du die Gegenstände hineinziehst, solltest du noch einmal den Dialog verlassen und prüfen, ob das Gebäude an der gewünschten Stelle errichtet wird.

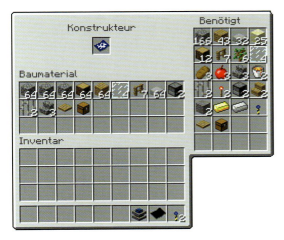

BILD 7.30   Abgleich der erforderlichen Ressourcen mit der Blaupause. Im Kreativmodus musst du keine Ressourcen bereitstellen und kannst den Konstrukteur sofort starten.

9. Nach getaner Arbeit platzierst du einen Stirlingmotor neben dem Konstrukteur und versorgst diesen mit Energie – schon beginnt die Maschine, das Gebäude nachzubauen (Bild 7.31).

BILD 7.31   Die fertig nachgebaute Schmiede

> **TIPP**
>
> **Geteilte Freude ...**
>
> ... ist doppelte Freude! Die Bauplanbibliothek von BuildCraft ist ein spezieller Block, der Pläne und Schablonen zur leichten Wiederverwendung speichern kann. Du kannst eine bedruckte Blaupause oder eine Schablone permanent speichern und auf Wunsch den Inhalt auf ein leeres Dokument übertragen. Das ist ein perfekter Weg zum Weitergeben von Gebäudeplänen auf Mehrspielerservern – von dekorativen Gegenständen wie Springbrunnen oder Statuen über ganze Häuser bis hin zu kompletten Farmen und Redstone-Maschinen. Jede Menge Vorlagen findest du unter http://www.mod-buildcraft.com. Nach dem Herunterladen kopierst du sie in den Ordner namens **Blueprints** in deinem Minecraft-Verzeichnis. Starte dann Minecraft neu und platziere eine Bibliothek, um auf den neuen Plan zugreifen zu können (du musst Minecraft jedes Mal neu starten, wenn du einen neuen Plan in das Verzeichnis **Blueprints** kopiert hast).

BuildCraft kann noch mehr

Neben den auf den vorangegangenen Seiten beschriebenen Funktionen hat Build-Craft noch eine ganze Menge mehr drauf – hier einige der interessantesten Funktionen in aller Kürze:

- **Erweiterte Logikgatter** – schalte Maschinen automatisch aus, wenn Ressourcen erschöpft sind oder bestimmte Konditionen eintreten, oder implementiere eine komplexe Verteilungslogik. Autarke Gatter machen angetriebene Extraktionsrohre überflüssig. Gatter werden aus Kabeln und Chipsets konstruiert – alle drei können automatisch mit einer Montagebank hergestellt werden, die von Lasern angetrieben wird – du hast richtig gelesen: von Lasern.

- **Rohrverkabelung** – jedes Rohrsegment kann bis zu vier Kabelstränge zur Signalübertragung beinhalten. Da sich diese Kabel nicht wie Redstone-Leitungen miteinander verbinden, eignen sie sich ideal zur gleichzeitigen Übertragung mehrerer Signale, die beispielsweise an Gatter geleitet werden.

- **Fassaden für Rohre** – du stehst nicht auf den industriellen Charme nackter Rohrleitungen? Kein Problem, verkleide deine Rohre einfach mit einer Vielzahl von Fassaden, damit sie perfekt zur Umgebung passen. Phasenverschobene Fassaden können sogar zwischen zwei Materialien wechseln, je nach Status des darunterliegenden Rohrs – ein sehr nützliches, visuelles Signal.

- **Automatische Werkbank** – funktioniert im Grunde wie eine ganz normale Werkbank, bietet aber ein zusätzliches Inventar zum Speichern der Ingredienzen bestimmter Handwerkspläne. Verbinde die Werkbank mit einem Rohr, um

Gegenstände zu produzieren und weiterzugeben. Mit mehreren Werkbänken schaffst du eine Art Fließband, auf dem fertiggestellte Gegenstände zur nächsten Bank verschoben werden, um dort als Bestandteil eines weiteren Handwerksplans verarbeitet zu werden – sozusagen eine kleine Fabrik. Die erweiterte Werkbank funktioniert ähnlich, bietet jedoch zusätzlich ein Inventar für die Ausgabe.

- **Füller** – der Füller setzt beliebige Materialien aus seinem Inventar zu geometrischen Grundformen zusammen und füllt damit die Landschaft oder die gigantischen Löcher, die deine Steinbrüche hinterlassen haben. Auch der Bau einer riesigen Pyramide oder einer Vollverkleidung für deine Kraftwerke ist mit dem Füller schnell und problemlos möglich.

Zusammenfassung

BuildCraft ist ein fantastischer Mod, der das Gameplay von Minecraft grundlegend verändert. Im Überlebensmodus ist es eine echte Herausforderung, all die Ressourcen für die Gegenstände und unterstützenden Strukturen zu sammeln, was für neue Zielsetzungen im Spiel sorgt. Doch auch im Kreativmodus kann BuildCraft punkten, denn Bau und reibungsloser Betrieb eines (nicht explodierenden!) Kraftwerks hinterlassen ein ungemein befriedigendes Gefühl. Du kannst beispielsweise die Größe deines gerade gebauten Kraftwerks verdoppeln, indem du drei weitere Verbrennungsmotoren hinzufügst, die sich in Reihe oder gespiegelt anordnen lassen.

Im Web gibt es viele Sites, die sich mit BuildCraft auseinandersetzen, wenn auch nicht immer auf dem aktuellsten Stand. Hier kannst du dich informieren:

- Besuche die offizielle Website unter http://www.mod-buildcraft.com.
- Hast du BuildCraft als Bestandteil des Tekkit Mod Pack installiert, findest du weitere Informationen unter http://goo.gl/N1BXK7.
- Ein praktisches, aber leider nicht ganz aktuelles Tutorial: http://goo.gl/DlAFRZ
- Eine neue Version inklusive Robotern, die für dich Holz hacken, Mobs töten, Erze abbauen, Felder bepflanzen und vieles mehr sollte bereits erhältlich sein, während du diese Zeilen liest. Mehr Details auf der offiziellen Website unter http://www.mod-buildcraft.com.

Im nächsten Kapitel beschäftigen wir uns mit einem Mod, der auf interessante Weise noch tiefer geht als BuildCraft – vergiss Verbrennungsmotoren und läute das Atomzeitalter ein! Ähnlich wie andere Mods, etwa das Forestry-Plug-in (http://forestry.sengir.net), setzt es auf BuildCraft auf und erlaubt die Verwendung von Rohren, Energie, Werkbänken und mehr, während es sein eigenes System einbringt. Die Rede ist von IndustrialCraft.

Faszination IndustrialCraft

In diesem Kapitel

- wirst du zum Industriekapitän,
- pflanzt du einen Setzling und lernst dabei eine neue Art von Landwirtschaft kennen,
- kreuzt du Pflanzen, um Eisen und Gold anzubauen,
- verbesserst du deine Rüstung wie nie zuvor,
- erschaffst du einen EU-Generator, lädst Batterien auf und entwickelst neue Bergbaumaschinen,
- baust du ein Atomkraftwerk: ein Spaß für die ganze Familie!

IndustrialCraft^2 (IC2) bereichert Minecraft um unglaublich viele Maschinen, Energiequellen und Konzepte. Es handelt sich in der Tat um einen der größten existierenden Mods für Minecraft.

Das Beste daran: IndustrialCraft ist kompatibel zu einer Vielzahl anderer Mods und wird sogar von diesen Mods erweitert, um die Kompatibilität zu erhöhen. So fügt der ebenfalls sehr große Mod GregTech Dutzende neue Maschinen, Erze und Energiequellen hinzu und verbessert dabei gleichzeitig die Kompatibilität von IC2 mit BuildCraft.

Aufgrund der schieren Größe dieses Mods ist es unmöglich, alle Aspekte von IC2 in einem Kapitel zu beleuchten (der Mod könnte locker ein ganzes Buch füllen). Dennoch wirst du die Grundkonzepte von IC2 kennenlernen und einige coole Systeme, Waffen und Werkzeuge bauen sowie völlig neue Pflanzenarten entwickeln. IC2 ist als IndustrialCraft^2 Experimental (kurz IC2E) unter http://goo.gl/AwJSFS verfügbar. Der Mod wird ständig weiterentwickelt, sodass du deinen Schutzhelm aufsetzen und dich nicht darüber wundern solltest, wenn sich einige Dinge zwischenzeitlich verändert haben.

Grundkonzepte von IC2E

Wie BuildCraft läuft auch IC2E nur unter Forge. Derzeit ist es für die Minecraft-Version 1.7.10 aktualisiert. Du solltest auch die Verwendung von Not Enough Items (NEI) erwägen, das dir die verschiedenen Handwerkspläne anzeigt.

IC2E bringt einige interessante Projekte in Minecraft ein – es ermöglicht unter anderem den Bau von Jetpacks, Bergbaulasern und sogar einem Kernkraftwerk. All das und noch mehr findet sich unter einem zusätzlichen Reiter im Kreativinventar (Bild 8.1). Die wichtigsten Elemente im Überblick:

- **Landwirtschaft** – das Pflanzensystem der Vanilla-Version wurde komplett überarbeitet: Es gibt viel mehr unterschiedliches Saatgut sowie die Möglichkeit zum Kreuzen verschiedener Pflanzen. Doch sei gewarnt: Du musst auch mit lästigem Unkraut klarkommen.
- **Rüstungen** – würdest du gerne hohe Gebäude mit nur einem Sprung erklimmen und dir beim Runterspringen nicht die Beine brechen? Dann sind die Quantum- und NanoSuits die Rüstungen deiner Wahl. Kombiniere sie mit einem Jetpack, um nach Belieben abheben zu können!
- **Energie und Kabel** – IC2E verfügt über eine eigene Maßeinheit für Energie (EU), die auch von vielen weiteren Addons verwendet wird. Generatoren produzieren unterschiedliche Mengen an EU, während Kabel und Maschinen bei zu hoher Energieeinspeisung explodieren können. Die Menge an produziertem EU reicht von 8 EU/t (Solarmodul, Wasser- und Windmühle) bis 2 Milliarden EU/t (Fusionsreaktor und Superkondensator). Da sehr viele Werkzeuge und Geräte von EU abhängig sind, empfiehlt sich der Bau einer soliden Stromversorgung, auf die ich später in diesem Kapitel noch näher eingehe.
- **Barren, Blöcke und Platten** – IC2E führt jede Menge neue Erze ein, darunter Bronze, Kupfer, Blei und Zinn (diese lassen sich hervorragend mit den Steinbrüchen aus BuildCraft oder der Miner-Maschine von IC2E fördern). Die Erze kannst du auf verschiedene Weise in Blöcke, Platten oder Gehäuse verwandeln, die für die Produktion weiterer Gegenstände erforderlich sind.
- **Maschinen** – IC2E enthält eine riesige Zahl an Maschinen zum Erzeugen und Speichern von Energie, Reproduzieren von Gegenständen, Verarbeiten von Erzen, Formen von Metallen, Analysieren von Schaltkreisen, Teleportieren oder Aufbauen von Atomreaktoren.
- **Werkzeuge** – genervt von sich abnutzenden Werkzeugen? Baue Elektrowerkzeuge und verbesserte Versionen wie den starken Bergbaulaser.

Wir beginnen mit der Landwirtschaft und arbeiten uns dann zu den komplexeren Geräten vor. Wenn du denkst, dass Landwirtschaft langweilig sei, lasse dich vom komplett neuen Konzept überzeugen, das IC2E einführt. Wie schon bei den vorangegangenen Mods empfehle ich dir das Experimentieren im Kreativmodus, gefolgt vom Überlebensmodus, in dem du alles von Grund auf erschaffst. Vergiss nicht, dass NEI auch im Überlebensmodus nach einem Druck auf **R** für jeden ausgewählten Gegenstand die dazugehörigen Handwerkspläne anzeigt.

BILD 8.1 Nur ein winziger Teil der Werkzeuge und weiteren Elemente, die IndustrialCraft² Experimental einführt. Beachte die BuildCraft-Reiter — die beiden Mods arbeiten hervorragend zusammen.

Landwirtschaft deluxe

Bringe mehr Farbe in deine Farm und ernte neue Früchte deiner Arbeit, indem du Pflanzen kreuzt und neue, widerstandsfähige Exemplare züchtest – hier die wichtigsten:

- **Schilf** – gewonnen aus zwei Zuckerrohr (oder, mit geringerer Wahrscheinlichkeit, aus zwei Getreide) ist die Grundzutat für klebriges Schilf, das wiederum zu weiteren Saatgutvarianten führt.
- **Klebriges Schilf** – produziert klebriges Harz, das die Schleimbälle für die Produktion klebriger Kolben oder die Kohle/Holzkohle für Fackeln ersetzt. Klebriges Harz tropft auch von Gummibäumen, die in Sumpf-, Taiga- und Tropen-Biomen wachsen. Klicke mit der rechten Maustaste auf ein mit Harz gefülltes Loch im Stamm, während du einen Zapfhahn hältst (Bild 8.2), um das Harz auf nachhaltige Weise zu extrahieren. Verwandle es dann in einem Ofen oder einem Extrahierer in Gummi, das sich zum Isolieren von Kabeln eignet (was wiederum Kurzschlüsse und Explosionen durch kreuzende Kabel verhindert). Da Gummi in vielen Plänen verwendet wird, solltest du dir einen ausreichenden Vorrat davon anlegen.
- **Ferru** – du willst Eisen wachsen lassen ... kein Problem! Das Abernten von Ferru produziert Stapel von Eisenstaub, der sich zu Eisenerz einschmelzen lässt. Pflanze Ferru nur auf Erde, unter der sich ein oder zwei Eisenblöcke befinden. Verwende einen Steinbruch oder eine Bergbaumaschine, um Eisenerz in großer Menge zu Tage zu fördern, und lege darauf eine Plattform mit Erde an. Ferru ist eine Kreuzung aus zwei klebrigen Schilf und einigen Terrawarzen.
- **Aurelia** – diese Pflanze produziert Goldnuggets, wenn sie auf Erde über Golderz gepflanzt wird. Kreuze Ferru mit Ferru auf einer Schicht aus Erde, Eisen und Gold, wodurch entweder Aurelia oder Ferru entstehen kann.

BILD 8.2 Eine Gruppe von Gummibäumen. Beachte das klebrige Harz auf dem Stamm des mittleren Baums. Dieses kann per Zapfhahn wiederholt abgesaugt werden — allerdings nur im orangefarbenen Zustand — im schwarzen Zustand würde das Harz vernichtet.

- **Kaffee** – wird zur Ernte von Kaffeebohnen verwendet, die sich wiederum in Kaffeepulver verwandeln lassen, um eine Tasse des beliebten koffeinhaltigen Getränks zu erzeugen (was den Effekt eines Geschwindigkeitstranks aufweist). Mahle die Bohnen in einem Zerkleinerer, bevor du das Pulver in einem Steinkrug mit Wasser vermischt. Kaffee lässt sich aus zwei klebrigen Schilf oder zwei Terrawarzen kreuzen.
- **Rotweizen** – produziert Redstone-Staub und Weizen und wird aus zwei Aurelia oder zwei Netherwarzen gekreuzt.
- **Terrawarze** – entfernt (ähnlich wie Milch) Gifteffekte. Eine Kreuzung aus zwei klebrigem Schilf, einem Paar Rosen oder einigen Netherwarzen.
- **Hopfen** – ermöglicht das Brauen von Bier, was die Stärke und den Schadenswiderstand erhöht, aber auch negative Effekte wie Müdigkeit, Langsamkeit und Übelkeit verursacht. Terrawarzen entfernen diese negativen Effekte, während die positiven Auswirkungen bestehen bleiben (gäbe es so etwas doch auch im echten Leben). Kreuzung aus zwei Netherwarzen oder einigen klebrigem Schilf.

TIPP

Wann sind die Pflanzen reif zum Ernten?

Durch bloßen Augenschein lässt sich nicht sagen, ob eine Pflanze ausgewachsen und damit reif zur Ernte ist – so verfügen beispielsweise Ferru und Aurelia gleich nach dem Einpflanzen über dasselbe Erscheinungsbild wie eine ausgewachsene Pflanze. Deshalb solltest du so schnell wie möglich einen Samenanalysierer bauen (dazu später mehr), um die Art der Pflanze, deren Wachstumsstatus und nützliche Kreuzungsstatistiken zu erhalten.

Guide: Pflanzen kreuzen

Das Aussäen, Wachsen und Kreuzen von Pflanzen erweitert die herkömmliche Minecraft-Prozedur um einige Aspekte:

- Setzlinge wachsen auf einer Rankhilfe, die aus vier Stöcken hergestellt und auf gepflügte Erde gestellt wird. Stelle sie dir vor wie eine Art Gerüst. Ansonsten gelten die bekannten Regeln für Bewässerung und Beleuchtung.

- Indem du eine zweite Rankhilfe auf eine bereits vorhandene stellst, erhältst du einen Kreuzungsblock. Wenn links und rechts von diesem Block bereits Setzlinge auf Rankhilfen gedeihen, besteht die Chance, dass auf dem Kreuzungsblock in der Mitte neue Pflanzenarten entstehen. Diese weisen durchaus Attribute der Ausgangspflanzen auf, können aber sehr untypisch ausfallen – so kann aus Weizen beispielsweise Kakao entstehen. In anderen Fällen erhältst du eine der einzigartigen Pflanzen von IC2E. Verwende einen Samenanalysierer und pflanze den Setzling erneut an, wenn er besser ist als der bestehende. Damit erhöhst du Schritt für Schritt die Wachstumsraten und den Ernteertrag.

- Mit einem Rechtsklick auf eine ausgewachsene Pflanze erntest du diese, ohne sie zu zerstören. Ein Linksklick im Überlebensmodus entfernt die Pflanze und du erhältst die Ernte sowie manchmal einen Saatbeutel, der eine verbesserte Pflanze als das Original wachsen lassen kann.

- An abgeernteten Stellen kann Unkraut gedeihen und andere Pflanzen verdrängen. Mit Pestizid oder einer Düngemaschine wirst du Herr der Plage.

- Setze die Standardpflanzen von Minecraft – Weizen, Kürbisse, Melonen und Kakao – auf eine einfache Rankhilfe und sie beschränken ihr Wachstum auf diesen einen Block, wo sie auch ihre Früchte bei der Ernte fallen lassen. Das ermöglicht deutlich kompaktere Melonen-, Kürbis- und Kakaofarmen.

- Das Biom ist entscheidend für das Wachstum der Pflanzen, da es die Wasserversorgung beeinflusst. Dieser Umstand lässt sich mit einer Düngemaschine (dazu gleich mehr) beeinflussen, doch das richtige Biom reduziert auch die Ressourcen, die eine solche Maschine einsetzen muss, um die Pflanzen zu bewässern. Die meiste Feuchtigkeit bietet der Sumpf, gefolgt von den Tropen, dem Wald und der Ebene. Taiga und Wüste sind zu unwirtlich für Farmen.

- Die Luftqualität oder der über der Pflanze verfügbare Platz beeinflussen das Wachstum und die biologische Vielfalt. Zehn Blöcke nach oben sind ausreichend, doch selbst ein kleiner Laubblock von einem nahen Baum kann ein Pflänzchen schon am Gedeihen hindern.

Zwei Designs eignen sich ideal zum Kreuzen von Pflanzen: die Streifenfarm und die quadratische Farm.

Streifenfarmen für Profit

Die Streifenfarm ist dir mit großer Wahrscheinlichkeit bekannt. Sie ist nicht die beste Lösung, da du beim Ernten über den Acker stapfen musst, doch sie funktioniert. Folge diesen Schritten:

1. Platziere einen Wasserblock und davon abgehend drei gepflügte Erdblöcke. Stelle je eine Rankhilfe an den äußeren beiden Erdblöcken auf und rechts davon eine Fackel für gutes Wachstum bei Nacht (Bild 8.3).

BILD 8.3 Grundlegendes Farmdesign zum Kreuzen von Pflanzen. Sumpfbiome bieten die beste Wasserversorgung, doch hüte dich vor Hexen!

2. Pflanze einen Setzling auf den beiden Rankhilfen (am besten Zuckerrohr) und füge in der Mitte auf dem freien Stückchen Erde mit zwei Rechtsklicks ein doppeltes Rankhilfenset hinzu, wodurch ein Kreuzungsblock entsteht. Diesen bepflanzt du nicht, sondern du wartest einfach ab, was dort entsteht (Bild 8.4).

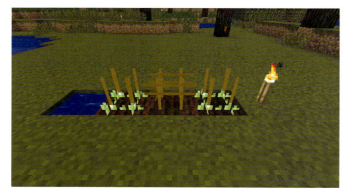

BILD 8.4 Das Zuckerrohr befindet sich in seiner ersten Wachstumsstufe und umschlingt die Rankhilfen innerhalb seines Blocks.

TIPP

Kreuzungsblöcke erst als Letztes setzen

Indem du die Kreuzungsblöcke in der mittleren Spur der Streifenfarm erst dann setzt, wenn die außen liegenden Pflanzen ausgewachsen sind, verhinderst du eine Unkrautplage.

3. Die äußeren Setzlinge müssen zu voller Reife herangewachsen sein, bevor die ersten Sprösslinge zaghaft in der mittleren Spur auftauchen. Wie so oft beim Wunsch nach Nachwuchs kann dies einige Zeit in Anspruch nehmen. Während du wartest, kannst du ja schon mal die Farm um vier Blöcke nach vorne und nach hinten erweitern und einen Zaun mit einigen Lichtquellen für besseres Wachstum errichten. In Bild 8.5 erkennst, dass sich ein neuer Setzling in der Mitte des ersten errichteten Streifens gebildet hat. Durch die Erweiterung des Mittelstreifens auf eine Länge von neun Blöcken wird die Chance auf nützliche Kreuzungen deutlich erhöht. In diesem Fall hoffen wir auf Schilf, um daraus viele weitere Spezies zu züchten.

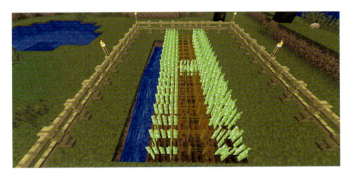

BILD 8.5   Die Zuckerrohrkreuzungen beginnen zu wachsen. Sobald sie ausgewachsen sind, werden sie gesammelt und untersucht.

4. Warte so lange, bis die restlichen Pflanzen erschienen sind, bevor du in den Überlebensmodus wechselst (per **/gamemode survival**) und die Pflanzen per Linksklick erntest – in der Hoffnung, Saatgut zu erhalten. Bild 8.6 zeigt das fertige Feld mit zwei deutlich erkennbaren neuen Pflanzenarten.

5. Jede geerntete Pflanze liefert eine Kombination aus Saatgut und der eigentlichen Frucht. Das einzige Problem: Du kannst nicht erkennen, um welche Art von Saat es sich handelt. Lediglich bei bekannten Pflanzen wie Karotten oder Kakao kannst du das Saatgut zuordnen, sodass du dieses fein säuberlich neben den entsprechenden Pflanzen im Inventar ablegen solltest. Liefert die Pflanze keine Frucht, sondern nur unbekanntes Saatgut, platziere dieses separat im Inventar. Es könnte genau das sein, was du suchst! Der Samenanalysierer kann Saatgut bestimmen, benötigt aber eine Energiequelle – dazu später mehr.

6. Setze eine neue Rankhilfe in die Mitte des Streifens, um die bestehenden Rankhilfen zurück in Kreuzungsblöcke zu verwandeln, bevor du die äußeren Bahnen mit Schilfsaat bepflanzt und damit einen neuen Wachstumszyklus startest.

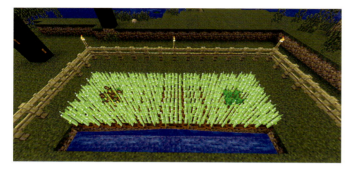

BILD 8.6 Die ersten Resultate fallen mit zwei deutlich sichtbaren unterschiedlichen Pflanzen sehr gut aus – alle anderen müssen erst untersucht werden.

7. Wiederhole die Schritte 4 bis 6 für die nächste Generation. Du kannst Glück haben und Harz mit der dazugehörigen Saat für klebriges Schilf erhalten. Danach kannst du Ferru anbauen, wobei du ein bis zwei Eisenerzblöcke unter dem Beet vergraben solltest. Nach Ferru kannst du Aurelia züchten, wobei du ein Golderz über die Eisenerze legen musst, sodass die Chance auf beide Pflanzenarten besteht.

So läuft der grundlegende Prozess ab. Er scheint viel Zeit zu beanspruchen, geht jedoch tatsächlich recht schnell vonstatten: Die erste Ernte brachte mir eine Karottensaat, zwei Kakao und sieben Schilf. Die nächste Runde brachte sieben weitere Schilf und zwei klebrige Schilf, wodurch ich die Farm um weitere drei Reihen mit potenziell klebrigem Schilf erweitern konnte. Bleib einfach dran und du wirst schon bald alle neuen Pflanzentypen entdeckt haben.

ACHTUNG!

Unkrautvernichtung

Je weiter das Kreuzen voranschreitet, desto höher wird die Gefahr eines Unkrautbefalls. Du erkennst Unkraut daran, dass es als grünes X-Muster die untere Hälfte der Rankhilfen befällt. Reiße das Kraut schnell aus, um eine Ausbreitung zu verhindern, und rechtsklicke mit Pestizid auf den Block. Im Abschnitt „Wachstum durch Dünger" erkläre ich dir ausführlich, wie du den fiesen Schädlingen automatisch zu Leibe rückst.

Bevor es mit dem Samenanalysierer weitergeht, zeige ich dir noch ein Farmdesign.

Quadratisch, praktisch, gut!

Die quadratische Farm ist überaus effizient, da sie vier Kreuzungsblöcke für vier Pfanzenblöcke ermöglicht. Bild 8.7 zeigt die Grundidee: Erzeuge Farmland um einen Wasserblock herum und platziere die Rankhilfen an den vier Mittelblöcken. Dann setzt du doppelte Rankhilfen wie in Bild 8.8 in jede Ecke und bepflanzt die einfachen Rankhilfen in der Mitte mit Saatgut.

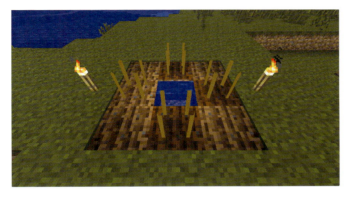

BILD 8.7   Landwirtschaft im Quadrat: ein sehr effizientes Layout zur Kreuzung von Pflanzen

BILD 8.8   Jede Saat kann eine potenzielle Kreuzung ergeben.

Nun kannst du beliebig viele Quadrate nebeneinander anordnen und dazwischen Pfade für die Ernte freilassen. Einige der Erzeugnisse fallen in das Wasserloch im Zentrum. Grabe deshalb Tunnel unterhalb des Mittelpunkts, um die Ernte zu sammeln und per abschüssigem Wasserstrom zu einer Truhe zu befördern. Das fertige 4×4-Layout siehst du in Bild 8.9.

BILD 8.9 Eine 4×4-Version der quadratischen Farm mit zentralem Sammelpunkt.

Verwendung des Samenanalysierers

Der Samenanalysierer, der im englischen Original den pfiffigen Namen „Cropnalyzer" trägt, bringt durch Saatgutanalyse eine strategische Komponente ins Spiel.

Das Gerät identifiziert unbekanntes Saatgut und dessen DNA, sodass du genau bestimmen kannst, welche Saat sich zum Kreuzen eignet und wann die natürlichen Grenzen der Kreuzung erreicht sind. Bild 8.10 zeigt das Gerät in Aktion.

BILD 8.10 Der Samenanalysierer präsentiert die DNA eines Saatguts.

Das Ziel ist die Kreuzung verschiedener Pflanzen unter optimalen Bedingungen, um eine verbesserte Mutation zu erhalten. Der Samenanalysierer versorgt dich mit allen Informationen, die du für diesen Prozess benötigst, obwohl die Ergebnisse oft sehr zufällig wirken. Folge diesen Schritten:

1. Setze eine Stromquelle in den oberen rechten Slot des Samenanalysierers ein – idealerweise eine aufgeladene RE-Batterie aus dem Kreativinventar. Die vier Scanvorgänge verbrauchen eine komplette RE-Batterie. Deshalb solltest du ein simples Ladegerät wie das aus Bild 8.11 bauen, das eine RE-Batterie in wenigen

Minuten voll auflädt. Die fortgeschrittene RE-Batterie bietet die zehnfache Energiemenge und ist deshalb die erste Wahl, wenn es viel Saatgut zu analysieren gibt. Allerdings ist die im Überlebensmodus deutlich schwieriger herzustellen.

BILD 8.11 Ein einfaches Batterieladegerät aus vier Solarmodulen und einer Batbox. Rechtsklicke auf die Batbox und lege die leere Batterie in den oberen linken Slot. Den Energiestand der Batterie siehst du im Tooltip oder über die Statusleiste im Icon der Batterie.

2. Lege die Saat in den oberen linken Slot des Analysierers, worauf diese in den rechten Slot wandert und die ersten Informationen erscheinen lässt. Diese Information ist nur in englischer Sprache verfügbar, wird im Saatgut gespeichert und erscheint im Inventar-Tooltip. Sie wird auch in der Pflanze gespeichert, wo du sie dir per Rechtsklick mit dem Samenanalysierer anzeigen lassen kannst, ohne Energie zu verbrauchen.
3. Verschiebe das Saatgut erneut in den oberen linken Slot, um den nächsten Scan durchzuführen, der eine Vielzahl von Informationen präsentiert.

Jeder Scan schaltet eine weitere Informationsebene frei:

- **Scan 1: Name (Saatgutbezeichnung)** – womöglich die wichtigste Information für den erfolgreichen Start eines Kreuzungsprogramms
- **Scan 2: Tier (Stufe)** – der Rang, den eine Pflanze einnimmt. So sind z.B. Kürbisse und Weizen Stufe 1, Schilf und Melonen Stufe 2 und so weiter. Kreuze nur Pflanzen, die nicht weiter als eine Stufe voneinander entfernt sind. Du siehst auch den Namen des Entwicklers, der die Pflanze erschaffen hat, oder „Notch" für Pflanzen aus der Vanilla-Version von Minecraft.
- **Scan 3: Keywords (Schlüsselwörter)** – diese geben Hinweise darauf, welche Saat sich zum Kreuzen eignet, um ein bestimmtes Ergebnis zu erzielen. Solange beide Saaten nicht weiter als eine Stufe auseinanderliegen und mindestens ein Schlüsselwort teilen, passen sie gut zueinander.
- **Scan 4: Characteristics (Charakteristik)** – der wichtigste Aspekt verursacht die höchsten Energiekosten, ist aber der Schlüssel zum erfolgreichen Kreuzen. Du bekommst folgende Messwerte zum Saatgut präsentiert:

- **Growth (Wachstum)** – die Wachstumsrate einer Pflanze. Der Nachteil einer hohen Wachstumsrate ist die Beschleunigung von Unkrautbefall – eine Pflanze mit einer Rate über 24 verhält sich selbst wie Unkraut, befällt andere Pflanzen und vernichtet sie. Halte deshalb die Rate (als **Gr** angezeigt) ein paar Stufen unter 24.

- **Gain (Ertrag)** – mehr Setzlinge gefällig? Dann erhöhe diesen Wert – wobei ein Wert über 23 die Dropchance von Saatgut verringert. Im Tooltip erscheint dieser Wert als **Ga**.

- **Resist (Resistenz)** – die Resistenz der Pflanze gegen Unkrautbefall, darauf Herumtrampeln und schlechte Bedingungen wie unzureichende Bewässerung. Ein Wert über 27 beeinträchtigt die Kreuzung mit anderen Pflanzen. Dieser Wert wird im Tooltip als **Re** angezeigt.

Was ist nun der beste Weg zu verbessertem Saatgut? Kombiniere Pflanzen so wie am Anfang dieses Kapitels beschrieben, um neues Saatgut zu entwickeln. Kreuze auch identische Pflanzen und analysiere das Ergebnis zum Vergleich mit anderen Varianten. Wenn du feststellst, dass das Resultat über bessere Charakteristika als dein aktuelles Kreuzungspaar verfügt, ersetze die schlechtere Variante durch das neue Saatgut für die weitere Kreuzung.

Wachstum durch Dünger

Die Düngemaschine versorgt einen 9 × 9 Blöcke großen Bereich optimal mit Dünger, Wasser und Pestizid. Sie überwacht alle Blöcke auf gleicher Höhe, darüber oder darunter, was für mehr Flexibilität bei der Aufstellung sorgt (siehe Bild 8.12).

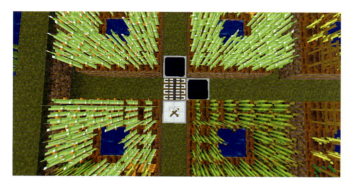

BILD 8.12   Eine ebenerdig platzierte Düngemaschine, die von einer Batbox mit zwei Solarmodulen angetrieben wird. Die Maschine hält die vier Beete Tag und Nacht in Topform.

Eine Düngemaschine kommt mit 1 EU an Leistung aus, was ein Solarmodul tagsüber, aber nicht nachts liefert. Zwei Module, die eine Batbox aufladen, lösen dieses Problem und drei Module wirken schlechtem Wetter entgegen.

Stelle zuerst die Batbox auf, wobei deren Ausgang (die weißen Punkte) in Richtung Düngemaschine weisen müssen. Richte die Anlage zur Not mit dem Schraubenschlüssel neu aus, damit die Energieversorgung gewährleistet ist. Zuletzt fügst du die Solarmodule hinzu.

Öffne das Konfigurationsmenü der Düngemaschine mit einem Rechtsklick (Bild 8.13). Füge Düngemittel (für schnelleres Wachstum und Kreuzen), Wasserzellen (um schlechte Biome auszugleichen) sowie Pestizid (zur Vernichtung von Unkraut) hinzu. Düngemittel lässt sich bis zu 64 Einheiten stapeln, während die anderen beiden Komponenten nicht stapelbar sind und ihre verbleibende Kapazität anzeigen. Wie nahezu alle Geräte in IC2E ist auch die Düngemaschine mit BuildCraft-Rohren kompatibel, sodass eine automatische Befüllung über Truhen, Montagebänke und Rohre möglich ist.

BILD 8.13   Die Düngemaschine in Aktion, immer im Kampf für mehr Wachstum!

IC2E: Rüstungen, Waffen und Werkzeuge

Offen gesagt: Wenn du einmal eine Rüstung aus IC2E angehabt hast, möchtest du die Rüstungen aus der Vanilla-Version von Minecraft nicht mal mehr mit der Kneifzange anfassen – selbst wenn diese aus purem Diamant gemacht sind. Und vergiss das mit Bann III verzauberte Schwert ganz einfach. Hier die Neuerungen:

- **Rüstung** – IC2E fügt drei neue Rüstungsarten hinzu: Bronze, Nano und Quantum. Die erste funktioniert wie eine normale Rüstung, während die anderen elektrisch betrieben werden. Solange die Teile aufgeladen sind, genießt du vollen Schutz, der auch nicht abnimmt. Quantum-Stiefel vermeiden Fallschaden – selbst dann, wenn du mit einem Jetpack an die obere Grenze der Welt fliegst und Hunderte Blöcke in die Tiefe stürzt. Mit diesen Stiefeln überlebst du selbst die Explosion eines Nuklearreaktors in vier Blöcken Entfernung.
- **Waffen** – obwohl es auch Bronzewaffen gibt, ist der Bergbaulaser als Distanzwaffe viel interessanter, auch wenn er nicht viel Schaden verursacht. Ganz sicher wirst du einen Nano-Säbel dein Eigen nennen wollen, da du nur damit einen NanoSuit durchschlagen kannst.

- **Werkzeuge** – elektrisch betriebene Werkzeuge verlieren nie an Haltbarkeit. Diamantkopfbohrer und Kettensäge arbeiten zwar langsamer als ihre Äquivalente aus Diamant, dafür aber ohne Unterlass und solange sie mit Energie versorgt werden. Sehr nützlich sind auch die OD- und OV-Scanner, die ein 5 × 5 oder 9 × 9 Blöcke großes Areal nach wertvollen Erzen absuchen (Bild 8.14). Diese Scanner arbeiten auch mit den automatischen Minenbohrern von IC2E zusammen – mithilfe des Scanners graben diese nur an Stellen mit Erzvorkommen und tasten die anderen Blöcke nicht an. Es lohnt sich also, erst die Gegend zu scannen und dann einen Scanner im Minenbohrer zu platzieren – dadurch wird verhindert, dass der Bohrer wie ein nervöser Zahnarzt stets an den falschen Stellen bohrt!

BILD 8.14   OD- und OV-Scanner zeigen dir die besten Plätze zum Bohren an.

Obwohl alle Gegenstände selbsterklärend und leicht zu verwenden sind, hier dennoch ein paar wichtige Hinweise:

- Ein BatPack speichert 60.000 EU und kann damit die meisten tragbaren elektrischen Werkzeuge für lange Zeit aufladen. Sollte es mal nicht reichen, weiche einfach auf ein Energypack aus (300.000 EU). Du trägst diese Packs statt einer Brustplatte am Körper. Alternativ kannst du Geräte im Inventar mit einem Rechtsklick auf eine Batterie in der Leiste aufladen.
- Bei klarem Wetter reicht ein Solarhelm, um unbegrenzt in der Luft zu bleiben. Behalte die Restenergie stets im Auge, damit du nicht über einer Schlucht wie Ikarus vom Himmel fällst. Jetpacks trägst du wie eine Brustplatte und die Leertaste nutzt du zum Abheben.
- Der angelegte Nano-Säbel lässt sich per Rechtsklick ein- und ausschalten.
- Während du einen Bergbaubohrer in der Hand hältst, kannst du per Rechtsklick Fackeln aus deinem Inventar aufstellen, was das Tunnelgraben und den Bergbau deutlich erleichtert und sicherer vor Mob-Attacken macht.

- Einige Werkzeuge wie der Bergbaulaser verfügen über mehrere Betriebsmodi (Bild 8.15). Zum Umschalten benutzt du die Taste **M** und führst einen Rechtsklick mit dem Werkzeug in der Hand aus. Um Konflikte zu vermeiden, beispielsweise mit REI's MiniMap, verwende die Optionen zur Änderung der Tastenbelegung und lege die Modustaste beispielsweise auf **Z**.

BILD 8.15 Lust auf Sperrfeuer? Probiere diesen Modus mit dem Bergbaulaser aus und erfreue dich an einem Feuerwerk roter Energie.

- Bergbau in tiefen Höhlensystemen wird mit einem Jetpack und einem elektrischen Bergbaubohrer zum Kinderspiel – Schluchten und Abhänge stellen nicht mehr das geringste Problem dar (solange genug Energie vorhanden ist …)!

Obwohl all diese Komponenten das Gameplay von Minecraft komplett verändern, werden in einigen Fällen Materialien gebraucht, die in anderen Maschinen gefertigt werden müssen, und alle benötigen Energie zum Wiederaufladen. Statt den ganzen Tag zu warten, nutze einfach Generatoren, welche die zehnfache Leistung von Solarmodulen erzeugen.

Energie (EU) erzeugen

IC2Es grundlegender Reaktor verbraucht Materialien, die auch in einem Ofen verbrannt werden können – z.B. Holz, Holzkohle und Kohle (Lava funktioniert nicht). Ich bevorzuge Holzkohle, da sie durch Bäume fällen, Nachpflanzen und Verfeuern des Holzes im Ofen recht einfach zu gewinnen ist. Der Bau deines ersten Generators benötigt einiges an Ressourcen und Werkzeugen wie Schmiedehammer und Seitenschneider, wobei diese auch für andere Aufgaben Verwendung finden. Darüber hinaus wird dein Schmelzofen einiges zu tun bekommen und ein wenig Bergbau musst du auch betreiben. Der Generator wird aus einer Maschinenhülle, einer RE-Batterie und einem Bruchsteinofen hergestellt. Folgende Schritte sind nötig und du kannst dich dabei natürlich im Kreativinventar bedienen – ich liste alle Komponenten auf, damit du weißt, was im Überlebensmodus auf dich zukommt:

1. Stelle aus fünf Eisenbarren und zwei Stöcken einen formidablen Schmiedehammer her, mit dem du Barren 80 Mal zu Platten verarbeiten kannst.
2. Lege den Hammer zusammen mit acht Eisenbarren auf die Werkbank, um acht Eisenplatten zu erhalten. Diese ordnest du auf der Werkbank in derselben Form wie beim Bau eines Ofens an, um eine Maschinenhülle zu erhalten, die für den Bau der meisten Apparate in IC2E nötig ist.

Die RE-Battery besteht aus einem isolierten Zinnkabel, einer Zinn-Itemhülle und einer Prise Redstone:

1. Erschaffe aus drei Eisenplatten einen Seitenschneider und füge zwei Eisenbarren hinzu. Jeder Seitenschneider lässt sich 60 Mal zur Kabelbearbeitung einsetzen.
2. Kombiniere den Schneider mit einer Zinnplatte, um drei Zinnkabel zu erhalten. Die Zinnplatte erhältst du durch die Kombination eines Zinnbarren (drei Zinnerz einschmelzen) mit dem Schmiedehammer.
3. Verwandle alle Kabel in isolierte Zinnkabel, indem du sie mit drei Stück Gummi kombinierst. Gummi wird durch das Einschmelzen von klebrigem Harz hergestellt. Dieses findet sich in Form von orangefarbenen Flecken auf den Stämmen von Gummibäumen oder wird durch das Kreuzen von Pflanzen gewonnen.
4. Stelle vier Zinnplatten her, indem du vier Zinnerz in Barren verwandelst.
5. Forme aus den Zinnplatten mit dem Hammer Zinn-Itemhüllen. Mittlerweile bist du fit genug, um bei der nächsten Olympiade als Hammerwerfer mitzumachen.
6. Lege ein isoliertes Zinnkabel, vier Zinn-Itemhüllen und zwei Redstone auf die Werkbank, um die finale (aber noch leere) RE-Batterie zu erhalten.

Zuletzt baust du einen herkömmlichen Ofen aus Bruchstein und kombinierst diesen mit der Maschinenhülle und der RE-Batterie – fertig!

Das war viel Arbeit und hat inklusive der Werkzeuge eine Menge Ressourcen verschlungen: 18 Eisenerz, fünf Zinnerz, drei klebriges Harz und zwei Stöcke. Glücklicherweise kommt Zinn in den oberen Ebenen der Spielwelt sehr häufig vor.

Der Generator produziert zwar Energie (Bild 8.16) – doch wohin damit? Stelle einfach aus vier Zinnbarren und zwei Redstone-Staub zusammen mit den verbleibenden Kabeln zwei weitere Batterien her, die du mit dem Generator aufladen und beispielsweise für Scans mit dem Samenanalysierer nutzen kannst.

Im nächsten Schritt solltest du über ein BatPack nachdenken, das sechs Batterien aufnimmt. Es besteht aus sechs isolierten Kupferkabeln, einer Eisenplatte, zwei Redstone und einem einfachen Holzblock. Dieses portable Batteriepaket versorgt deine Geräte mit einer beachtlichen Leistung von 60.000 EU.

Der einfache Generator ist auch Bestandteil der erweiterten Versionen, doch für den Anfang genügt seine Energieleistung für die meisten Aufgaben.

BILD 8.16   Lege eine leere Batterie in den oberen Slot des Generators und Treibstoff wie z.B. Holzkohle in den unteren. Die beiden Zahlen im Tooltip geben Auskunft über den Ladestand der Batterie.

Bergbau, Zerkleinern und mehr

Nun ist es an der Zeit, die ganze Energie sinnvoll zu nutzen – denn der Generator ist weit mehr als ein simples Ladegerät wie jene, die du an die Steckdose hängst, um dein Handy aufzuladen. Nachfolgend einige Anwendungsbeispiele.

Automatisierter Bergbau

Die zwei Bergbaumaschinen von IC2E unterscheiden sich grundlegend von jenen in BuildCraft. Die einfache Variante gräbt einen Schacht bis hinunter zum Grundgestein, wobei ein eingebauter OD- oder OV-Scanner das Erdreich in einem 5 × 5 oder 9 × 9 Blöcke großen Bereich nach Erzen untersucht und dabei nur Materialien wie Bruchstein, Kies oder Erde ausgräbt, während sich das Bohrloch in die entsprechende Richtung verzweigt (Bild 8.17). Anmerkung: Der OD-Scanner zieht Energie vom Bohrer, bis er mit 100K EU voll aufgeladen ist, während der OV-Scanner 1M EU benötigt.

BILD 8.17   Die einfache Bergbaumaschine ist mit einer Röhre, einem elektrischen Bohrer und einem OD-Scanner für ein 5 × 5 Blöcke großes Areal ausgestattet.

Bild 8.18 zeigt einen beispielhaften Aufbau, der die Bergbaumaschine mit einem Generator verbindet – ein simples isoliertes Zinnkabel reicht dafür aus. Du kannst den Generator auch direkt neben die Bergbaumaschine stellen. Eine Truhe auf der anderen Seite nimmt die Ressourcen auf, sodass sie nicht verloren gehen können.

Bild 8.19 zeigt eine erweiterte Version mit einem Sortiersystem aus BuildCraft. Ein hölzernes Extraktionsrohr zieht die Ressourcen in die Truhe. Mit der Sortierfunktion des Diamantrohrs kannst du Kies, Bruchstein und Erde zur Entsorgung in ein löschendes Rohr (oder sonstwohin) befördern und die wertvollen Erze in eine Truhe.

BILD 8.18 Die Truhe neben der Bergbaumaschine sammelt die Ressourcen. Die Grabung vorne gibt den Blick auf den Bohrtunnel frei.

BILD 8.19 BuildCraft-Rohre können nicht direkt mit der Bergbaumaschine verbunden werden, aber mit der Truhe klappt's.

Die einfache Bergbaumaschine hat einen Nachteil: Sie stellt die Arbeit augenblicklich ein, sobald sie auf Wasser oder Lava trifft. Dieses Problem löst du, indem du eine Pumpe an der Rückseite der Bergbaumaschine anbringst, sie mit Strom versorgst und mit einigen leeren Flüssigkeitszellen bestückst.

Ist die Grabung abgeschlossen, zerstöre die Maschine mit dem Schraubenschlüssel, woraufhin alle Bestandteile bis auf den Bohrer in die Truhe wandern.

Die erweiterte Bergbaumaschine benötigt zum Anspringen eine beachtliche Energiemenge, bietet dafür allerdings mehrere Vorteile: eingebaute Sortierfunktion, Röhren und Bohrer nicht erforderlich und eine Koordinatenanzeige zur Bestimmung der Entfernung des Bohrkopfs von Grundgestein. Sobald dieses in Reichweite kommt, gibt es nichts mehr zu holen und es ist an der Zeit weiterzuziehen.

Zerkleinerer und mehr

Sobald du den einfachen Generator und die Bergbaumaschine eingerichtet hast, musst du dir nicht mehr die Hände unter Tage schmutzig machen, um Erze zu erhalten. Nachfolgend einige weitere Maschinen, die du mit anwachsenden Ressourcen zu deiner Sammlung hinzufügen kannst:

- **Zerkleinerer** – diese hungrigen Apparate verwandeln ein Erz zu zwei Staub. In einem Ofen lässt sich ein Staub zu zwei Barren einschmelzen – du erhältst also die doppelte Menge an Barren. Zerkleinerer sind recht leicht zu bauen und verdoppeln die Ressourcen aus jeglicher Bergbautätigkeit.

- **Extraktor** – hole mit dieser Vervielfachungsmaschine mehr aus deinen landwirtschaftlichen Ressourcen heraus. Sie verwandelt ein klebriges Harz in drei Gummiblöcke und funktioniert ähnlich mit Holz und Blättern von Gummibäumen. Diese Maschine ist enorm wichtig, da Gummi einer der meist verwendeten Rohstoffe in IC2E ist.

- **Kompressor** – diese harten Zeitgenossen tun genau das, was ihr Name vermuten lässt: Materialien so stark komprimieren, dass neue, exotische Dinge dabei herauskommen, die wiederum für komplexere Geräte benötigt werden. Mit solch einer Maschine komprimierst du sogar Kohle zu Diamant.

All diese Maschinen gibt es auch in verbesserten Varianten, doch der Weg dorthin ist steinig. Mit einigen wenigen Maschinen und einem Generator kannst du auf eine spannende Reise gehen – füge leistungsstärkere Generatoren hinzu, die mit einer Vielzahl von Treibstoffen versorgt werden können, baue bessere Maschinen, die noch mehr Leistung benötigen, und habe einfach Spaß daran, produktiv zu sein.

ACHTUNG!

Kabel und Maschinen überladen

Details hierzu würden den Rahmen dieses Buchs sprengen, doch sei gewarnt: Haben Kabel eine zu geringe Leitungskapazität, brennen sie durch. Übersteigt die Leitungskapazität die Ausgabe der angeschlossenen Maschine, kann diese explodieren. Mehr Infos über EU sowie die Limits von Kabeln und Maschinen findest du unter http://tekkitclassic.wikia.com/wiki/EU.

Aufbruch ins Atomzeitalter

Ein Nuklearreaktor produziert Energie im Überfluss – mehr als genug, um den legendären Massenfabrikator zu betreiben, der nahezu jedes Element aus Minecraft aus einer einzigen Zutat herstellen kann. Zu Übungszwecken bauen wir nachfolgend eine sehr einfache Version davon. Warum nicht gleich in die Vollen gehen? Lies mal die Warnung im Kasten „Big Bang – zumindest in der Theorie". Ein weiteres Problem sind die rasanten Updates für IC2E in diesem Bereich, sodass ich nicht für die Richtigkeit des Nachfolgenden garantieren kann. Doch wenn du eine Herausforderung suchst – leg' einfach los! Was kann schon groß passieren? Das verrate ich dir nicht – nur so viel: Baue das Ding mindestens 30 Blöcke weit weg von deinem Zuhause!

> **ACHTUNG!**
>
> **Big Bang – zumindest in der Theorie**
>
> Das riesige Ausmaß an Energie, die ein Nuklearreaktor bereitstellt, reicht zum Betrieb eines Massenfabrikators, der aus sogenannter UU-Materie nahezu jedes denkbare Element in Minecraft erzeugen kann. Während ich diese Zeilen schreibe (Build 2.2.598), findet gerade eine große Umstrukturierung des gesamten Nuklearsystems statt. Auch das Addon Nuclear Control wartet auf diese Änderungen für ein Update. Wenn du dennoch mit Kernenergie experimentieren möchtest, tu dies bitte im Keller – das Risiko, dass etwas schiefgeht, ist einfach zu hoch!

So baust du den einfachsten und sichersten Reaktor im Kreativmodus:

1. Sicherheit geht vor: Lege einen HazMat-Schutzanzug an! Du wirst Uranerz in den Händen halten und willst kein medizinisches Fallbeispiel werden. Der Anzug setzt sich aus HazMat-Brustschutz und -Beinschutz sowie Gummistiefeln und Atemschutzmaske zusammen.

2. Nachdem du sicher verpackt bist, setze einen beliebigen Block als Basis für den Zentralreaktor. Dieser wird später entfernt und macht einer weiteren Reaktorkammer Platz.

3. Schnapp' dir einen Reaktorkern zusammen mit neun Uranbrennstäben und ebenso vielen Hitzeabzügen aus dem Inventar (die Hitzeabzüge lassen sich nur mit NEI stapeln, ansonsten musst du sie einzeln ins Inventar ziehen). Nimm bei der Gelegenheit auch gleich einen Redstone-Hebel mit auf.

4. Bringe den Hebel an der Flanke des temporären Blocks an, nimm all deinen Mut zusammen und schalte den Reaktor damit ein.

5. Nun zum spaßigen Teil: Öffne das Reaktorinventar per Rechtsklick und lege einen Brennstab und einen Hitzeabzug in die oberen linken Slots (Bild 18.20). Stelle sicher, dass die beiden Elemente nebeneinander liegen. Der Reaktor erwacht zum Leben und gibt 5 EU/t aus – nicht gerade viel, aber hey: Du hast gerade deinen persönlichen Atomreaktor in Betrieb genommen!

6. Bestücke den Kern mit weiteren Elementen (Bild 8.21), denn mit 5 EU lockst du nicht einmal einen Bergbaubohrer hinter dem Ofen hervor. Nun sollte die Leistung auf 45 EU/t angestiegen sein.
7. Sicher sind dir all die „X" im Reaktorinventar aufgefallen – hierbei handelt es sich um gesperrte Slots, die durch das Hinzufügen weiterer Reaktorkammern entsperrt werden können. Nimm sechs Reaktorkammern (keine Kerne!) aus dem Inventar und flansche sie an die sechs Stirnseiten des Reaktorkerns. Bring den Hebel an einer der neuen Kammern an. Nun verfügst du über genug Brennkammern für eine formidable nukleare Kernschmelze, wie in Bild 8.22 zu sehen ist.

BILD 8.20   Wenig Energie, aber hey: Wer kann so etwas sein Eigen nennen?

BILD 8.21   Neun Brennstäbe für deutlich mehr Energie – doch da geht mehr!

BILD 8.22   Ein voll ausgebautes Atomkraftwerk, ganz ohne Demonstranten

8. Ein Rechtsklick auf eine der Kammern zeigt das voll ausgebaute Inventar des Reaktors. Fülle die neuen Slots mit demselben Muster an Brennstäben und Hitzeabzügen wie in Bild 8.23. Gratulation – du besitzt nun ein Atomkraftwerk, das 135 EU/t bereitstellt. Nutze die viele Energie weise und vorsichtig.

BILD 8.23   Da es sich um ein nicht gerade effizientes Reaktorlayout mit niedriger Energieausgabe handelt, sollte die Anlage nicht explodieren — hoffentlich!

Zusammenfassung

Das Interessante am Design von IC2E ist nicht die Vielzahl an neuen Maschinen, die es ins Spiel bringt – wobei diese natürlich wirklich spektakulär sind – sondern die Bemühungen der Entwickler, einige der stumpfsinnigsten Aktivitäten in Vanilla-Minecraft deutlich zu vereinfachen und sinnvoller zu gestalten. Natürlich spreche ich vom Farmen.

Die Spielfigur selbst benötigt nur sehr wenig Nahrung, um ihren Gesundheitsbalken auf dem Maximalwert zu halten, wofür die in Kapitel 2 beschriebenen, automatischen Farmen voll und ganz ausreichend sind. Doch was wäre, wenn Farmen noch viel mehr produzieren könnten? Wenn du aus Pflanzen beispielsweise Eisen und Gold gewinnen könntest? Von da an wird es überaus interessant.

Bislang habe ich noch keinen guten Weg gefunden, vollautomatische Farmen in IC2E zu bauen – das Problem hierbei sind die Rankhilfen zum Kreuzen von Pflanzen. Womöglich findet sich eine Lösung, sobald BuildCraft seine fliegenden Roboter implementiert.

Die interessante Balance zwischen dem Kreuzen von Pflanzen, der Suche nach den besten Zuchtmerkmalen und dem Kampf gegen das Unkraut machen aus einem langweiligen, alltäglichen Vorgang eine interessante Herausforderung.

Die neuen elektrischen Werkzeuge und Waffen (hallo, Nano-Säbel!) bringen jede Menge Spaß ins Spiel. Lege ein Jetpack an und erscheine den bösen Mobs wie ein vom Himmel niedergefahrener Racheengel.

Einen sehr interessanten Aspekt von IC2E konnte ich aus Platzgründen nicht behandeln – die Möglichkeit, Materialien zu recyceln und die Ergebnisse als Brennstoff für Generatoren zu nutzen, sodass sie zu einem Bestandteil der Produktionskette werden. Der Mod bietet sogar Biogasgeneratoren. Das ergibt ein komplettes Netzwerk, das gerade für Kinder eine lehrreiche Lektion in Sachen Umweltschutz bereithält. Sogar der verbrauchte Treibstoff von Nuklearreaktoren kann recycelt werden, doch für diese gefährliche Arbeit solltest du stets deinen HazMat-Anzug anlegen (siehe Bild 8.24).

IndustrialCraft hat Minecraft in vielen wichtigen Aspekten verändert, bevor IndustrialCraft[2] diesen Einfluss verdoppelt (wenn nicht potenziert) hat. IndustrialCraft[2] Experimental ist eine fantasievolle, mächtige Neuauflage grundlegender Konzepte und alles deutet darauf hin, dass dieser Weg erfolgreich fortgesetzt wird.

Im nächsten Kapitel flitzen wir auf Schienen durch die Gegend.

BILD 8.24   Mehr Spaß mit Atomkraft – solange du nicht vergisst, deinen HazMat-Schutzanzug anzulegen.

Unter Dampf mit Railcraft

In diesem Kapitel

- stellst du Teeröl her,
- baust du verbundene Eisenbahnsysteme,
- schickst du Züge auf die Schiene,
- gräbst du Tunnel und kaust Kies,
- erweiterst du die Funktionalität mit Mods.

Das Schienensystem von Minecraft funktioniert zwar, ist aber frustrierend. Weil sich Loren nicht ohne Weiteres miteinander verbinden lassen und Kreuzungspunkte schwierig umzusetzen sind, wirkt die Eisenbahn in Minecraft nicht wie ein stählernes Ross, sondern eher wie ein hölzerner Esel.

Auftritt Railcraft – eine komplette Überarbeitung des Lorensystems von Minecraft, die sich durch folgende, zentrale Verbesserungen auszeichnet:

- Das Verbinden von Loren funktioniert. Theoretisch geht das auch in Minecraft, doch die Art und Weise, wie Railcraft das löst, ist deutlich effizienter.
- Viele zusätzliche Arten von Loren, die Flüssigkeiten und Energie transportieren können, sorgen sogar während deiner Abwesenheit für Nachschub – perfekt für automatische Farmen oder lange Schienenwege.
- Eine neue Art Treibstoff – ab jetzt ist ordentlich Druck auf dem Kessel!
- Hochgeschwindigkeitsstrecken und viele andere Schienenvarianten – darunter Einbahnschienen zur Verhinderung möglicher Kollisionen.
- Ein Signalsystem mit vielfältigen Kontrollmöglichkeiten.
- Und mein Favorit, der Tunnelbohrer (Bild 9.1).

Railcraft verändert auch die Art und Weise, wie Schienen verlegt werden, du wirst dich also etwas umstellen müssen.

Wie schon zuvor bei BuildCraft und bei IndustrialCraft, handelt es sich auch bei Railcraft um einen riesigen Mod, sodass dieses Kapitel nur als Einführung in die Materie dienen kann. Interessanterweise arbeiten alle drei Mods perfekt zusammen. So kannst du etwa Dampf und Flüssigkeiten mit BuildCraft-Rohren transportieren und damit Loren automatisch auftanken.

Lade Railcraft unter folgendem Link herunter und installiere es wie gewohnt:

http://www.railcraft.info/releases/

BILD 9.1   Der Tunnelbohrer automatisiert das Verlegen von Schienen und setzt bei Bedarf sogar Brücken. Er fräst einen 3 × 3 Blöcke großen Tunnel ins Gestein — genug, damit Loren hindurchrasen können.

Erste Schritte in Railcraft

Um im Überlebensmodus mit Railcraft loszulegen, ist eine Menge Vorarbeit erforderlich. Zunächst einmal benötigst du einen Koksofen (die Rede ist von *brennbarem Koks!*). In der Vergangenheit hat Koks die Holzkohle als Brennstoff zum Schmelzen oder Kochen abgelöst. Der Koksofen verwandelt Kohle in Koks, das doppelt so lange brennt. Als Nebenprodukt fällt Teeröl ab, das für den Bau von hölzernen Schwellen benötigt wird.

So baust du einen Koksofen und beginnst mit der Teerölproduktion:

1. Eile mit einer Schaufel bewaffnet zu einem Sumpf- oder Fluss-Biom und sammle 104 Ton- und 130 Sandblöcke. Ton kommt in seichten Gewässern vor, wobei ein Block vier Teile Ton ergibt. Sammle dabei jede Menge Sand, den du später zu Glasflaschen für das Sammeln des Teeröls verarbeitest. Darüber hinaus brauchst du einen Stapel Holz.
2. Brenne den Ton in einem Ofen zu Ziegeln.
3. Stelle 36 Kokereien her (eigentlich Ziegel für Koksöfen, die in der deutschsprachigen Übersetzung von Railcraft als „Kokerei" bezeichnet werden). Pro Koksofen-Ziegel benötigst du vier Ziegel und fünf Sand.

4. Der Koksofen besteht aus 3 × 3 × 3 Kokerei-Blöcken mit einem Loch in der Mitte. Nach der ersten 3 × 3 Blöcke großen Grundplattform erhöhst du diese mit acht weiteren Blöcken um eine Ebene und lässt auf dieser Ebene das Loch in der Mitte frei (siehe Bild 9.2).
5. Zuletzt fügst du die dritte Ebene aus drei × drei Blöcken als „Dach" hinzu, woraufhin der Koksofen aussieht wie in Bild 9.3.

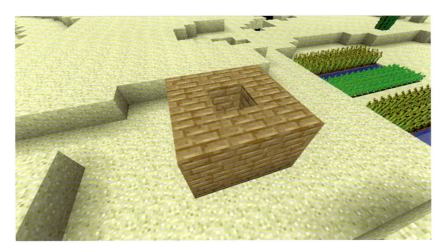

BILD 9.2   Einen Koksofen bauen – hier die mittlere Ebene

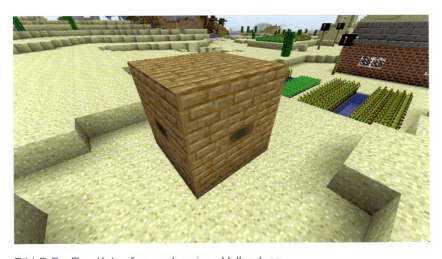

Bild 9.3   Der Koksofen nach seiner Vollendung

6. Klicke rechts auf den Ofen und packe ein Stück Kohle in den linken Slot des Dialogs „Kokerei". Das fertige Koks entnimmst du aus dem mittleren Slot.

5. Das Teeröl wird nach und nach im mittleren Tank gesammelt. Um es in Glasflaschen abzufüllen, platzierst du diese im oberen rechten Slot, woraufhin mit Teeröl gefüllte Flaschen im unteren rechten Slot erscheinen, wie in Bild 9.4 zu sehen ist. Das ist ein langwieriger Prozess: Jedes Stück Kohle benötigt rund drei Minuten, um zu Koks und einer geringen Menge Teeröl konvertiert zu werden. Deshalb solltest du – die nötigen Ressourcen vorausgesetzt – den Bau mehrerer Öfen erwägen.

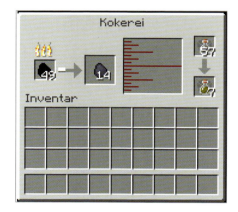

BILD 9.4   Teeröl ist der erste Schritt zu Schienenwegen mit Holzschwellen.

Natürlich bedarf es noch weiterer Schritte, um Schienen in Railcraft zu bauen, aber die Ressourcen bleiben dieselben – nur die benötigte Zeit nimmt zu.

Schienen entstehen in Railcraft in mehreren Schritten:

1. Stelle auf der Werkbank Holzschwellen her. Diese sind teuer in der Herstellung, da du für jede drei Holzstufen und eine Flasche Teeröl benötigst. Hole die Teerölflaschen aus dem Koksofen und produziere so viele Schwellen wie möglich.
2. Erzeuge je sechs Holzschienen aus einem Eisenbarren und einer Holzschwelle.
3. Vereine vier Holzschwellen zu einem Holzschienenbett.
4. Stelle sechs Schienen und ein Holzschienenbett her, um 32 Holzschienensegmente zu bauen.

Holzschienen sind die am wenigsten effizienten Schienenwege in Railcraft. Sie sind langsam und zuverlässig, gewinnen aber keine Rennen. Die Standardschiene ist schneller, erfordert aber einige weitere Schritte, da Eisenschienen benötigt werden.

Normale Schienen herstellen

Zur Herstellung normaler Schienen verwendet Railcraft eine andere Methode. Eisenschienen werden in einer Walzmaschine hergestellt. Eine solche Maschine erfordert wiederum vier Stahlbarren, vier Kolben und eine Werkbank. Die

Walzmaschine wird wahlweise mit einer Dampfmaschine aus Railcraft oder einem Stirlingmotor aus BuildCraft angetrieben. Herkömmliche Redstone-Motoren liefern nicht genug Energie für den Betrieb.

Bild 9.5 zeigt einen Standardaufbau: Die fertigen Schienen werden automatisch in einer Truhe abgelegt. Auch die Weiterleitung in BuildCraft-Rohren ist möglich.

BILD 9.5   Walzmaschine, Dampfmaschine und Truhe

Übrigens: Railcraft stattet Dörfer freundlicherweise mit Bahnhöfen aus. Im Bahnhofsgebäude findet sich der Aufbau aus Bild 9.5. Versorge die Dampfmaschine mit Kohle und befeuere sie. Den Standard-Bahnhof kannst du in Bild 9.6 sehen – er stellt beim Start im Überlebensmodus eine große Hilfe dar.

BILD 9.6   Der Standard-Bahnhof wird von Railcraft automatisch bei der Erstellung der Welt hinzugefügt.

So stellst du normale Schienen her:

1. Befeuere die Dampfmaschine mit Treibstoff (Bild 9.7) und füge Wasser hinzu. Falls nötig, halte den Wasserspiegel mit BuildCraft-Rohren hoch. Wenn du erst Wasser einfüllst, wenn die Maschine schon heißgelaufen ist, kann das zu einer unschönen Explosion führen.
2. Lege Eisenbarren in die Walzmaschine, um Schienen zu produzieren (Bild 9.8).
3. Kombiniere die Schienen auf der Werkbank mit einem Holzschienenbett, um ein normales Schienensegment zu erstellen.

Diese Schritte erfordern viel Aufwand, doch es lohnt sich: Du erhältst so 32 Schienen und auf lange Sicht ist die Produktion dieser Schienen sogar ein wenig günstiger. Darüber hinaus kannst du die Walzmaschine mit BuildCraft-Rohren versorgen, sodass die Produktion automatisch erfolgt. Die Walzmaschine verkraftet bis zu 5 MJ/t. Wenn du mehr Energie zuführst, läuft sie schneller.

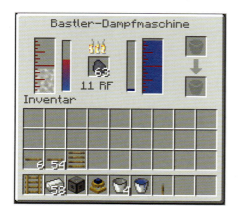

BILD 9.7   Dampfmaschinen konsumieren Wasser und Treibstoff und lassen sich mit einem Redstone-Signal oder -Hebel aktivieren.

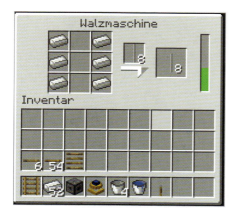

BILD 9.8   Schienenproduktion per Walzmaschine

Holz- und Standardschienen sind erst der Anfang. Du solltest auch folgende Varianten produzieren und ausprobieren:

- **Sperrschiene** – Notbremsung! Solange diese Schiene mit Energie versorgt wird, verhält sie sich wie eine ganz normale Schiene. Ohne Strom hindert sie jedoch alle Loren am Weiterfahren. Dadurch können z. B. Mobs die Lore nicht bewegen und für Bahnhöfe stellt diese Schiene eine wundervolle Lösung dar.
- **Aufnahmeschiene** – dieser Schienentyp befördert Charaktere automatisch in eine Lore – egal ob du willst oder nicht. Perfekt für den Einsatz in Abenteuern oder um jemanden zu überraschen.
- **Katapultschiene** – sobald eine Lore diese Schiene überquert, wird sie in luftige Höhen geschleudert. Du kannst die Kraft des Katapults mit einem Brecheisen einstellen (siehe Tipp „Ein Brecheisen für alle Fälle").

TIPP

Ein Brecheisen für alle Fälle

Brecheisen sind die wichtigsten Werkzeuge für alle Railcraft-Ingenieure, sodass du stets eines bei dir tragen solltest. Ähnlich wie der Schraubenschlüssel in BuildCraft, kannst du mit dem Brecheisen in Railcraft Einstellungen an vielen Elementen vornehmen – zum Beispiel die Ausrichtung eines Waggonspenders verändern. Du kannst damit auch alte Schienenwege abreißen, die Fahrtrichtung einer Lore ändern oder – und das ist am wichtigsten – Loren miteinander verbinden. Stelle sicher, dass sich die Loren nicht weiter als zwei Blöcke voneinander entfernt befinden, und führe bei gedrückter **Umschalt**-Taste einen Rechtsklick auf jede Lore aus, um daraus einen Zug zu machen. Brecheisen werden aus vier Einheiten rotem Farbstoff und drei Eisenbarren hergestellt.

- **Kopplungsschiene** – diese Schiene verbindet Loren, die sie überqueren. Der Entkoppler macht das Gegenteil und trennt die Waggons wieder.
- **Aufzugschiene** – munter die höchsten Berge erklimmen: Diese Schienen funktionieren wie eine Leiter für Loren. Unter Strom können Aufzugschienen Loren sogar vertikal auf Bergspitzen oder aus Schluchten heraustransportieren; ohne Energie erlauben sie den sanften Abstieg derselben. Einen Übergang zu einer Aufzugspur erzeugst du, indem du den horizontalen Schienenweg bis an das Hindernis heranführst und dann eine Aufzugschiene zwei Blöcke darüber platzierst. Dadurch wird die normale Spur mit dem Beginn der Aufzugspur verbunden. Oben angekommen, verbinde eine normale Schiene mit der letzten Schiene der Aufzugspur, wodurch ein 90-Grad-Knick entsteht, über den Loren jedoch problemlos hinwegfahren können.

BILD 9.9 Überwinde mit Aufzugschienen große Höhenunterschiede – bedenke aber stets, dass verbundene Loren solche Aufzüge nicht nutzen können.

- **Hochgeschwindigkeitsschienen** – diese Schienen sind zwar 2,5 Mal schneller als herkömmliche Gleise, doch es gibt einige Risiken: Vor Kurven muss eine Lore auf normales Tempo heruntergebremst werden, was mit einer Hochgeschwindigkeitsschiene ohne Stromversorgung oder durch eine Verzweigung des Schienenwegs gelingt. Dafür ermöglicht dieser Schienentyp die schnellste Art, sich in Minecraft fortzubewegen (Fliegen ausgenommen).
- **Schienenkreuz** – endlich kannst du Schienenwege ganz einfach verzweigen. Schienenkreuze bilden eine vierfache Kreuzung, wodurch sich Schienenwege ohne große Konfusion überschneiden dürfen. Mit der Y-Kreuzung kannst du Dreiwege-Abzweigungen bei erhöhter Geschwindigkeit realisieren. Die verbesserte T-Weiche bietet ein visuelles Signal.

Verstärkte Schienen

Nach nicht allzu langer Zeit wirst du die einfachen Holz- und Standardschienen hinter dir lassen. Während diese Schienen zwar besser als ihre Standard-Pendants in Minecraft sind (inklusive einer Geschwindigkeitsreduktion, damit es deinen Charakter nicht aus der nächsten Kurve trägt), sind die verstärkten Schienen 25 % schneller und immun gegen Explosionen – sogar gegen zornige Ghasts aus dem Nether. So baust du verstärkte Schienen:

1. Stahl kannst du mit einem Hochofen (Bild 9.10) erzeugen, der umfassende Bauarbeiten erfordert. Dieser Ofen wird ähnlich konstruiert wie zuvor der Koksofen, wobei er eine Ebene höher ist und zwei Hohlräume im Zentrum aufweisen muss. Die 34 zum Bau benötigten Hochofenziegel erfordern exotische Ingredienzen wie Netherziegel, Seelensand und Magmacreme aus dem Nether.

2. Befeuere den Hochofen mit Koks (das gelingt auch über ein BuildCraft-Rohrsystem, das mit dem Koksofen verbunden ist) und bestücke ihn mit ausreichend Eisenbarren, um diese zu Stahlbarren zu schmelzen.

BILD 9.10   Hochöfen verwandeln Eisen in Stahl und sind einen Block höher als Koksöfen.

3. Während der Hochofen seine Arbeit verrichtet, stelle in der Walzmaschine Bewehrungsstäbe her, indem du drei Eisenbarren diagonal von links unten nach rechts oben anordnest.
4. Kombiniere einen Bewehrungsstab mit drei Steinstufen, um eine Steinschwelle zu erhalten. Produziere davon so viele wie möglich.
5. Aus vier Steinschwellen stellst du ein Steinschienenbett her.
6. In der Walzmaschine verarbeitest du Stahl und Obsidianstaub zu verstärkten Schienen.
7. Vereine auf der Werkbank sechs Schienen mit einem Steinschienenbett, um 32 verstärkte Schienensegmente zu erhalten.

Verstärkte Schienen bedeuten viel Arbeit, doch ihre Unzerstörbarkeit macht den großen Aufwand mehr als wieder wett. Nun zu einem spaßigen Thema: Tunnelbohren. Sobald du einmal damit begonnen hast, wirst du nicht mehr aufhören wollen!

Tunnelbohrer

Keine Lust mehr auf Löcher graben? Du würdest am liebsten deine Schaufel auf den nächsten Dreckhaufen schleudern? Dann lass' einen Tunnelbohrer (Bild 9.11) von Railcraft doch die Arbeit für dich erledigen, damit du dir nicht mehr die Hände schmutzig machen musst! Bestücke die Maschine mit Brennmaterial, Kies, Schienen und einem Bohrkopf und schon wühlt sich das Ungetüm tief in den Stein.

BILD 9.11 Beim Graben langer Tunnel mit dem Bohrer kommen jede Menge Erze zum Vorschein.

Der Bohrer gräbt ein 3 × 3 Blöcke großes Loch, während er gleichzeitig Schienen verlegt. Er ist intelligent genug, um Unebenheiten mit Kies aufzufüllen und ein gerades Gleisbett zu ermöglichen. Außerdem hört er sofort auf zu arbeiten, wenn er auf Wasser oder Lava stößt oder wenn ein Loch tiefer als zehn Blöcke ist.

Der wichtigste Bestandteil des Tunnelbohrers ist der Bohrkopf. Du kannst zwischen Eisen- (gräbt sich durch bis zu 160 Blöcke), Stahl (rund 320 Blöcke) oder Diamant (fast 700 Blöcke) wählen. Nur ein Diamantbohrkopf kann sich durch Obsidian fräsen, doch bei normalen Bauhöhen wirst du nicht auf dieses Gestein stoßen.

Hier einige Tipps für den erfolgreichen Betrieb deines Bohrers:

- Verbinde Transportloren mit dem Tunnelbohrer, um diesen mit Nachschub zu versorgen, wenn sein eigenes Inventar leer ist.
- Verbundene Transportloren können auch Geröll aufnehmen, damit die Blöcke nicht störend herumliegen. Zurzeit funktioniert dies aufgrund eines Bugs nicht – hoffentlich ist dieser gefixt, wenn du diese Zeilen liest.
- Verbinde einen Ankerwaggon mit dem Bohrer, damit dieser auch dann weiterbohrt, wenn dein Charakter nicht in der Nähe ist.

Der Tunnelbohrer nimmt dir nicht nur viel Grabungsarbeit ab, sondern legt auch jede Menge Erze frei. Folge seiner Spur, um wertvolle Erze abzubauen. Der Bau eines Tunnelbohrers ist kein Pappenstiel – du benötigst zwei Öfen, einige Stahlblöcke, zwei Minenloren und eine Transportlore mit Truhe. Hinzukommt der Bohrkopf – ein Eisenbohrkopf verfügt über dieselben Limitationen wie eine Spitzhacke und gibt nach 160 Blöcken den Geist auf. Stahl aus dem Hochofen bringt es auf eine Tunnellänge von 320 Blöcken, während Diamant 700 Blöcke lang durchhält.

Verbinde eine Transportlore und einen Ankerwaggon mit dem Bohrer, um Gegenstände einzusammeln und sicherzustellen, dass die Arbeit auch in deiner Abwesenheit weitergeht – Bild 9.12 zeigt eine Beispielkonfiguration.

BILD 9.12   Eine Truhe und eine Trichterlore sammeln Gegenstände ein. Füge einen Ankerwaggon hinzu, damit der Bohrer auch dann funktioniert, wenn dein Charakter gerade mal nicht anwesend ist.

Die Konfiguration des Tunnelbohrers ist ein wenig ungewöhnlich: Ein Rechtsklick öffnet den Dialog aus Bild 9.13. Hier kannst du den Bohrkopf, den Treibstoff für den Betrieb und Ballast zum Füllen von Löchern sowie Schienen hinzufügen.

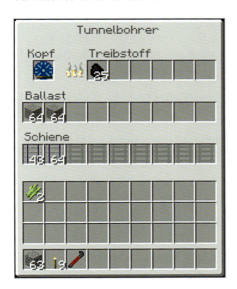

BILD 9.13   Gib dem Tunnelbohrer, was er braucht, und er erledigt den Rest: einen Tunnel bohren, Schienen legen und Löcher auffüllen.

Ein Gleisbett wie in der realen Welt

Schienen auf natürlichem Grund sehen aus wie – nun, halt wie Schienen auf natürlichem Grund. Wenn dein Gleisbett einen etwas realistischeren, industriellen Look erhalten soll, musst du es untergraben. Diesen Job übernimmt der Schienenbettersetzer, der über die Gleise eilt und die Blöcke unter jedem Schienensegment ersetzt. Du kannst die Blöcke stilecht mit Kies oder mit zerstoßenem Obsidian ersetzen. Letzteres lässt sich in einer Steinmühle produzieren.

Sehr praktisch ist auch der Schienenersetzer, der deine langsamen Holzschienen automatisch gegen die pfeilschnellen, verbesserten Schienen austauscht. Die Kombination eines Schienenersetzers mit einem Schienenbettersetzer und einer Dampflokomotive tauscht in zwei aufeinanderfolgenden Arbeitsgängen sowohl die Gleise selbst als auch das Gleisbett aus.

TIPP

Itemlader, die Zweite

Itemlader lösen all die Probleme, die Trichter verursachen. Sie halten eine Lore so lange fest, bis sie vollgeladen ist, um sie anschließend per Redstone-Impuls auf die Reise zu schicken. Leite das Redstone-Signal an eine Sperrschiene weiter, um das System zu perfektionieren.

Mehr Mods

Mods machen einen Großteil des Charmes von Minecraft aus – eine nicht enden wollende Sammlung an interessanten Erweiterungen von Entwicklern mit viel Phantasie. Die Liste ist fabelhaft, einfallsreich und unterhaltsam.

Bevor dieses Buch zu Ende geht, will ich dir einige meiner Favoriten verraten. Das soll keinesfalls eine vollständige Liste sein, sondern lediglich eine Vorstellung besonders herausragender Mods, die das Spiel um interessante Ziele erweitern.

In der Tat fügen diese Mods dem Spiel jede Menge Ziele hinzu. Sie erweitern es, verlängern es, umspannen das Spiel auf eine sorgfältig ausbalancierte Weise und würden auch als eigene, unabhängige Spiele bestehen. Ich hege größte Bewunderung für die Autoren.

Galacticraft

Der Griff nach den Sternen. Galacticraft erweitert Minecraft um Planeten, Raumschiffe und das Management der Sauerstoffversorgung. Fliege zum Mond oder kolonisiere den Mars. Du wirst an Ressourcenknappheit zu knabbern haben, aber auch das Herumtanzen in der Schwerelosigkeit genießen.

Der Bau einer Rakete ist nicht einfach, aber jede Anstrengung wert. Du musst Öl zu Raketentreibstoff raffinieren, Tanks mit komprimiertem Sauerstoff füllen, einen Fallschirm und eine Startrampe bauen – und natürlich die Rakete selbst.

Auf dem Mond angekommen, triffst du auf neue Dorfbewohner und kannst auch ein wenig Terraforming betreiben, indem du Bäume pflanzt und den abgegebenen Sauerstoff konservierst. Darüber hinaus brauchst du eine versiegelte Basis und vieles mehr. Weitere Infos unter: http://goo.gl/VZX8RN.

Forestry

Die Bienen haben Probleme. Magst du eventuell mit einem Bienenhaus aushelfen? Was wäre, wenn sich Minecraft komplett in Richtung Agrikultur ausrichten würde? Der Mod Forestry ist eine Tour de Force in Sachen Landwirtschaft.

Neben den Bienen bietet das Plug-in auch automatisierte Farmen (Wasserversorgung, Dünger, Humus und Saatgut) und verteilt die Ernte per verbundenem Inventar oder einem Transportrohr aus BuildCraft.

ComputerCraft

Es macht durchaus Sinn, eine Möglichkeit zur Programmierung in Minecraft zu implementieren. Und nicht nur irgendeine Programmiersprache – der Mod ComputerCraft bringt programmierbare Schildkröten ins Spiel! Die Bezeichnung *Turtle* beruht auf Turtle Graphics, einer Programmiersprache für Anfänger, die einen Cursor über den Bildschirm wandern lässt. Was ich als Programmierer besonders cool finde: Die LUA-Sprache von ComputerCraft funktioniert in der Minecraft-Umgebung, sodass 3D möglich ist. Die Sprache LUA, die in einer Universität in Brasilien erfunden wurde, ist die führende Scriptsprache für Computerspiele – nicht nur für kleine Titel, sondern auch für solche Kaliber wie *World of Warcraft*, *Lego MindStorms* und viele andere.

Wenn ein junger Mensch eine Ahnung von IT erhalten möchte, geht nichts über sofortige Resultate. LUA in Minecraft bewirkt genau dies. Schreibe ein paar Zeilen Programmcode und beobachte, was passiert. Es gibt nichts, was daran heranreicht.

Zusammenfassung

Das Schreiben eines fortgeschrittenen Handbuchs zu Minecraft war eine Reise durch das Spiel selbst. Minecraft hat sich zu einem System entwickelt, das Hunderte von Menschen ernährt – einige davon gehören zu den bestverdienenden YouTubern. Sie wurden dank ihrer Mod-Packs und Musikvideos zu Legenden. (Nicht zu vergessen die Parodien! Wenn du noch keine gesehen hast, dann suche unbedingt mal nach „Minecraft Video Parodies".)

Die unglaublich kreative Energie, die in all dies gesteckt wird, ist größer als alles, was ich bisher gesehen habe. Minecraft, schon für sich genommen ein überaus faszinierendes und komplettes Spiel, hat sich zu einer Plattform entwickelt, auf der viel Neues entstand und weiterhin entstehen wird.

Das womöglich Spannendste daran ist die Tatsache, dass mittlerweile die Version 1.8 auf dem Markt ist, wobei es sich um das größte Update in der Geschichte des Spiels mit einer Vielzahl von Verbesserungen handelt. Allerdings laufen die in diesem Buch vorgestellten Mods nur bis hoch zu Version 1.7.10 – während der Übersetzung dieses Buchs im Frühjahr 2015 waren noch keine 1.8-kompatiblen Versionen von BuildCraft, IndustrialCraft und Railcraft erhältlich. Das sollte dem Spaß aber keinen Abbruch tun!

Ein besonders lebhafter Teil der Debatte um v1.8 beschäftigt sich mit dem neuen Modding-API, das eine viel bessere Kompatibilität mit Mods aller Art verspricht, und der zukünftigen Rolle von Forge. Meiner Ansicht nach wird Forge weiterhin fester Bestandteil des Systems bleiben, denn eine mit Version 1.8 kompatible Forge-Variante ist bereits erhältlich. Alle aktuellen, großen Mods werden weiterhin die Forge-APIs nutzen, statt auf ein neues System zu wechseln.

Und auf jeden Fall werden Ladeprogramme wie MultiMC und die faszinierenden Mod-Pakete eine große Rolle spielen, die von Leuten wie Direwolf20, Yogscraft, dan200, sirsengir und vielen anderen erstellt werden.

Genieße alles, was Minecraft zu bieten hat. Erschaffe eine neue Welt. Verwende die hier vorgestellten Mods im Überlebensmodus und genieße ein Spiel, das ständig wächst, sich kontinuierlich weiterentwickelt und dich reich belohnt.

Aufnehmen und Teilen

In diesem Kapitel

- wählst du die richtige Software,
- unternimmst du Kamerafahrten und kreierst Animationen,
- versiehst du Videos mit Ton, Musik und Titelsequenzen,
- veröffentlichst du deine Videos auf YouTube und Vimeo.

Mit seinen überwältigenden Bauwerken, genialen Mobfallen und Achterbahnfahrten in Minenschächten ist Minecraft geradezu prädestiniert für die Weitergabe all dieser Inhalte per Video (siehe Bild 10.1). Ich bin sicher, dass du mittlerweile darüber nachdenkst, wie du all deine harte Arbeit und deine Kreativität anderen Menschen auf der ganzen Welt online präsentieren kannst. Deshalb lernst du in diesem Kapitel, wie du die richtige Aufnahme- und Schnittsoftware auswählst, Titel und Musik hinzufügst und dein Meisterwerk nach seiner Vollendung ins Web hochlädst, um es mit der ganzen Welt zu teilen!

BILD 10.1 Präsentiere deine Kreationen der ganzen Welt — Licht, Kamera, Action!

Die richtige Software auswählen

Zum Aufnehmen von Videos sind zahlreiche Lösungen für PC- und Mac-Anwender verfügbar, die sich in Sachen Kosten und Funktionalität unterscheiden.

Bevor du loslegst, musst du für dich herausfinden, welche Aufnahmemethode du verwenden möchtest – es gibt zwei Methoden mit Vor- und Nachteilen:

- **Software-Aufnahme** – eine Applikation (per Download oder Datenträger), die den gesamten Bildschirminhalt aufnimmt, während du Minecraft spielst.
  - **Vorteile:** die günstigere Lösung, da keine zusätzliche Hardware erforderlich ist.
  - **Nachteile:** Je nach Prozessorgeschwindigkeit deines Computers, aktueller Auslastung sowie Spezifikationen der Grafikkarte kann es vorkommen, dass die Videoaufnahmen ruckeln, springen und/oder Aussetzer haben.
- **Hardware-Aufnahme** – eine zusätzliche Hardware außerhalb deines Computers, die zwischen Grafikkarte und Monitor geschaltet wird und alles aufnimmt, was auf deinem Bildschirm angezeigt wird. Das Video wird auf einem externen Speicher (etwa eine SD- oder CompactFlash-Karte oder ein USB-Laufwerk) oder auf der internen Festplatte des Computers abgelegt.
  - **Vorteile:** Die Aufnahme und die Kompression in Echtzeit werden vom Gerät übernommen, sodass der Computer selbst nicht belastet wird. Dadurch sind durchgehende Aufnahmen mit hohen Bildraten möglich – egal, wie viel der PC währenddessen leisten muss. Resultat ist ein sehr flüssiges Video.
  - **Nachteile:** Generell ist diese Lösung mit höheren Kosten durch die zusätzliche Hardware verbunden.

INFO

Je konstanter die Bildrate, desto flüssiger das Video

Als Bildrate (engl. Frame Rate) bezeichnet man die Anzahl der Einzelbilder im Video, die pro Sekunde aufgenommen und wiedergegeben werden. Die allermeisten Videos, die du im Fernsehen, online oder auf deinem Mobilgerät siehst, verfügen über 24 bis 30 fps (frames per second, Bilder pro Sekunde). Wenn du ein Video aufnimmst, sollte die Bildrate bei mindestens 25 fps liegen und – wichtig! – stets konstant bleiben. Ein langsamerer, leistungsschwacher PC kann eine solch hohe Bildrate meist nicht aufrechterhalten, wodurch das Video „sprunghaft" wirkt. Die meisten Programme zur Bildschirmaufnahme erlauben dir eine Vorgabe der Bildrate, sodass du selbst den optimalen Wert herausfinden kannst. Minecraft berechnet 60 Bilder pro Sekunde – bedenke jedoch stets, dass das Video nach dem Bearbeiten und Publizieren im Web nur über 25 bis 30 Bilder pro Sekunde verfügen wird.

Jede Software zur Bildaufnahme funktioniert ähnlich – egal, welche Methode bei der Aufnahme verwendet wird. Du kannst entweder den ganzen Bildschirminhalt oder nur den Inhalt eines Fensters aufnehmen. Einige Tools können auch Sound aufnehmen – sowohl den von Minecraft als auch von einem Mikrofon. Nachfolgend stelle ich dir die wichtigsten Tools vor.

Videoaufnahme mit FRAPS for Windows (Lizenzkosten ca. 35 Euro)

Die Software FRAPS kann unter http://www.fraps.com auch als kostenlose Trial-Version heruntergeladen werden. Der Name dieser einfach zu bedienenden Software ist eine Kurzfassung von „**FRA**mes **P**er **S**econd". Lade das FRAPS-Installationsprogramm herunter und installiere es mit den vorgegebenen Einstellungen. Die empfohlenen Einstellungen inklusive Frame Rate und Videoverzeichnis siehst du in Bild 10.2. Wenn du Audio aus dem Spiel aufnehmen möchtest, aktiviere die Checkbox **Record sound**.

Sobald FRAPS läuft, starte Minecraft wie gewohnt, wobei dir eine grüne Zahl an der Oberseite deines Bildschirms auffallen wird. Diese gibt Auskunft über die aktuelle Bildrate in fps und wird im fertigen Video nicht sichtbar sein.

BILD 10.2   FRAPS konfigurieren: Wähle die Voreinstellungen im Reiter „Movies".

Mit der Taste **F9** startest du den Aufnahmevorgang, woraufhin die fps-Zahl rot dargestellt wird und sich während der Aufnahme nicht verändern sollte. Du kannst dich ganz normal in Minecraft bewegen, während FRAPS den Bildschirminhalt aufnimmt. Ganz einfach!

Drücke **F9** erneut, um die Aufnahme zu beenden. Diesen Vorgang kannst du beliebig oft wiederholen, wobei alle Filme einzeln im AVI-Format im ausgewählten Verzeichnis abgelegt werden. Je nach Bildschirmauflösung können diese Dateien sehr groß werden, sodass du für ausreichend Platz auf der Festplatte sorgen solltest. Wenn du die Videos später bearbeitest, wirst du sie in kleinere Dateien speichern, die sich auch zum Hochladen ins Web eignen. Die Trial-Version ist auf maximal 30-sekündige Videos beschränkt und versieht diese mit einem Wasserzeichen.

Du kannst die Aufnahmequalität im Windows Media Player begutachten, solltest aber FRAPS zuvor schließen, um die fps-Zahl auszublenden.

Videoaufnahme mit Bandicam for Windows (Lizenzkosten ca. 33 Euro)

Bandicam kann unter www.bandicam.com/de/ heruntergeladen werden und ist als Trial-Version mit zehn Minuten Laufzeitbeschränkung und Wasserzeichen erhältlich.

Dieses großartige Tool funktioniert ähnlich wie FRAPS, verfügt aber über zusätzliche Vorteile. Es produziert Videos in einer Vielzahl von Formaten und Auflösungen, sodass du experimentieren und die für dich beste Lösung finden kannst. Doch schon mit den Grundeinstellungen lassen sich hervorragende Resultate inklusive Audioaufnahmen vom Spiel erzielen.

Die Aufnahme ist ganz einfach. Öffne Minecraft im ersten Fenster und Bandicam im zweiten und klicke auf das Gamecontroller-Icon links oben, bevor du mit dem Cursor in das Minecraft-Fenster klickst. Damit legst du dieses Fenster als Aufnahmequelle fest. Eine grüne FPS-Angabe sollte im Minecraft-Fenster links oben erscheinen. Mit F12 startest und beendest du die Aufnahme (Bild 10.3). Eine Liste der aufgenommenen Videos erhältst du im Bereich **Ausgabe** – ein Doppelklick spielt das entsprechende Video ab.

BILD 10.3 Klicke auf das Gamecontroller-Icon und das Minecraft-Fenster und drücke F12 für die Aufnahme.

Videoaufnahme mit QuickTime Player for Mac (kostenlos mit OS X)

Mit dem in OS X kostenlos enthaltenen QuickTime kannst du auch Aufnahmen anfertigen – wähle einfach **Ablage, Neue Bildschirmaufnahme**. Du kannst zwischen einer Vollbildaufnahme oder einem definierten Bildschirmbereich wählen. Letzteres funktioniert ganz einfach durch das Aufziehen eines Rahmens über dein Minecraft-Fenster bei gedrückt gehaltener Maustaste (Bild 10.4), nachdem du auf den **Rec-Button** geklickt hast. Um Minecraft bildschirmfüllend laufen zu lassen, wähle in den **Grafikeinstellungen** die Option **Vollbild: an** oder klicke das Minecraft-Fenster an, um die Aufnahme darauf zu beschränken. Minecraft pausiert derweil. Um die Aufnahme zu starten, klicke auf die Schaltfläche **Aufnahme starten**. Die fertige

Die richtige Software auswählen

Datei wird im verbreiteten und mit vielen Plattformen kompatiblen QuickTime-Format mit der Endung **.mov** abgelegt.

BILD 10.4   Ziehe einen Rahmen um dein Minecraft-Fenster auf und Quicktime beginnt mit der Aufnahme.

INFO

Die richtige Auflösung

Bei der Verwendung von Aufnahmesoftware sollte stets die verwendete Auflösung beachtet werden. Bei FRAPS und Bandicam legt beispielsweise die Größe des Minecraft-Fensters auch die Abmessungen des aufgenommenen Videos fest. Lässt du Minecraft im Vollbildmodus laufen, wird das die Frame Rate negativ beeinflussen – hier kommt der praktische fps-Zähler ins Spiel. Wie schon erwähnt, solltest du die Bildrate konstant über 25 fps halten. Um die maximale Größe bei flüssiger Wiedergabe herauszufinden, musst du ein wenig experimentieren: Versuche eine Balance zwischen der höchstmöglichen Auflösung bei immer noch ausreichender Bildrate (und umgekehrt) zu finden.

TIPP

Die Belastung minimieren

Um die höchstmögliche Aufnahmequalität auf einem Windows-PC zu erzielen, solltest du vor der Aufnahmeprozedur alle nicht benötigten Programme und Fenster schließen. Da die Videoaufnahme sehr viele Ressourcen beansprucht, benötigt dein PC so viel Prozessorleistung und freien Speicher wie möglich. Wenn du über ein großes Desktop-Hintergrundbild oder ein ausgefallenes Windows-Thema verfügst, kann es sich lohnen, diese für die Zeit der Aufnahme gegen etwas ganz Simples auszutauschen. Diese einfache Maßnahme wird sich deutlich auf die Videoqualität auswirken.

Hardware-Aufnahmegeräte

Folgende Hardware-Geräte werden zwischen Grafikausgang des Computers und Eingang des Monitors geschleift und nehmen damit alles auf, was auf deinem Monitor dargestellt wird. Diese Aufnahmemethode ist besonders für Vollbildaufnahmen in High Definition (HD) bei hohen Bildraten geeignet. Dabei kommen sehr hochwertige Videos heraus, die sich durch professionelle Qualität auszeichnen. Natürlich hat solche Qualität ihren Preis – der allerdings bei weitem nicht so hoch ist, wie man vermuten möchte. Ich habe zwei Geräte getestet und damit exzellente Resultate erzielt. Beide sind kompatibel zu Windows und OS X.

AVerMedias Live Gamer Portable (ca. 125 Euro)

Dieses Gerät nimmt HD-Video und Audio von jeder HDMI-Quelle auf und überträgt die Daten entweder direkt an deinen PC oder zur späteren Überspielung und Bearbeitung an eine SD-Karte. Letzteres Feature ermöglicht die vom PC unabhängige Aufnahme, was den Mitschnitt der Inhalte von Konsolen oder nicht mit dem Netzwerk verbundenen Geräten ermöglicht.

Das LGP ist überaus leicht zu verwenden: Drücke ganz einfach eine Taste an der Oberseite zum Starten und Stoppen der Aufnahme.

Elgato Game Capture HD Recorder (ca. 140 Euro)

Ähnlich wie das Gerät von AVerMedia, wird auch der Recorder von Elgato per HDMI mit PC oder Konsole verbunden und zeichnet Full-HD-Video mit pfeilschneller Hardware-Videokompression auf. Im Lieferumfang ist auch eine Aufnahmesoftware enthalten. Das Gerät wird mit dem PC verbunden und nutzt dessen Festplatte als Videospeicher. Obwohl diese Technik den Software-Recordern wie FRAPS oder Bandicam gleicht, gibt es einen massiven Vorteil: Der Elgato-Recorder übernimmt die gesamte Rechenarbeit und entlastet damit den Computer, der sich voll und ganz der Darstellung von Minecraft mit der höchstmöglichen Bildrate widmen kann.

Kamerafahrten und Animationen

Nun kannst du zwar Videos aufnehmen, doch wie sieht es mit der Dramaturgie deiner Filme aus? Steve beim Ernten von Pflanzen ist nicht gerade eines Meisterwerks würdig. Womöglich hast du bereits Videos gesehen, in denen die Kamera per Flugzeug durch die Luft zu fliegen scheint und das Publikum mit spannenden Kamerafahrten und atemberaubenden Schwenks beeindruckt. Deshalb zeige ich dir, wie du deine Spielwelt vor der Aufnahme perfekt in Szene setzt.

Für Luftaufnahmen benötigst du einen weiteren Mod namens Camera Studio, den du im Minecraft-Forum unter http://goo.gl/dfLVJe herunterladen kannst. Für Luftaufnahmen muss man abheben und fliegen können, was im Kreativ-

Kamerafahrten und Animationen

modus durch doppelten Anschlag der Leertaste problemlos funktioniert, im Überlebensmodus jedoch nicht möglich ist. Um den Camera Studio Mod nutzen zu können, musst du jedoch in der Lage sein, die Kamera an bestimmte Positionen zu befördern, von wo aus die Einstellungen aufgenommen werden – hierbei ist die Gravitation dein größter Feind. Einige wenige Modpacks wie XRay und Zombe erlauben dir das Fliegen im Überlebensmodus. Dabei werden andere Aktionstasten verwendet, doch das Ergebnis ist dasselbe wie im Kreativmodus.

Nachdem du dein Superhelden-Outfit angelegt hast, kannst du mit der Planung deines Films beginnen. Wenn du bereits Videoschnitt oder Animation betrieben hast, sind dir Keyframes (Schlüsselbilder) sicherlich ein Begriff.

Keyframes sind Zeitpunkte in einer Animation oder Sequenz, wo du Einstellungen an der Kamera oder an Objekten vornehmen kannst. Diese Schlüsselbilder werden in der Zeitlinie (engl. Timeline) gespeichert. Mit Camera Studio kannst du die Kamera wie einen Spielcharakter bewegen und mehrere Keyframes festlegen, denen die Kamera während der Aufnahme folgen wird (siehe Bild 10.5).

BILD 10.5   Bewege die Kamera an verschiedene Positionen innerhalb deiner Welt und setze mit der Taste P einen neuen Kamerapunkt.

Im Beispiel wollen wir eine virtuelle Tour durch dein Minecraft-Dorf unternehmen. Am Ende soll ein Haus betreten werden, wo dessen Features dargestellt werden.

Dazu bewegst du die Kamera an jeden der gewünschte Punkte und speicherst mit der Taste **P** ein Keyframe. Du legst also wie bei Hänsel und Gretel Brotkrumen aus, denen die Kamera folgen soll. Der Mod speichert dabei sowohl die Position als auch die Ausrichtung der Kamera. Durch Drehen und Neigen der Kamera kannst du deiner Luftaufnahme interessante Perspektiven hinzufügen.

Sobald du alle Keyframes gesetzt hast, beginnst du die Kamerafahrt durch die Eingabe von **/cam start**.

Eine Übersicht aller Kommandos und Tastenkürzel (Bild 10.6) erhältst du durch Drücken der Taste **O**. Einige der Tasten, die ich selbst häufig nutze (du musst die Tasten eventuell im Optionsbildschirm selbst hinzufügen):

- **P** – setzt ein Keyframe. Jedes Mal, wenn du diese Taste drückst, wird ein neues Schlüsselbild hinzugefügt. Alternatives Kommando: **/cam p**.
- **.** – startet und beendet die „Wiedergabe" der Kamerafahrt durch die Keyframes (entspricht den Kommandos **/cam start** und **/cam stop**).
- **K** – kippt die Kamera nach links.
- **L** – kippt die Kamera nach rechts.
- **,** – richtet die Kamera wieder zentriert aus.

BILD 10.6 Mit der Taste O kannst du die Tasten und weitere Konfigurationen von Camera Studio anpassen.

Hier einige weitere nützliche Kommandos:

- **/cam start 20s (gewünschte Sequenzlänge in Sekunden)** – je niedriger dieser Wert, desto schneller bewegt sich die Kamera durch die Sequenz.
- **/cam clear** – löscht alle Keyframes.
- **/cam save {beliebige Bezeichnung}** – speichert die volle Sequenz an Kamera-Keyframes.
- **/cam load {Bezeichnung einer gespeicherten Datei}** – lädt eine zuvor gespeicherte Sequenz.
- **/cam list** – listet alle bislang getätigten Einstellungen auf.

Mit diesem Mod kannst du viele coole Dinge anstellen – eine vollständige Übersicht der Kommandos findest du online. Einer meiner Favoriten ist die Möglichkeit, die Kamera während des Flugs durch die Keyframes auf einen bestimmten Punkt zu fokussieren. Nehmen wir an, du hast bereits zehn Keyframes gesetzt. Die Kamerafahrt beginnt weit entfernt und umkreist dann das Dorf. Du möchtest die Kamera während des Rundflugs auf den Turm im Zentrum des Dorfs fixieren? Kein Problem! Nach dem Setzen der Keyframes bewegst du die Kamera zum Turm und gibst **/cam target** ein. Dadurch wird die Kamera stets auf die eingestellte Position gerichtet sein, während sie sich über den Keyframe-Kreis bewegt.

Aufnehmen mit Camera Studio

Ausführliche Instruktionen zur Verwendung von Camera Studio findest du auf der Download-Site des Mods, wobei du der neuen Aufnahmefunktion direkt aus Minecraft heraus besonderes Augenmerk schenken solltest. Damit kannst du deine Kamerafahrten in qualitativ hochwertigen Videos und Zeitrafferaufnahmen verewigen. So lassen sich ruckelfreie und professionelle Guides, Flüge und Touren aufnehmen oder Zeitrafferfilme vom Bau großer Gebäude. Die zu Beginn dieses Kapitels vorgestellten Videoaufnahmetools sind eher für normales Minecraft-Gameplay in Echtzeit geeignet.

Audio und Titel hinzufügen

Nachfolgend zeige ich dir, wie du Audio und Titel zu deinen Videosequenzen hinzufügst. Dieser Vorgang läuft bei den meisten Schnittprogrammen ähnlich ab – nachfolgend stelle ich exemplarisch die Vorgehensweise unter Windows und OS X dar.

Zunächst musst du all die aufgenommenen Videoclips sammeln, die du mit den zuvor beschriebenen Methoden angefertigt hast. Wenn du Musik oder andere Audiodateien hinzufügen möchtest, solltest du Zugriff auf die benötigten Dateien haben. Zuletzt entscheidest du dich für die zu verwendenden Titelsequenzen.

Videobearbeitung mit iMovie – OS X (rund 20 Euro, meist bei jedem neuen Mac dabei)

Die Software iMovie ist im App Store zum Herunterladen verfügbar (gib einfach „iMovie" in das Suchfeld des Store ein). Um einen neuen Film anzulegen, klickst du auf **Ablage**, **Neuer Film**. iMovie bietet eine Vielzahl an Themen, die deinen Clips mehr Farbe und Individualität verleihen. Sobald du ein Thema ausgewählt hast, beginnst du mit einem leeren Projekt. In Bild 10.7 kannst du erkennen, dass das Interface von iMovie in vier Bereiche aufgeteilt ist:

- Der linke Bereich enthält all deine Bibliotheken – darunter die Verzeichnisse für Videoclips, Audiodateien und Titel.

- Der obere linke Bereich enthält alle Clips des aktuellen Projekts.
- Oben rechts befindet sich das Vorschaufenster, wo du das Video per Interface abspielen, pausieren, vor- und zurückspulen kannst.
- Die Zeitleiste unten enthält alle von dir gewählten Clips, die später das fertige Video ergeben werden. Eine vertikale Linie zeigt die aktuelle Position an. Diese kannst du per Klickziehen des oberen Dreiecks frei verschieben.

Bild 10.7   Ziehe Clips aus der Bibliothek über die Zeitleiste im unteren Bereich. Durch Ziehen der Anfasserpunkte am Ende änderst du die Länge der Clips.

Zu Beginn packst du all deine aufgenommenen Videoclips in den oberen linken Bereich – du kannst hier so viele Clips ablegen, wie du benötigst.

Du kannst einen kompletten Clip in die Zeitleiste ziehen oder mit dem Mauscursor einen bestimmten Bereich eingrenzen. Ein orangefarbener Kasten zeigt dir dann den Start- und Endpunkt der Sequenz an. Um diese Sequenz zum Video hinzuzufügen, ziehe die gelbe Box in die Zeitleiste. Wiederhole diesen Vorgang, bis sich alle gewünschten Clips in der Zeitleiste befinden.

Die Reihenfolge der Clips in der Zeitleiste kannst du durch Klickziehen beliebig verändern. Du kannst auch den Beginn und das Ende eines jeden Clips festlegen, indem du die Anfasserpunkte links und rechts verschiebst.

Titel hinzufügen

Sobald all deine Clips wunschgemäß auf der Zeitleiste angeordnet sind, kannst du mit dem Hinzufügen von Titeln beginnen. Apple hat diesen Vorgang sehr einfach und intuitiv gestaltet. Ein Klick auf **Titel** im linken Bibliotheksbereich genügt und du kannst eine Liste aus mehreren unterschiedlich animierten Schriftzügen im oberen linken Bereich erstellen. Für eine Vorschau berührst du die Icons mit dem Mauspfeil.

Um einen Videoclip mit einem Titel zu versehen, ziehst du ihn einfach auf die gewünschte Position in der Zeitleiste. Daraufhin erscheint ein neuer Titelclip in der Leiste. Im Vorschaubereich rechts oben siehst du nun die Worte „Titeltext hier eingeben". Führe einen Doppelklick auf den Text aus und gib deinen eigenen Text ein.

Indem du einen Titel in den Zwischenraum zwischen zwei Clips ziehst, wird ein Titelclip mit einem schwarzen Hintergrund erstellt. Alternativ kannst du einen Titelclip auch direkt über einen Videoclip ziehen, woraufhin die Schrift praktischerweise vor dem Video eingeblendet wird. Keine Frage – Apple entwickelt wirklich benutzerfreundliche Software!

Audio hinzufügen

Audio hinzufügen ist eine simple Angelegenheit. Du kannst Audiodateien genauso wie Videos in den oberen linken Bereich ziehen. Im linken Bereich wird deine iTunes-Bibliothek angezeigt, wodurch du bequemen Zugriff auf deine komplette Musiksammlung genießt (Bild 10.8). Sobald du die gewünschte Datei gefunden hast, ziehst du sie ganz einfach über die Zeitleiste. Unter der Videosektion befindet sich ein Icon mit einer Note – hierhin gehören Audiodateien. Erneut kannst du die Länge der Clips mit den Anfasserpunkten links und rechts am Clip variieren.

BILD 10.8 Es geht nur um das Ziehen von Inhalten auf die Zeitleiste. Auch Titel und Audiodateien lassen sich schnell und einfach zum Video hinzufügen.

Fertigen Film exportieren

Sobald dein Video vollendet ist, musst du es nur noch exportieren und ins Web hochladen. Klicke einfach auf **Ablage, Teilen** und wähle die gewünschte Option. Du kannst deinen Film aus iMovie heraus direkt auf YouTube, Vimeo und andere soziale Netzwerke hochladen. Willst du einen Film manuell hochladen (wie später in diesem Kapitel erklärt wird), wählst du unter **Teilen** die Option **Datei** und siehst einen Dialog zum Speichern des Videos. Wähle die Auflösung **720p**, um die höchstmögliche Bildqualität zu erzielen.

Videobearbeitung mit Movie Maker – Windows (kostenlos)

Die Software Windows Movie Maker kannst du unter folgender URL herunterladen: http://windows.microsoft.com/de-de/windows-live/movie-maker.

Der erste Schritt besteht in der Anlage eines neuen Projekts per **Datei, Neues Projekt**. Nun erscheint der zweigeteilte Arbeitsbereich: Links befindet sich die Videovorschau und rechts ein Kasten mit der Aufschrift **Klicken Sie hier, um Videos und Fotos zu suchen**. Nach einem Klick kannst du hier nach den gewünschten Clips suchen, wobei du auch mehrere Dateien auf einmal auswählen kannst. Nach einer kurzen Wartezeit, in der das Programm die Dateien vorbereitet, erscheinen diese als Liste in diesem Bereich. Die Miniaturen der Clips kannst du dann in der gewünschten Reihenfolge in die Zeitleiste ziehen.

Anschließend legst du die Start- und Endpunkte eines jeden Clips fest, indem du die vertikale Linie am Beginn oder Ende eines Clips verschiebst oder per Rechtsklick in den Clip die Option **Startpunkt setzen** oder **Endpunkt setzen** wählst. Wiederhole diesen Vorgang so lange, bis dein Video von unerwünschten Passagen innerhalb der Clips befreit ist.

Titel hinzufügen

Eventuell möchtest du einen erklärenden Titel zu deinem Video hinzufügen. Movie Maker bietet jede Menge ausgefallene Titelvarianten, mit denen du experimentieren solltest. Bewege die vertikale Abspiellinie an den Anfang des Clips, wo der Titel eingeblendet werden soll, und klicke auf **Titel** im Reiter **Startseite** (siehe Bild 10.9). Damit wird ein leerer Titel vor dem ausgewählten Clip eingefügt.

Unterhalb des neuen Titelclips findet sich eine rosafarbene Leiste mit dem aktuellen Datum. Nach einem Doppelklick auf diese Leiste kannst du einen eigenen Text eingeben. Die Änderungen wirken sich auch auf den Titel deines Videoprojekts aus. In den Grundeinstellungen wird die Schrift vor schwarzem Grund dargestellt, doch du kannst die rosa Leiste über einen Clip ziehen, wodurch die Schrift vor dem Video eingeblendet wird.

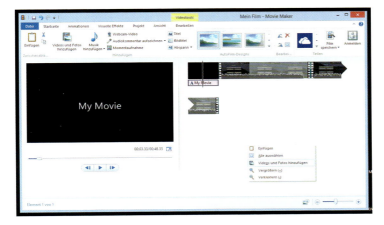

BILD 10.9   Sobald du deine Clips in den rechten Bereich gezogen hast, findest du alle weiteren Werkzeuge für Titel und Audio unter dem Reiter Startseite.

Audio hinzufügen

Wenn du dein Video mit Musik unterlegen möchtest, klicke einfach unter dem Reiter **Startseite** auf **Musik hinzufügen**. Nun kannst du eine Audiodatei auswählen und festlegen, an welcher Stelle sie beginnen soll. Du kannst die Start- und Endpunkte wie zuvor bei den Videoclips festlegen.

Movie Maker kann auch einen Kommentar aufzeichnen, was sehr praktisch ist. Wenn du dein Video selbst kommentieren möchtest, klicke unter **Startseite** auf **Audiokommentar aufzeichnen**. Das Video wird abgespielt und der über Mikrofon oder Headset eingehende Kommentar wird direkt aufgezeichnet.

Fertiges Video exportieren

Wenn dein Werk vollendet ist, musst du es für das Hochladen ins Web exportieren. Klicke dazu auf **Datei, Film speichern** und wähle eine passende Option aus.

Movie Maker erlaubt auch das direkte Publizieren in YouTube, Vimeo und anderen sozialen Netzwerken, indem du die Option **Datei, Film veröffentlichen** wählst. Wähle **Film speichern**, wenn du das Video manuell hochladen willst (dazu gleich mehr), oder entscheide dich für eine Zielplattform wie YouTube oder Vimeo und dein Video wird automatisch im richtigen Format zum Hochladen gespeichert.

Auf YouTube und Vimeo publizieren

Das Hochladen deines fertigen Videos ist recht einfach. Doch bevor du dich für eine Plattform wie YouTube oder Vimeo entscheidest, musst du einige Aspekte abwägen.

YouTube verfügt über eine viel größere Nutzerbasis und wird im Gegensatz zu Vimeo eher als „Mainstream" und soziales Netzwerk gesehen. Und da YouTube zu Google gehört, ist es stark in die anderen Angebote und die Werbeplattform von Google integriert. Wenn du bereits über ein Google-Konto verfügst, musst du dich nicht mehr extra bei YouTube registrieren.

YouTube scheint strengere Maßstäbe für die Integration von Audiodateien in Videos anzulegen – dazu gehört auch die automatische Prüfung von Clips nach Musik, die urheberrechtlich geschützt ist. In einigen Fällen ist das Abspielen solcher Videos auf verschiedenen Geräten und in manchen Regionen nicht möglich. In Ländern mit strikten Copyright-Gesetzen können Videos gar nicht erst verfügbar sein. Wenn du deine Minecraft-Videos mit Musik unterlegen willst, solltest du gezielt auf rechtefreie oder eigenpublizierte Titel zurückgreifen.

> **TIPP**
>
> **Echtzeit-Gameplay auf Twitch**
>
> Twitch hat sich zu einer führenden Plattform zum Teilen von Echtzeit-Gameplay entwickelt – einige Mitglieder verfügen über Hunderttausende Anhänger, die deren coole Videos genießen und von deren Wissen profitieren möchten. Mit einem kostenlosen Turbo-Konto kannst du Videos 60 Tage lang online stellen. Die Idee hinter Twitch ist überaus interessant, doch sorgfältig produzierte Videos, die für immer auf YouTube oder Vimeo zu sehen sind, sind eine Klasse für sich. Bist du dennoch interessiert, besuche www.twitch.tv.

YouTube ist bekannt für überaus ablenkende Werbeeinblendungen beim Betrachten von Videos. Grundsätzlich darf ein Video nicht länger als 15 Minuten sein, doch dieses Limit lässt sich auf Anfrage erhöhen. Der Grund für diese Beschränkung liegt im Kampf gegen Copyright-Verletzungen.

Vimeo ist eine hervorragende Alternative für professionellere Produzenten von Inhalten und bietet ein übersichtlicheres Interface. Neben verschiedenen Mitgliedschaften gibt es auch ein kostenloses Konto mit Einschränkungen in Sachen Länge und Dateigröße von Videos sowie Anzahl der Uploads.

Videos hochladen

Je nach verwendeter Bearbeitungssoftware kannst du deine fertigen Videos auch direkt auf YouTube oder Vimeo hochladen (für den Zugang musst du dich allerdings einloggen). Eine Alternative dazu ist der manuelle Upload. Solltest du kein Konto bei YouTube oder Vimeo haben, musst du dich zunächst registrieren, was bei beiden Plattformen schnell und einfach geht. Wie bereits erwähnt, musst du dich als Mitglied von Google (Gmail- oder Google-Konto) nicht mehr separat registrieren, was den Vorgang deutlich vereinfacht.

Sobald du dich für die bevorzugte Plattform registriert hast, besuchst du die entsprechende Website (www.vimeo.com oder www.youtube.com) und klickst auf **Login**. Du wirst auf dem Startbildschirm landen, der über einen **Upload**-Button verfügt. Von dort aus wirst du auf eine Seite umgeleitet, wo du deine Videodatei auswählst.

Je nach verwendetem Browser und Betriebssystem solltest du mehrere Dateien auf einmal auswählen können. Alternativ kannst du einzelne Dateien zu einer Liste für den Upload-Prozess hinzufügen.

Je nach Dateigröße und Geschwindigkeit deiner Internetverbindung kann es einige Zeit in Anspruch nehmen, bis dein Video hochgeladen wurde (Bild 10.10). Diese Zeit kannst du nutzen, indem du im clever angelegten Interface weitere Angaben zu deinem Video machst, während die Datei im Hintergrund hochgeladen wird.

BILD 10.10 Das Hochladen auf Vimeo und YouTube ist sehr ähnlich. Die Oberflächen unterscheiden sich minimal, die meisten Informationen sind dieselben.

Nachfolgend ein Blick auf die Einstellungen und Infos, die du auf der Upload-Seite vornehmen bzw. eingeben kannst.

Basic-Info

Wie die Bezeichnung schon erahnen lässt, gibst du hier grundlegende Infos ein:

- **Titel** – dieser Eintrag wird in Übersichten und während des Abspielens über deinem Video angezeigt. Stelle sicher, dass der Titel aussagekräftig und gleichzeitig kurz genug zum schnellen Erfassen auf einen Blick ausfällt.

- **Beschreibung** – hier gibst du weitere Details zum Video preis, zum Beispiel über die darin vorkommenden Inhalte.
- **Tags** – Schlüsselwörter, die bei der Suche nach einem Video verwendet werden. „Minecraft" ist in unserem Fall das wichtigste Tag, gefolgt von einzelnen Wörtern, die sich auf den Inhalt deines Videos beziehen. Versuche dich in die Rolle eines Anwenders zu versetzen, der genau nach deinem Video sucht – schon fallen dir die passenden Schlüsselwörter ein.
- **Namensnennungen** – wenn du Musik verwendet hast oder einer Person deinen Dank für die Mitarbeit aussprechen willst, kannst du das in diesem Bereich tun.
- **Vorschaubilder** – eine sehr nützliche Option. Sobald dein Video hochgeladen wurde, kannst du ein kleines Icon definieren, das angezeigt wird, wenn das Video nicht abgespielt wird. Auch in den Suchlisten ist dieses Bild zu sehen. Aus diesem Grund ist es ein omnipräsenter Eyecatcher, der wie der Videotitel mit Bedacht ausgewählt werden sollte. Vimeo bietet dir einige vordefinierte Bilder, doch du kannst auch eine eigene Bilddatei hochladen. Alternativ ermöglicht dir die Software einen Sprung zu einem bestimmten Bild innerhalb deines Videos, das dann als Vorschaubild definiert werden kann. Ziemlich cool, oder?

Speziell bei Vimeo solltest du noch einige weitere Einstellungen vornehmen:

- **Datenschutz** – eine sehr wichtige Registerkarte, in der du festlegst, ob nur bestimmte Personen/Gruppen oder alle Besucher dein Video sehen dürfen. Diese Vorgabe kannst du für jedes einzelne Video anpassen. Darüber hinaus kannst du zulassen oder verbieten, dass andere Personen dein Video in ihre Website oder ihr Blog einbetten.
- **Einbetten** – diese Registerkarte hilft dir bei der Kontrolle über das Erscheinungsbild des Videoplayers, wenn du deine Videos in eine Website oder ein Blog einbettest. In einer Vorschau kannst du das Erscheinungsbild des Players begutachten. Bist du zufrieden damit, kannst du einen HTML-Code generieren lassen, den du in deine Website einbinden kannst, um das Video per Mausklick darin abspielen zu können.

Sobald der Upload vollendet ist, bearbeiten die Backend-Server das Video nach, damit von allen Geräten aus darauf zugegriffen werden kann. Wenn du ein kostenloses Konto verwendest, nimmt dieser Vorgang einige Zeit in Anspruch. Wenn es schneller gehen soll, entscheide dich für eine Mitgliedschaft und deine Videos werden deutlich schneller verfügbar. Du kannst den Browser auch während der Bearbeitung schließen und erhältst dann eine E-Mail, wenn das Video fertig zum Betrachten ist. Diese enthält auch einen Link auf das Video, den du zu Promotion-Zwecken an Freunde, Kollegen oder Familienmitglieder weiterleiten kannst.

> **TIPP**
>
> **Zeit und Mühe sparen per Dropbox**
>
> Wenn du eine Menge Videos hochladen möchtest, kann das über das Standard-Interface ganz schön zeitraubend und anstrengend sein. Aus diesem Grund kannst du deine Videodateien auch direkt aus einem Dropbox-Ordner importieren. Dafür benötigst du ein Dropbox-Konto. Sobald du Dropbox mit Vimeo verbindest, wird jedes in einem bestimmten Ordner abgelegte Video automatisch an Vimeo übergeben, hochgeladen und nachbearbeitet. Du erhältst eine E-Mail, sobald das Video fertig zum Anschauen ist.

Zusammenfassung

Nun verfügst du nicht nur über die nötigen Kenntnisse zur vollen Kontrolle über deine Minecraft-Welt, sondern auch über die richtigen Werkzeuge, um dein Wissen und deine Abenteuer mit der ganzen Welt zu teilen. Nimm ein Video über deine Überlebenstricks in Minecraft auf, um Einsteigern zu helfen, oder inspiriere andere Spieler mit deinen neuesten Bauwerken.

In diesem Kapitel hast du Wissenswertes über Software und Hardware zur Videoaufnahme und über atemberaubende Kamerafahrten mit Keyframes und Objektivausrichtung erfahren. Mit Titelsequenzen und Musik machst du deine bearbeiteten Videos zu kleinen Meisterwerken, die Tausende Minecrafter auf der ganzen Welt genießen können.

Du hast die Werkzeuge, du hast das Wissen – Zeit, die Scheinwerfer einzuschalten!

Dein eigenes Abenteuer bauen

In diesem Kapitel

- erforschst du den Abenteuermodus,
- lernst du das Planen und Implementieren,
- meisterst du die Befehlsblöcke,
- verwendest du Welt-Editoren und hilfreiche Tools,
- veröffentlichst du dein eigenes Abenteuer.

Der Abenteuermodus erlaubt es dir, ein Spiel im Spiel zu erschaffen. Du kannst eine Welt gestalten mit eigenen Regeln, Überlebensbedingungen und schweren Herausforderungen, die der Spieler bewältigen muss. Lass' eine Horde Zombies von der Leine, erfülle die Luft mit Todesschreien oder präsentiere dem Spieler eine friedliche und wunderschöne Welt, die er erforschen kann.

Du hast die volle Kontrolle und die Befehlsblöcke helfen dir dabei.

Auf den nachfolgenden Seiten bauen wir zwar keine komplette Spielwelt, doch ich werde dir die wichtigsten Tipps und Werkzeuge an die Hand geben, damit du deiner Fantasie freien Lauf lassen kannst.

Zunächst werden wir die Unterschiede zwischen dem Abenteuermodus und dem normalen Gameplay von Minecraft untersuchen, bevor wir einen Blick auf die faszinierenden Welt-Editoren werfen, die dir beim Erschaffen ganzer Welten per Terraforming helfen.

Im Abenteuermodus können Blöcke nicht zerstört werden, sodass du den Spieler in einem Labyrinth starten lassen kannst und er sich den Weg nach draußen bahnen muss. Du genießt völlige Freiheit bei der Gestaltung des Parcours – die Welt kann so aussehen, wie du sie dir vorstellst. Auf den folgenden Seiten lernst du, wie du Abenteuer jeder Art (Bild 11.1) konstruierst und steuerst – so, dass die Spieler mehr davon wollen!

BILD 11.1 Alle einsteigen zum ultimativen Abenteuer-Trip!

Abenteuermodus

Der Abenteuermodus wird in der Regel für herunterladbare Karten oder als Grundeinstellung auf bestimmten Servern aktiviert.

Das Spielen einer solchen Karte erfordert ein Höchstmaß an Einfallsreichtum, vor allem während der ersten Stunde des Spiels. All die Unbill des Überlebensmodus mit Mob-Schwärmen und explosiven Gefahren bedrohen deinen Charakter, doch er kann kein Holz für einen Unterschlupf hacken, bevor er nicht eine speziell für diese Aufgabe konfigurierte Axt gefunden hat. Du kannst zwar mit Blöcken interagieren – etwa Knöpfe drücken, Hebel nutzen, Türen und Truhen öffnen – aber möglicherweise keine Blöcke setzen. Je nach Design der Welt findest du dich augenblicklich nach dem Spielstart in einem Kampf auf Leben und Tod und rennst so schnell dich deine verpixelten Beine tragen zum nächsten Dorf oder Unterschlupf, um dort Schutz zu finden. Als unerfahrener Abenteurer solltest du vor dem Start Cheats und/oder Bonustruhen aktivieren, um dir selbst einen Vorsprung zu verschaffen. Aus dem Kreativmodus kannst du per **/gamemode 2** in den Abenteuermodus wechseln. Hohe Chancen auf schnelle Versorgungsgüter bestehen in Dörfern und über Handel, Bonustruhen, Verliese, Spawn-Räume und Schatzkammern.

> **TIPP**
>
> **Ein grauenhaftes Labyrinth**
>
> Ein Irrgarten mit unsichtbaren Wänden und einer faustdicken Überraschung im Zentrum ist eine besonders fiese Herausforderung für deine Spieler. Die Wände errichtest du aus Barrierenblöcken, die du mit dem Kommando **/give <spieler> minecraft:barrier <menge>** im Kreativmodus ab Version 1.8 erhältst. Während du die Blöcke anhand eines roten Icons erkennen kannst, sind sie für den Spieler im Abenteuermodus unsichtbar. Sobald der Spieler im Zentrum angekommen ist, um seine erwartete Belohnung abzuholen, wird er von einer Horde Zombies aus einem versteckten Spender überrascht – nichts wie raus hier!

Planung und Umsetzung

Das Verbot von Cheats dient einem höheren Zweck: Der Abenteuermodus eignet sich ideal zum Teilen von Karten mit anderen und deine mühsam konstruierten Welten sind viel schwieriger zu zerstören. Bevor du dich an die Gestaltung deiner ersten Mehrspielerkarte machst, hier ein Blick auf die populärsten Varianten:

- **Abenteuerkarten** – schicke deine Spieler auf eine Jagd, geleitet von Hinweisschildern, die durch deine Geschichte führen. Der Spieler wird dein Hauptdarsteller und treibt die Handlung durch sein Tun selbst voran.
- **Spielkarten** – für die Ingenieure und Denker unter den Minecraft-Fans: Mache Ernst mit Redstone. Gestalte interaktive Spiele und komplexe Aufgaben wie Verteidigung gegen angreifende Mobs, Achterbahnen, Minigolf oder die Kunst, bei Duellen schneller zu ziehen als der andere.
- **Überlebenskarten** – der ultimative Survival-Test mit einem Minimum an Ressourcen und jeder Menge Herausforderungen. Hier kannst du die Standhaftigkeit deines Spielers auf die Probe stellen. Gib dem Spieler einige Ziele vor, verstecke prall gefüllte Schatztruhen in den dunkelsten Ecken und lasse dann die Zombies auf ihn los, die du im Keller versteckt hältst!
- **Bauwerkkarten** – eine Karte im Schatzjägerstil, wo du Gegenstände zur Vervollständigung eines zentralen Bauwerks versteckst.
- **Kreativkarten** – präsentiere deine in stundenlanger Arbeit konstruierten Städte im Kreativmodus auch anderen Spielern.
- **Spieler gegen Spieler** – errichte eine Bühne für PvP-Kämpfe innerhalb einer feindlichen Umgebung. Für den Kampf gegen Zombie-Horden müssen die Spieler zusammenarbeiten, um sich später beim Sammeln der Belohnungen die Köpfe einzuschlagen. Der letzte überlebende Spieler gewinnt.
- **Parcour-Karten** – auf die Plätze, fertig, los! Ein rasantes Rennen, wobei du durch Hindernisse auf dem Weg zur Ziellinie die Geschicklichkeit der Spieler auf die Probe stellst.
- **Puzzlekarten** – bringe die Gehirne deiner Spieler mit Puzzles, Fallen und Labyrinthen zum Glühen. Durch ansteigenden Schwierigkeitsgrad und wertvolle Belohnungen für die härtesten Herausforderungen bringst du Würze ins Spiel.

Was ist deine Geschichte?

Schnapp dir zunächst Papier und Bleistift, um ein Storyboard zu entwerfen. Diese Vorarbeit wird dir *viel* Zeit sparen! Schreibe all deine Ideen für Hinweise, Rätsel, Richtungsangaben, Belohnungen, Ziele und Levels nieder. Ganz wichtig: Entwickle eine Hintergrundgeschichte für dein Abenteuer, welche die Spieler bei der Stange hält. Warum sind sie auf einer einsamen Insel? Wie viele Hinweise wird es brauchen, um das Rätsel zu lösen? Wer muss gerettet werden? Wer wartet im höchsten Turm auf Besucher? Und wie sieht die große Belohnung am Ende aus? Arbeite dein Abenteuer Schritt für Schritt aus und finde heraus, wie du es am besten präsentierst. Für komplexe Layouts solltest du kariertes Papier verwenden. Redstone-Mechanismen brauchen viel Bauzeit und müssen verborgen werden. Wenn du dir zuvor alle Elemente deines Abenteuers zurechtlegst, wirst du viel schneller damit fertig sein, als wenn du direkt im Spiel herumprobierst.

Definiere alle Parameter früh im Gestaltungsprozess. Du bist der Geschichtenerzähler und bereitest die Welt für die Spieler vor. Als Zeichen von Großzügigkeit kannst du es den Spielern erlauben, bestimmte Blöcke zu zerstören oder für den Bau zu verwenden. Versuch dich in den Spieler hineinzuversetzen und vorauszusehen, wie er sich verhalten wird – einige Beispiele:

- Wenn eine Spitzhacke auftaucht, darf sie verwendet werden?
- Welche Art von Blöcken dürfen (wenn überhaupt) zerstört werden?
- Müssen zwei oder mehr Spieler zur Problemlösung zusammenarbeiten?
- Lassen Mobs Beute fallen?
- Ist Handel mit Dorfbewohnern erlaubt und welche Gegenstände bieten sie an?

TIPP

Immer auf Updates prüfen

Stelle sicher, dass deine Herausforderungen Bestand haben, indem du die Software regelmäßig auf Updates überprüfst, die sich auf die Funktionsweise deiner Karte auswirken könnten. Zur Not musst du neue Features in deine Karte aufnehmen oder neu auftauchende Probleme mit einem Workaround lösen.

Befehlsblöcke meistern

Abenteuerkarten setzen sich aus (virtuellen) physischen Elementen und Scripting-Komponenten zusammen. Das Scripting erfolgt über Befehlsblöcke, die mit Redstone-Energie aktiviert werden und eine Vielzahl von Aktionen ausführen können. Hier eine kleine Auswahl aus dem riesigen Funktionsspektrum:

- Spieler zu bestimmten Orten teleportieren,
- Nachrichten im Chatfenster ausgeben,
- Zeit, Schwierigkeitsgrad und Wetter ändern,

- Gegenstände zum Inventar des Spielers hinzufügen/entfernen,
- Spawnen von Dorfbewohnern, die jeden verfügbaren Gegenstand verkaufen,
- Mob-Spawner erstellen,
- Trank-Effekte auf Spieler anwenden.

Befehlsblöcke erhältst du nur im Kreativmodus, als Operator auf einem Server oder wenn du im Einspielermodus mit eingeschalteten Cheats spielst und dieses Kommando eingibst:

```
/give @p minecraft:command_block
```

Nachdem du einen Befehlsblock platziert hast, kannst du mit einem Rechtsklick dessen (noch leere) Konsole öffnen – der Ursprung aller Magie. Im Grunde gibst du über eine Anweisung dir selbst oder einem anderen Spieler einen oder mehrere Gegenstände oder ein Regelset, das an einen Gegenstand gebunden ist. Klicke auf **Fertig,** um das Befehlsfenster zu schließen, und der Befehlsblock ist betriebsbereit. Um das Kommando auszuführen, muss der Befehlsblock über einen Hebel, eine Druckplatte oder Ähnliches mit Redstone-Energie versorgt werden.

Nachfolgend lernst du die wichtigsten Kommandos und ihre Funktionsweise kennen. Eine umfassende Liste findest du unter http://minecraft.gamepedia.com/Commands.

So setzt sich die Befehlszeile zusammen

Jede Befehlszeile setzt sich aus drei Teilen zusammen: Befehl, Selektor und Spezifikation (Bild 11.2). Wir betrachten jede Komponente einzeln.

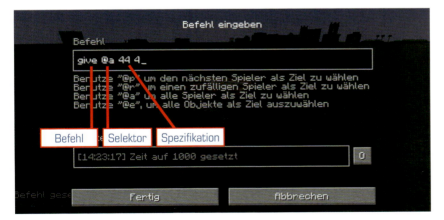

BILD 11.2   Jede Befehlszeile besteht aus drei Grundkomponenten: Befehl, Selektor und Spezifikation. Jede Komponente enthält unterschiedliche Informationen. Mit ein wenig Erfahrung kannst du mehrere Spezifikationen auf einmal festlegen, um die Resultate zu verfeinern.

Selektoren

Zunächst musst du dich entscheiden, auf wen sich der Befehl auswirkt. Wer bekommt die Beute, wer wird bestraft? Du hast vier Optionen, die sich auch ganz einfach durch einen Spielernamen ersetzen lassen:

- `@p` – nimmt den dem Befehlsblock am nächsten stehenden Spieler ins Ziel,
- `@r` – wählt einen zufälligen Spieler auf dem Server aus,
- `@a` – nimmt alle Spieler auf dem Server ins Ziel,
- `@e` – wählt alle Spieler als Ziel aus.

Befehle

Befehle steuern, wie sich die umgebende Welt auf den Spieler auswirkt. Du kannst XP (Erfahrungspunkte) oder Stufen verleihen, wegnehmen oder löschen, teleportieren, Spielercharaktere indirekt töten, Eigenschaften von Gegenständen und Tränken verändern und vieles mehr.

In der folgenden Liste sind die spitzen Klammern Platzhalter für Ziele oder Werte, die du eingeben musst. So wird zum Beispiel <Name> in der Befehlszeile durch „steve" ersetzt. Eckige Klammern enthalten Werte, die du eingeben kannst – der Befehl wird auch ohne diese Angaben funktionieren. Hier einige Beispiele:

- **[Menge]** – wie viele Gegenstände/Aktionen möchtest du ausgeben? Füge den Wert als Zahl mit Leerzeichen auf jeder Seite ein. Legst du keine Menge fest, wird der Wert automatisch auf 1 gesetzt. Der Höchstwert bei Gegenständen liegt bei einem Stapel, wobei -1 ein unendlich verfügbares Item generiert.

- **[Daten]** – viele Gegenstände unterscheiden sich durch Farbe, Oberfläche usw. Diese Items (z.B. verschiedenfarbige Glas-, Ton-, Wollblöcke oder Variationen von Sandstein, Blumen und Ähnliches) werden durch eine „Daten"-Nummer hinter ihrer ID spezifiziert. Gib die ID und durch ein Leerzeichen getrennt die Datenspezifikation ein. So erhältst du z. B. mit **44 4** eine Ziegelstufe.

Gegenstände werden durch ihren Namen oder ihre ID spezifiziert. Eine Übersicht findest du unter http://minecraft-de.gamepedia.com/ID_Liste.

Nachfolgend einige hilfreiche Befehle für Abenteuer:

- Gegenstände als Belohnung oder Herausforderung an Spieler übergeben:

    `give <spieler> <gegenstand> [menge] [daten]`

- Gegenstände von Spielern entfernen:

    `clear [spieler] [gegenstand] [daten]`

(Wird kein Gegenstand unter **[daten]** vorgegeben, wird das ganze Inventar gelöscht. Bei einer Vorgabe unter **[daten]** wird die Gesamtmenge der Gegenstände gelöscht.)

- Sofortige Mob-Invasion oder Entfernen aggressiver Mobs:
    difficulty <neuer schwierigkeitsgrad>
    (0 = friedlich, 1 = einfach, 2 = normal und 3 = schwer. Somit kannst du per Knopfdruck alle aggressiven Mobs verschwinden lassen.)
- Wechsel des Spielmodus als Bestandteil deiner Abenteuergeschichte:
    gamemode <modus> [spieler]
    (0 = Überlebens-, 1 = Kreativ- und 2 = Abenteuermodus.)
- Mit dem Befehl **say** gibst du Nachrichten an die Spieler aus, während sie dein Abenteuer bewältigen, um die ganze Sache interessanter zu gestalten:
    say <spieler> <nachricht>
    Mit dem Selektor kannst du die Nachricht auf bestimmte Spieler beschränken.
- Eine private Nachricht senden:
    tell <spieler> <nachricht>
    Ähnlich wie der Befehl **say**, mit dem Unterschied, dass der Spieler eine private Nachricht („flüstern") erhält. Unter Verwendung deines eigenen Namens in einem Befehlsblock nahe deiner Eingangstür kannst du diesen Befehl für eine Art Alarmanlage verwenden.
- Spawn-Punkte von Spielern nach dem Tod des Charakters verändern:
    spawnpoint
    spawnpoint <spieler> <x y z koordinaten>
    Der obere Befehl setzt den Spawn-Punkt an den Ort des Befehlsblocks, der untere Befehl enthält Spawn-Koordinaten für einen anderen Ort.
- Halte Spieler wach, indem du zwischen Tag und Nacht umschaltest:
    time set <wert>
    Jede Spielstunde entspricht 1.000 Stunden, sodass ein 24-Stunden-Tag aus 24.000 MC-Einheiten besteht. Der Tag beginnt bei Stunde 1.000 und die Nacht bei 13.000.
- Spule den Tag beliebig nach vorne wie in einem Film:
    time add <wert>
- Teleportiere die Spieler von einer Herausforderung zur nächsten. Bedenke, dass du zunächst die Koordinaten notieren musst, falls das Ziel ein bestimmter Ort, eine Falle oder eine Kiste sein soll und dass die Spieler nicht im Erdboden oder hoch in der Luft erscheinen (obwohl das auch sehr lustig sein kann!):
    tp <spieler> <x y z koordinaten>

- Einige Variationen des Standard-Teleports:
  - `tp @p @r @r` teleportiert einen oder zwei zufällige Spieler zueinander.
  - `tp @a @p` teleportiert alle Spieler zum jenem Spieler, der dem Befehlsblock am nächsten steht.
  - `tp @a[l=<wert>]`, wobei `l` Spieler mit dem Maximum von `<wert>` Erfahrungsstufen entspricht.
  - `tp @a[lm=<wert>]`, wobei `lm` das Minimum an Erfahrungsstufen für jeden Spieler darstellt.
- Um das Resultat zu verfeinern, kannst du alle Spieler innerhalb eines bestimmten Erfahrungsbereichs auswählen, indem du beide Werte kombinierst:

  `tp @a[l=<wert>,lm=<wert>]`
- Regen, Hagel oder Sonnenschein. Passe das Wetter der Atmosphäre in deinem Abenteuer an, indem du **clear**, **rain** oder **thunder** eingibst:

  `weather <wert> [dauer in sekunden]`
- Belohne Spieler mit Erfahrungspunkten/Levels oder nimm sie ihnen wieder weg, indem du ein Minuszeichen vor den Wert stellst:

  `xp <menge> [spieler]`
  `xp <menge>L [spieler]`
- Es ist deine Geschichte! Du kannst einige Spielregeln vorgeben, die entweder das Attribut **true** (wahr) oder **false** (falsch) benötigen, um zu funktionieren:

  `gamerule <regelname> [wert]`

  Gamerule-Befehle können Folgendes enthalten:
  - **commandBlockOutput** – damit schaltest du die für Spieler sichtbaren Textmitteilungen des Befehlsblocks ein oder aus. Indem du es auf **false** setzt, bekommen die Spieler von der Ausführung des Befehls nichts mit.
  - **doFireTick** – damit legst du fest, ob sich ein Feuer natürlich ausbreitet und dann erlischt (**true**) oder ob es an einer Stelle brennen soll (**false**).
  - **doMobLoot** – das Attribut **true** sorgt dafür, dass Mobs Beute fallen lassen, die der Spieler einsammeln kann. Setze es auf **false** – Pech gehabt!
  - **doMobSpawning** – ist dieser Befehl auf **true** gesetzt, spawnen Mobs ganz natürlich in der Welt. Das Attribut **false** verschafft den Spielern dagegen eine Verschnaufpause (außer du legst ihnen Creeper-Eier neben das Bett ...).
  - **doTileDrops** – ist dieser Befehl auf **false** gesetzt, lassen sich beim Bergbau im Überlebensmodus keine Erzblöcke einsammeln. In den

Grundeinstellungen des Abenteuermodus ist Bergbau nicht erlaubt, doch du kannst eine Ausnahmeregel dafür erstellen.

- **keepInventory** – mach es dem Nazgul gleich und schwinge dein Schwert auch nach deinem Ableben. Eine gute Regel, die mit dem Attribut **true** Anfängern bei der Bewältigung deines Abenteuers hilft. Nach dem Tod behält der Spieler seine Inventargegenstände, Rüstung und Erfahrungspunkte.

- **mobGriefing** – wenn dieser Befehl auf **false** gesetzt wird, leidet die Umgebung nicht unter Mobattacken – sie können keine Blöcke zerstören, aufnehmen oder auf irgendeine Art verändern.

Spezifikation

Indem du der Befehlszeile eine Spezifikation hinzufügst, kannst du die Resultate eingrenzen. Du kannst Parameter wie die Entfernung eines Spielers zum Befehlsblock festlegen und Spieler nach XP, Typ, Spielerteam, Spielmodus usw. filtern.

Eine Spezifikation lässt sich jedem Befehl hinzufügen, der ein @ enthält. Setze die Spezifikation in eckige Klammern am Ende des Befehls. Nachfolgend einige Beispiele, wie Befehlszeilen mit Spezifikation funktionieren.

Zu einem zentralen Punkt teleportieren

Womöglich möchtest du Spieler an einen zentralen Punkt teleportieren:

- Radius:

    ```
    tp @a[r=<wert>]
    ```

    Hier gibt der Wert **r** die Anzahl an Blocks (Radius) zum Befehlsblock vor. In anderen Worten: Alle Spieler innerhalb eines vorgegebenen Bereichs werden teleportiert.

- Minimalradius:

    ```
    tp @p[rm=<wert>]
    ```

    Hier gibt der Wert **rm** die minimale Distanz zum Befehlsblock vor. In anderen Worten: Alle Spieler außerhalb eines bestimmten Bereichs werden teleportiert.

Wenn du ein wenig herumtricksen möchtest, kannst du auch externe Koordinaten vorgeben, die unabhängig vom Befehlsblock sind. So kannst du zum Beispiel **tp @a[x,y,z,r]** nutzen, um alle Spieler in einem Radius (**r**) von **<wert>** Blöcken vom Punkt **x,y,z** auf deiner Karte zu teleportieren (siehe Bilder 11.3 und 11.4).

246 Dein eigenes Abenteuer bauen

BILD 11.3 Mit dem Befehl `teleport` kannst du Spieler an vorgegebene Koordinaten in der Spielwelt schicken.

BILD 11.4 Vom Regen in die Traufe .... Teleportiere Spieler mitten in speziell gestaltete Areale, wie beispielsweise dieses Zombie-Verlies.

Nutzung des Befehls `effect`

Du willst den Einsatz erhöhen? Du kannst zwar keinen Spielercharakter per Befehlsblock direkt töten, doch mit dem Befehl `effect` kannst du ihm indirekt Schaden bis zum sicheren Tod zufügen (siehe Bild 11.5):

```
effect <spieler> <effekt> [verstärker] [sekunden]
```

Befehlsblöcke meistern 247

Hier legt die Effekt-ID fest, unter welchem Effekt der Charakter zu leiden hat, wie sehr dieser Effekt verstärkt wird und wie viele Sekunden er vorhält.

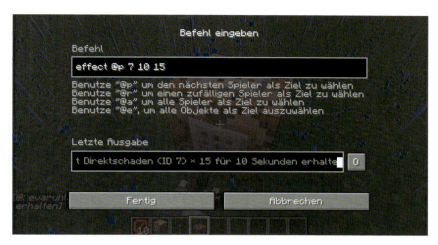

BILD 11.5   Verwende den Effekt „Direktschaden" (ID 7) bei zehnfacher Verstärkung und einer Dauer von 15 Sekunden für einen sicheren Tod.

Hier ein Beispiel:

```
effect @p 7 10 15
```

Wenn dieser Befehl getriggert wird, muss der Spieler von vorne anfangen (siehe Bild 11.6).

BILD 11.6   Verstecke dieses Tötungskommando für unvorsichtige Spieler, die achtlos darüber stolpern.

> **INFO**
>
> **So viele Spezifizierungen wie du willst**
>
> Du kannst die Suche mit weiteren Spezifikationen einschränken – vergiss nicht, jede Spezifikation durch ein Komma zu trennen und die Klammern wieder zu schließen!

Spieler belohnen

Du hast deinen großzügigen Tag? Dafür gibt es eine Spezifikation, die sich zum Belohnen von Spielern eignet. Lass uns alle Spieler im Abenteuermodus ermitteln und sie mit fünf Äpfeln belohnen (Item 260 in unserem Inventar):

```
give @a[m=<spielmodus>] <gegenstand> [menge]
```

Für den Spielmodus gibt es die Optionen 0 = Überlebens-, 1 = Kreativ- und 2 = Abenteuermodus. In der Befehlszeile würde unser Beispiel so aussehen:

```
give @a[m=2] 260 5
```

> **TIPP**
>
> **Fallen korrekt aufstellen**
>
> Bedenke, dass Druckplatten, Stufen und andere „Teilblöcke" trotz ihres Erscheinungsbilds einen ganzen Block Platz einnehmen. Wenn du per Befehlsblock einen Spieler über einer Druckplatte spawnen lassen möchtest, setze die Koordinaten auf einen Block über der Platte. Dann fällt der Spieler von oben auf die Platte und löst den Befehl aus.

Der Komparator

Statt Nachrichten über Befehle wie **/say** und **/tell** auszugeben, kann der Befehlsblock auch einen Komparator ansteuern. Immer wenn der Befehlsblock ein Kommando ausführt, gibt der angeschlossene Komparator das Ergebnis aus, indem er je nach Signalstärke eine Redstone-Spur mehr oder weniger weit aufleuchten lässt. Diese Spur gibt an, wie weit das Spiel fortgeschritten ist – so kannst du etwa sehen, wie viele Spieler von einem Befehl betroffen sind oder wie viele sich in einer bestimmten Gegend aufhalten (Bild 11.7). Du kannst sogar anzeigen lassen, wie viele Spieler über eine hohe XP-Stufe verfügen oder ob sie bestimmte Gegenstände im Inventar tragen. Wenn du die Spieler nicht direkt beeinflussen willst, kannst du diese Ausgabe auch mit dem Spezifikator **/testfor** erhalten. Folgendes Beispiel prüft, wie viele Spieler sich im Spielmodus (**m**) Kreativ (**1**) befinden und sich zehn bis 20 Blöcke entfernt von den Koordinaten **x,y,z** aufhalten:

```
testfor @a[x,y,z,rm=10,r=20,m=1]
```

Der Komparator wird die Redstone-Spur äquivalent zur Anzahl der Spieler aufleuchten lassen, die in das Suchraster fallen.

BILD 11.7 Zwei Redstone-Spuren leuchten auf – es befinden sich also zwei Spieler innerhalb des zehn bis 20 Blöcke großen Radius der Testkoordinaten.

`testfor` ist ein überaus nützlicher Befehl, um den Fortschritt einer Mehrspielerpartie im Auge zu behalten.

Der Befehl `tellraw`

Der Befehl `tellraw` wird statt der Chat-Kommandos **say** und **tell** verwendet. Der Befehl ermöglicht neue Wege der Kommunikation mit deinen Spielern. Der Befehl lässt sich wie üblich in die obere Zeile eines Befehlsblocks eingeben.

Je mehr Elemente du der Befehlszeile hinzufügen möchtest, desto länger wird diese ausfallen. Es gibt eine Standardvorlage zum Hinzufügen neuer Elemente zu einem Befehl – so ähnlich wie das Hinzufügen weiterer Wörter zu einem Satz, um diesen verständlicher zu machen. Der Umgang damit erfordert etwas Übung, aber es lohnt sich auf jeden Fall!

Ein Beispiel: Du möchtest, dass eine Nachricht an den Spieler ausgegeben wird, wenn dieser den Befehlsblock triggert. Das geht auch noch ein wenig origineller. In den folgenden Beispielen sind die jeweils neu hinzugefügten Elemente fett formatiert, sodass du die Befehlsstruktur leichter nachvollziehen kannst.

Hier ist die grundlegende Nachricht, wie sie in den Befehlsblock (Bild 11.8) eingegeben wird und wie sie im Chat-Bildschirm (Bild 11.9) erscheint:

```
tellraw @a {"text":"Gratulation! Du hast die
Zombie-Apokalypse überlebt!"}
```

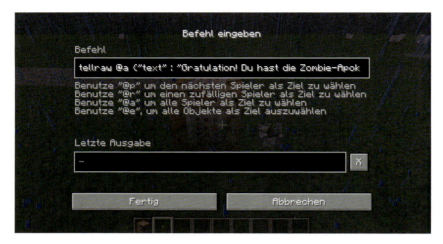

BILD 11.8 Klicke mit der rechten Maustaste auf deinen Befehlsblock und gib in die obere Kommandozeile den Befehl `tellraw` ein.

BILD 11.9 Die Nachricht in der Chatleiste des betreffenden Spielers

Lass uns nun mit einem weiteren Element die Farbe des Textes ändern:

> `tellraw @a {"text":"Gratulation! Du hast die Zombie-Apokalypse überlebt!","color":"red"}`

Nun erscheint die Nachricht wie in Bild 11.10 in roter Textfarbe.

BILD 11.10 Mit dem Element **color** änderst du die Textfarbe innerhalb der Befehlszeile – hier ein auffälliges Rot.

Wenn du deiner Nachricht noch mehr Text (optional in einer anderen Farbe) hinzufügen möchtest, wiederhole den ersten Teil der Befehlszeile innerhalb der Klammern und trenne beide durch ein **"extra"** zwischen den Kommandos. Vergiss nicht, jede neue offene Klammer am Ende auch wieder zu schließen. Das Resultat siehst du in Bild 11.11 und die dazugehörige Befehlszeile sieht aus wie folgt:

> tellraw @a {"text":"Gratulation! Du hast die Zombie-Apokalypse überlebt!","color":"red","extra":[{ "text":" Deine Belohnung ist irgendwo in der Burg versteckt!","color":"gold"}]}

BILD 11.11 Du kannst mehrere unterschiedliche Instruktionen mit verschiedenen Formatierungen als neue Textelemente hinzufügen.

252   Dein eigenes Abenteuer bauen

Nun soll der zusätzliche Text schwebend eingeblendet werden – dazu fügen wir der existierenden Befehlszeile das Kommando **hoverEvent**, wie immer getrennt durch ein Komma, hinzu:

```
tellraw @a {"text": "Gratulation! Du hast die
Zombie-Apokalypse überlebt!","color": "red",
"hoverEvent": {"action": "show_text",
"value":"Deine Belohnung ist irgendwo in der
Burg versteckt!"}}
```

Im Chatbereich sehen wir nun die zusätzliche Nachricht, sobald wir den Mauspfeil wie in Bild 11.12 über den Text bewegen.

BILD 11.12 Die Hover-Funktion eignet sich hervorragend zum Verstecken von „Bonus-Text".

Zuletzt fügen wir eine Aktion hinzu, die den Spieler zur nächsten Herausforderung auf der Karte schickt. Wir teleportieren den Spieler für eine Schatzjagd in unsere mittelalterliche Burg (Bild 11.13). Bedenke, dass du für die Eingabe des Teleport-Befehls zunächst die gewünschten Koordinaten ermitteln musst.

```
tellraw @a {"text": "Gratulation! Du hast die
Zombie-Apokalypse überlebt!","color": "red",
"hoverEvent": {"action": "show_text",
"value":"Deine Belohnung ist irgendwo in der
Burg versteckt!"},"clickEvent": {"action":
"run_command","value": "/tp @p x y z"}}
```

Mit dem Befehl **tellraw** kannst du eine Vielzahl witziger Dinge anstellen. Eine komplette Übersicht über die verfügbaren Elemente findest du unter *http://minecraft.gamepedia.com/Commands*. Wenn deine Befehlszeilen partout nicht funktionieren wollen, versuche es mal mit einem Tellraw-Generator wie dem von Ezekiel, den du unter http://ezekielelin.com/tellraw/ findest.

BILD 11.13 Die Teleport-Funktion ist ein lustiger Weg, Spieler zu den verschiedenen Herausforderungen auf deiner Karte zu schicken.

Werkzeuge und Hilfsmittel zur Weltgestaltung (Mittelerde nachbauen ...)

Gameplay (Puzzles und Hindernisse), Storyline und Szenario sind wichtige Aspekte einer guten Karte. Dein Ziel ist es, dein Abenteuer herausfordernd für die Spieler zu gestalten, ohne die Benutzerfreundlichkeit und den Spaß beim Erforschen zu vergessen.

In Kapitel 5 hast du Programme wie MCEdit, World Painter, World Edit und Voxel Sniper kennengelernt, mit deren Hilfe du die physischen Attribute deiner Abenteuerkarte verändern kannst. Dazu gehören das Hinzufügen von 3D-Formen und das Importieren derselben, Terraforming (einen Berg auftürmen oder einen Ozean ausgraben) und Malen (Schnee zu Wald umwandeln und umgekehrt). Du kannst die Größer bestimmter Sehenswürdigkeiten verändern, ganze Areale einebnen, entfernen oder erweitern und dein Abenteuer mit selbst gestalteten Monstern und Mob-Texturen bereichern.

Wenn du einige tolle Ideen für die Gestaltung deiner Abenteuerkarte im Kopf hast, dir aber die nötigen Programmierkenntnisse fehlen, versuche es mal mit einem Tool wie http://mcreator.pylo.si/, das dich bei deinem Bauvorhaben unterstützt. Damit kannst neue Blöcke, Pläne, Lebensmittel, Mobs, Pflanzen, Biome und viele weitere Elemente ins Spiel bringen, um deinem Abenteuer Leben einzuhauchen.

Darüber hinaus unterstützen dich zahllose Standard-Mods beim Gestalten deiner Karte. Wenn du zusätzliche Mods oder Texturpakete für deine Abenteuerkarte verwendest, solltest du die entsprechenden Links in die Beschreibung packen, damit sich die Spieler die nötigen Dateien herunterladen können.

Hier einige Beispiele für Mod-Funktionen als Inspiration zur Gestaltung deiner Abenteuer:

- Bearbeite die Spielercharaktere und verleihe ihnen neu geformte Körperteile.
- Mische heftige Sprengpulver und nutze sie für Raketen, Signalfeuer und Bomben.
- Verändere Buchtitel und Autorennamen auf Büchern.
- Füge allen Gegenständen Verzauberungen hinzu.
- Stelle Kugeln her, die Pflanzen superschnell wachsen lassen, Dinge in Brand setzen, explodieren, Blitze einschlagen lassen oder Blöcke einfrieren/austrocknen.
- Erschaffe herabfallende Wollblöcke, die wie Sand oder Kies zu Boden fallen, wenn sie nicht gestützt werden.
- Baue eigene Läden für deine Dorfbewohner.
- Fülle Spender in rauen Mengen mit allen möglichen Gegenständen.
- Verändere Farbe, Stärke und Effekt deiner Tränke.
- Versehe normale Inventargegenstände mit Verzauberungen.
- Stelle Kugeln her, die Blöcke aus der Oberwelt in Netherblöcke verwandeln.
- Wechsle zum „Sandbox"-Modus, um Änderungen in deiner Welt ohne Speichern zu testen (z. B. für großflächige Zerstörung).
- Reduziere den Fallschaden und spawne Mobs, die Kugeln verwenden.
- Passe die Erkennungsfähigkeiten von Spawnern an.
- Verändere die Namen von Gegenständen im Inventar.
- Variiere die Angriffskraft, Geschwindigkeit und die Spawn-Orte von Mobs.
- Und noch viel, viel mehr ...

Dein eigenes Abenteuer publizieren (und damit Noobs erschrecken ...)

Das Beste an der Gestaltung eines eigenen Abenteuers ist – natürlich! – das Teilen mit anderen Spielern. Scheue dich nicht, der riesigen Community an Kartendesignern und Enthusiasten beizutreten, die sich mit Hingabe in deine neuen Welten stürzen werden. Bevor du eine Karte hochlädst, solltest du sie umfassend testen. Stelle sicher, dass all deine Schilder, Trigger, Redstone-Schaltkreise, Befehle und Herausforderungen so funktionieren wie vorgesehen. Um eine Karte weiterzugeben, musst du sie zunächst in ein .rar- oder .zip-Archiv packen, um den Download zu beschleunigen. Die Dateien der Karte findest du in deinem .minecraft-Ordner im Unterverzeichnis „saves". Lade die Datei auf einen Filesharing-Service wie Dropbox hoch und gib den entsprechenden Link im Upload-Formular für Minecraft-Karten einer Website zum Teilen von Minecraft-Karten ein. Stelle dabei sicher, dass du die Regeln der jeweiligen Site einhältst. Hier einige der fantastischen Online-Communities, auf denen du deine Abenteuer publizieren kannst:

- www.minecraftmaps.com
- www.planetminecraft.com
- www.minecraftforum.net
- www.minecraftworldshare.com

Fertige ein paar Screenshots deiner fertigen Karte an und füge diese zu deinem Kartenprofil hinzu. Schreibe eine Zusammenfassung der besten Features und Herausforderungen, sodass die Spieler einen Eindruck von deinem Abenteuer bekommen. Füge alle positiven Feedbacks hinzu und nutze negative Kommentare als Chance zum Verbessern deines Abenteuers.

INFO

Griefing (von engl. „to grieve", jemandem Schmerzen zufügen)

Während die meisten Mods harmlos sind, gibt es einige speziell auf das Verursachen von Schaden in Mehrspielerwelten ausgelegte Mods. Sogenannte „Griefer" bilden oft ganze Teams, um mit modifizierten Items so viel Schaden wie möglich anzurichten – etwa Häuser mit Massen von TNT sprengen, das Setzen unkontrollierbarer Feuer oder das Generieren von Server-Lags durch übermäßiges Spawnen von Mobs oder Chat-Spam. Du kannst deinen Server mit einem Anti-Griefing-Plug-in von Bukkit (www.bukkit.org) vor solchen Vandalen schützen. Wenn nötig, verwende ein Plug-in zum Rollback/Login, um angerichteten Schaden während einer Mehrspielerpartie ungeschehen zu machen. Allgemein solltest du gefährliche Materialien wie Lava, TNT, Spawner und Feuer in Abenteuerkarten strikt limitieren.

Zusammenfassung

Die Gestaltung einer Abenteuerkarte ist ein hervorragender Weg, deine Lieblingsherausforderungen in eine Mehrspielerumgebung einzubauen. Baue, erschaffe, erobere! Nutze die Gelegenheit, der ganzen Welt deine Redstone-Kenntnisse, Baufertigkeiten und Fähigkeiten zum Entwickeln kniffliger Puzzles zu präsentieren und in ein spannendes Erlebnis für andere Spieler zu verwandeln. Verwandle deine Karte mit Tools zur Weltgestaltung in eine gigantische Filmkulisse, die deiner Story würdig ist. Du kannst die Höhlen von Moria nachbauen und die Spieler auf Schatzsuche in einen Hinterhalt rennen lassen oder dein Abenteuer in luftiger Höhe innerhalb einer Arena mit gehirnzermarterndem Puzzles, Labyrinthen und waghalsigen Sprüngen stattfinden lassen. Die Möglichkeiten sind endlos – wähle dein eigenes Abenteuer und begib dich auf eine unerwartete Reise!

Index

Zahlen

2D-Pixelbilder, 123
3D, 124
   Konvertierungsprogramm, 125
   Software
      Binvox, 125
      Blender, 125
      Trimble SketchUp, 125

A

Abenteuermodus, 238-256
   Befehlsblöcke, 240-253
   Belohnung übergeben, 242
   Kartentypen
      Abenteuer-, 239
      Bauwerk-, 239
      Kreativ-, 239
      Parcour-, 239
      Puzzle-, 239
      PvP-, 239
      Spiel-, 239
      Überlebens-, 239
   Mobs spawnen/entfernen, 243
   Nachricht senden, 243
   Online-Communities, 255
   Planung und Umsetzung, 239
   Publizieren, 254-255
   Spieler auswählen, 242
   Spielercharaktere töten, 247
   Spieler teleportieren, 244, 245
   Spielmodus ändern, 243
   Storyboard, 239-240
   Tageszeit verändern, 243
   Werkzeuge und Hilfsmittel, 253-254
   Wetter ändern, 244
Abschlussblock, 50
Abstandsblock, 27, 28
Ankerwaggon (Railcraft), 214
Antriebsschiene, 33, 42, 50, 74, 121
Architekturtisch (BuildCraft), 175
Auflösung, 223

B

Bahnhof, 43
   Railcraft, 209
Barren
   Eisen, 74, 99, 114, 196, 210
   Gold, 74
   Stahl, 208, 213
BatPack (IndustrialCraft), 194, 196
Batterie (IndustrialCraft), 191, 196
Bauen, 95-130
   Außenbereich, 122
   Außenwände, 111, 117
   Badezimmer, 119
   Baumhaus, 115
   Bodenbelag, 98
   Bodenplatten, 119
   Bögen, 127

Dach, 98
   komplexes, 104-106
   Sattel-, 102-104
Dekorationstechniken, 118-122
Erkerfenster, 101
Fenster, 119
Feuerstelle, 122
Fußboden, 119
Grundmauern, 96
Grundriss, 95, 101
Heckenlabyrinth, 122
Iglu, 116-118
im Ende, 129
im Nether, 129
Kreise, 127
Kugeln, 127
Kuppel, 117
Langhaus, 111
Luftschloss, 127
mehrstöckig, 98
Panoramafenster, 98
Planungsphase, 96
Pool, 122
Ressourcen, 95
Steinfundament, 111
Straßen, 110-111
Stützpfeiler, 99
Toilette, 119
Trennwände, 119
Treppen, 110
Veranda, 101
Wände, 119
Wendeltreppe, 115
Wikingerhaus, 112

Baustil
   ägyptisch, 113
   elfisch/märchenhaft, 115
   japanisch, 106
   mittelalterlich, 96
   Steampunk, 114
   viktorianisch, 101
   Wikinger, 111
   zeitgenössisch, 108

Befehle
   /gamemode spectator, 68
   /time set day, 71

Befehlsblöcke, 240-253
   Befehlszeile, 241-253
     Befehle, 242-245
     Selektoren, 242
     Spezifikation, 245-248
   Komparator, 248
   tellraw, 249

Bergbau, 95
   IndustrialCraft, 197-199

Bergbaubohrer (IndustrialCraft), 194

Bergbaulaser (IndustrialCraft), 193

Bergbaumaschine (IndustrialCraft), 197
   erweiterte, 198

Bett, 61

Beute
   aufsammeln, 92
   aufsaugen, 74
   automatisch einsammeln, 73
   zerstören, 84

Bewehrungsstab (Railcraft), 213

Bildbearbeitung
   16-Bit-Farbformat, 123
   Bildgröße, 123
   Farbpalette, 123
   Raster, 123
   Software für, 123

Biom, 96, 185
   Ebene, 185
   Ozean, 93
   Sumpf, 68, 185
   Taiga, 185
   Tropen, 185

Wald, 185
Wüste, 113, 185
Blaupause (BuildCraft), 175-178
Blöcke
  Andesit, 38
  Barrieren, 238
  Birke, 96
  Bruchstein, 53, 87, 96, 106, 114, 115, 129, 157
    bemooster, 53
    gefleckter, 59
    rauer, 59
  Eiche, 96
  Eis, 118
  Eisen, 96
  Erde, 27, 37, 46, 117, 186
  Glas, 31, 59, 70, 78, 82, 91, 129
  Glasscheibe, 119
  Glowstone, 37
  Gold, 96
  Holz, 55, 59, 196
  Kiesel, 129
  Laub, 119, 185
  Lava, 83, 88
  Netherstein, 119
  Noten, 26
  Quarz, 119
  Sand, 108, 206
  Schleim, 30
  Schnee, 110, 112, 120
  schwebende, 59
  Stein, 59, 89, 96
    bemooster, 115
  TNT, 67, 90, 140
  Ton, 206
  transparente, 84
  Tropenholz, 115
  undurchsichtige, 70, 78
  Wasser, 75, 82
Block-Update, 26

Brecheisen (Railcraft), 211
Bruchstein, 53, 157
  gefleckter, 59
  rauer, 59
Brunnen, 59
BUD (Block Update Detector), 24-27, 32, 54
BuildCraft, 155-180
  Bauplanbibliothek, 178
  Energieleitung, 163-172
  Energiesystem, 162
  Extraktionsrohr
    hölzernes, 198
  Grundkonzepte, 155-156
  Inventarmenü, 157
  Kraftwerk, 163, 173
  Logikgatter, erweiterte, 178
  Minenbohrer, 165-167
    Energieverwaltung, 167
    in Reihe schalten, 166
  Motoren, 162-165
    Betriebsstatus, 169
    Kreativ-, 162
    Kühlwasser, 168
    Redstone-, 162, 165
    Stirling-, 162, 163
    Treibstoff-Slot, 164
    Verbrennungs-, 162, 167
  Ölfeld, 167
    erschließen, 170
  Pumpe, 167
    Öl-, 168
    Wasser-, 167
  Raffinerie, 167, 171-172
  Rohre, 157-162, 209
    Fassaden, 178
    Stöpsel, 170
    versiegeln, 170
  Rohrverkabelung, 178
  Schablone, 175-178
    explosive, 176

Sortieranlage, 160
Sortiersystem, 157
Steinbruch, automatisierter, 172-175
Transportrohre
   diamantenes, 158, 198
   Emzuli-, 162
   gestreiftes, 161
   hölzernes, 157, 165
   löschendes, 160, 173, 198
   Obsidian-, 161
   Smaragd-, 160
Tutorial, 179
Verbrennungsmotor, 167-170
   Explosionsgefahr, 169
   Kraftwerk, 168
   Treibstoff, 170
Burg, 97

C

Cheats, 239
Chunk, 61, 62, 68, 73, 93

D

Dach
   -balken, 105
   -fassade, 107
   -fenster, 103
   -first, 107
   Flach-, 110
   -garten, 110
   Giebel, 102
   Glas-, 100
   komplexes, 104
   -linie, 100
   -rinne, 101
   Sattel-, 100, 102, 107, 112
   Traufrinne, 103
Dachkonstruktion, 100
Dampfmaschine, 114, 209

Debug-Bildschirm, 68
Dekorationsblöcke, 101
Diamant, 61, 165, 194
Diamantkopfbohrer (IndustrialCraft), 194
Dimmer, 131
Diode, 40
Doppeltruhe, 90
Dorf, 225
Dorfbewohner, 44, 46
Drachenei, 129
Drop. *Siehe* Beute
Dropbox, 235, 254
Druckplatte, 88, 89, 91, 120, 121, 149
Düngemaschine (IndustrialCraft), 185, 192

E

Eimer, 54, 69, 165
Einrichtungsgegenstände
   Aquarium, 121
   Blumentopf, 113
   Braustand, 96
   Bücher, 96
   Bücherregal, 121
   Fernseher, 121
   Kamin, 101
   Kessel, 96
   Kronleuchter, 101, 121
   Kühlschrank, 120
   Lampe, 96, 121
   Laterne, 106
   Lounge-Lampe, 121
   Notebook, 121
   Regale, 96
   Schrank, 115
   Sessel, 121
   Stockbett, 121
   Stuhl, 121
   Zahnräder, 115
Einspielermodus, 96, 122, 140

Einstellungsrahmen, 138
Enderkristall, 129
Enderperle, 129
Enderportal, 97
Endertruhe, 61
Endstein, 129
Energieleitung (BuildCraft)
  Diamant-, 167
  hölzerne, 163, 169
  Pflasterstein-, 163
  Quarz-, 169, 173
Energypack (IndustrialCraft), 194
Erntemaschine, 27
Erstickungsvorrichtung, 91
Erz, 53
  Diamant, 61
  Eisen, 188, 196
  -generator, 54
  Gold, 188
  Obsidian, 53
  Zinn, 196
Extraktionsrohr (BuildCraft)
  hölzernes, 168, 171
Extraktor (IndustrialCraft), 199

F

Fackel, 69, 121, 186
Faden, 67, 87
Fallentruhe. *Siehe* Redstone-Truhe
Falltür, 106, 121, 129
Farmen, 23-52
  automatische, 27-52
  einstöckige, 32
  Getreide, 44-47
  Karotten, 44-47
  Kartoffel, 44-47
  Kürbis, 36-43, 144
  Melonen, 36-43
  vollautomatische, 42

Zuckerrohr, 27-32
Feuerball, 88
Feuerzeug, 89
Flachland, 24
Flammenwand, 89
Flüssigkeitsrohr (BuildCraft), 168
Forge, 16, 181, 218
  Multipart, 143
Füller (BuildCraft), 179

G

Gatter
  NICHT-ODER-, 136
  UND-, 41, 58, 88, 92, 144
Generator
  Bruchstein-, 59, 161
  Stein-, 59
Generator (IndustrialCraft), 195
Glasblock, 82, 91
Gleis, 43, 74
Gleisbett, 216
Glowstone, 37, 49, 96, 113, 115, 121, 129, 130
Gold, 168
Google-Konto, 232
Graben, 82
Grafik-Mods, 22
Griefing, 255
Grinden, 67
Grundgestein, 61, 68, 129, 172
Gummi (IndustrialCraft), 196, 199
Gussform
  Eisblöcke, 116
  Netherportal, 61

H

Harz (IndustrialCraft), 188
  klebriges, 196
HazMat-Schutzanzug (IndustrialCraft), 200

Hebel, 38
Hilfsblöcke, temporäre, 59, 100
Hochofen (Railcraft), 212-213
Holz, 59, 112, 164, 195, 206
  -knopf, 41, 60
  -kohle, 88, 164, 195, 206
  -zaun, 89
Hühnerreiter, 81

I

Iglu, 116
IndustrialCraft, 181-204
  Bergbau, 197-199
    -maschine, 197
  Energie (EU) erzeugen, 195-197
  Farm
    quadratische, 189
    Streifen-, 186-188
  Kabel, 196
    Leitungskapazität, 199
  Landwirtschaft, 183-193
  Nuklearreaktor, 199-202
    Brennstab, 200
    Hitzeabzug, 200
    Inventar, 201
    Reaktorkammer, 201
  Pflanzen kreuzen, 185-193
  Rüstungen, Waffen und Werkzeuge, 193-195
  Unkrautvernichtung, 188
Inventar, 77, 157
  -slot, 47
Inverter, 26, 48
Itemlader (Railcraft), 216

J

Jetpack (IndustrialCraft), 193

K

Kabel aus roter Legierung (Project:Red), 145
Kabel, isolierte (Project:Red), 151
Kaktusfalle, 85
Kartentypen, 239
Kettensäge (IndustrialCraft), 194
Knopf, 40
Kohle, 88, 164, 165, 174, 195, 207
  Holz-, 88
Koksofen (Railcraft), 206-208
Kolben, 25, 37, 42, 54, 88, 92, 119, 145, 208
  klebriger, 30, 37, 145
  oszillierender, 25
  pulverisierende, 91
Kolbenernter, 37
Kombinationsschloss, 131
Komparator, 33, 42, 48, 90, 91, 132, 136
  Vergleichsmodus, 133
Kompressor (IndustrialCraft), 199
Konstrukteur (BuildCraft), 176
Kreativinventar, 182, 190
Kreativmodus, 70, 95, 116, 143, 157, 167, 179, 224
Kreativmotor (BuildCraft), 158
Kreuzungsblock (IndustrialCraft), 185
Kürbiskopf, 37

L

Labyrinth, 238
Landschaft
  Bäume, 122
  Gefälle, 86, 88
  natürlich, 122
  Terraforming, 142, 217, 253
  Topografie, 122

Landwirtschaft, 23-52, 182. *Siehe auch* Farmen
  Ackerboden, 45
  Dorfacker, 45
  Feld, 44
  IndustrialCraft, 183-193
  Saatgut, 44, 46
  Sortieren, automatisches, 47-51
LAN-Party, 140
Lapislazuli, 96
Launcher, 5-10
  alternative, 11-19
  Parameter, 7
  Profil, 7
  Profil, neu, 7
  Snapshots, 6
  Standard-Minecraft-Launcher, 6
Lava, 26, 54, 59, 75, 88, 164, 172
  -block, 83
  -brunnen, 60
  Eimer, 77
  fließende, 54
  -fluss, 76
  -kanal, 75, 77
  -klinge, 74
  -Quellblock, 61, 79
  -see, 62, 80
Lavaklinge, 82
Lavasee, 84
Leiter, 76, 83, 129
Lichtstärke, 68, 69
Lohenstaub, 88
Lore, 32, 42, 47, 50, 121, 140
LUA, 217
Luftaufnahmen, 224
Luftqualität, 185

M

Magmawürfel, 129
Mapping-Tools, 122
Massenfabrikator (IndustrialCraft), 199
MCEdit, 125, 126
Mehrspielerkarte, 239
Mehrspielerserver, 96, 178
  Regelwerk, 96
Minecraft, 5
  API, 16
  Auflösung, 8
  Client, 10
  Grafikeinstellungen, 62
  Konto, 6
  Login, 6
  Snapshot, 6
  Vanilla, 10, 58, 140, 182
  Version, 6
  Verzeichnis, 7
  Weltgröße, maximale, 61
  Weltoptionen, 24
    Flachland, 69
    Redstone Ready, 24
    Welttyp, 24
Minecraft-Schematics, 115
Minecraft-Schematics.com, 126
Minenbohrer (BuildCraft), 165-167
Minen, verlassene, 69
Mob-Fallen, 82-92
  Erstickungssystem, kolbenbasiertes, 91-92
  Graben, 82-84
  Kaktus, 84-87
  Werfer, 87-90
Mob-Farmen, 67-82
  Grinder, 73-82
    Lavaklinge, 75-77
      kompakte Ausführung, 78-82

Spawner, 68-70
  kolbenbasiert, 70
  wasserbasiert, 69

Mobs
  Beute, 73
  Creeper, 61, 67, 82, 132
  Enderman, 130
  Fallen, 82
  Fallschaden, 72
  Ghast, 89, 130
  Hexe, 75
  Hühnerreiter, 81
  in Brand setzen, 80
  Lohe, 88
  Skelett, 67, 82, 87, 89
  Spawn-Radius, 93
  Spawn-Rate, 80
  Spinne, 67, 69, 70, 82, 85, 89
  Spinnen, 87
  Wither, 61
  Zombie, 46, 67, 82, 89, 238

Modpack, 11
  Installer, 11, 20
    ATLauncher, 21
    Feed the Beast, 21
    Technic Launcher, 20
  Tekkit, 179
  XRay, 225
  Zombe, 225

Mods, 5, 6
  BuildCraft, 127, 155
  Bukkit, 255
  Camera Studio, 225
  Chicken Chunks, 93
  ComputerCraft, 217
  Forestry, 179, 217
  Forge, 16, 155, 181, 218
  Forge Multipart, 143
  Galacticraft, 216
  IndustrialCraft, 181
  Management, 10-11
  MCEdit, 122, 125, 126, 253
  Mcreator, 253
  Modpack, 11
  MultiMC, 11, 142, 218
  Not Enough Items, 143, 155, 181, 200
  Project:Red, 142
  Railcraft, 205-218
  REI's MiniMap, 195
  Voxel Sniper, 253
  VoxelSniper, 122
  World Edit, 253
  WorldEdit, 122
  WorldGuard, 140
  World Painter, 253

Mojang, 5, 122
Motor (BuildCraft), 162-165
MultiMC, 11
  Mods hinzufügen, 15

N

Nano-Säbel (IndustrialCraft), 193
NanoSuit (IndustrialCraft), 193
Nether, 61, 69, 129
  -festung, 130
  -portal, 61
  -quarz, 129
  -stein, 129
  -ziegel, 99, 129, 130
NICHT-ODER-Gatter, 136
Noobs, 90
NOR-Gatter. *Siehe* NICHT-ODER-Gatter
Nuklearreaktor (IndustrialCraft), 199

O

Oberwelt, 129
Obsidian, 53, 129, 165
  -generator, 61
  -säule, 130

ODER-Gatter, exklusives (Project:Red), 149
OD-Scanner (IndustrialCraft), 197
Ofen, 26, 57, 59, 119, 206
    Bruchstein-, 195
    Schmelz-, 195
Online-Communities, 255
Open-Source, 122, 125
OR-Gatter (BuildCraft), 169
OV-Scanner (IndustrialCraft), 194
Ozeanbiom, 93

P

Pergament, 113
Pestizid (IndustrialCraft), 185
Pfeil, 67
Pflanzen
    Aurelia (IndustrialCraft), 183
    Bambus, 108
    Ferru (IndustrialCraft), 183
    Getreide, 27
    Gummibaum (IndustrialCraft), 196, 199
    Hopfen (IndustrialCraft), 184
    Kaffee (IndustrialCraft), 184
    Kakao, 185
    Kakteen, 27, 82, 84, 113
    Karotten, 27
    Kartoffeln, 27
    Kirschbaum, 106
    Klebriges Schilf (IndustrialCraft), 183, 188
    Kürbisse, 27, 36, 185
    Lianen, 115
    Lilie, 106
    Melonen, 27, 36, 185
    Rotweizen (IndustrialCraft), 184
    Schilf (IndustrialCraft), 183
    Seerosen, 115
    Sonnenblumen, 115
    Terrawarze (IndustrialCraft), 184
    Tropenblätter, 115

Unkraut (IndustrialCraft), 185
Wasserlilien, 108
Weizen, 185
Zuckerrohr, 106, 113, 186
Pflastersteinrohr (BuildCraft), 157
Photoshop, 123
Platten (IndustrialCraft)
    Eisen, 196
    Zinn, 196
Platzmarker (BuildCraft), 173, 175
Portal, 61
    Ender-, 97
    Nether-, 61
Profile, 7
    Editor, 10
Project:Red, 142-152
    Core, 148
    Integration, 148
    Kürbisfarm automatisieren, 144-148
    Logikgatter, 148
    Rohre, 152
    Sammel- und Sortiersystem, 144
    Transmission, 150
    Transportation, 152
    Verkabelung, 150
    Zufallsgenerator, 149
Prozessorleistung, 223
Publizieren, Karten, 254
Pulsformer (Project:Red), 146, 147
Pumpe (BuildCraft), 167
PvP-Modus, 129

Q

Qblock, 125
Quantum-Stiefel (IndustrialCraft), 193
Quarz, 108
QuickTime, 223

R

Rahmen, 131
   als Widerstandsregler, 131
Railcraft, 205-218
   Gleisbett modifizieren, 216
   Koksofen bauen, 206-208
   Schienen herstellen, 208-213
   Tunnelbohrer, 213-215
      Bohrkopf, 214
      Konfiguration, 215
Rankhilfe (IndustrialCraft), 185, 186
Redstone, 24, 131-154
   Block, 25, 27
   Block Update Detector, 24
   Diode, 40
   Fackel, 25, 27, 33, 34, 41, 43, 49, 50, 92, 120, 133, 136, 138, 173
   Hebel, 38, 40, 50, 140, 145, 157, 163, 200
   Holzknopf, 41, 60
   Impuls, 27, 40, 47, 55, 87, 90, 216
   Impulsfrequenz, 56
   Inverter, 26, 33, 48, 55
   Knopf, 40
   Kombinationsschloss, 131-140
   Komparator, 33, 34, 42, 48, 90, 91, 132, 136
      Vergleichsmodus, 133, 136
   Lampe, 49, 87, 132
   modulares Design, 137
   Reihenschaltung, 55
   Schaltkreis, 25
   Signal, 90
   Signalstärke, 47, 49, 138
   Staub, 25, 27, 133, 196
   Steinknopf, 39, 60, 88
   Tageslichtsensor, 91, 140
   Timer, 88
   Truhe, 90
   UND-Gatter, 41
   Verstärker, 37, 40, 43, 48, 90, 133, 138
   Verteilersystem, intelligentes, 140-142
   Verzögerungsschaltkreis, 40
Redstone-Motor (BuildCraft), 158
Ressourcenpakete, 10
   ChromaHills, 19
Roboter (BuildCraft), 156
Rüstung, 182
   NanoSuit (IndustrialCraft), 193
   Quantum-Stiefel (IndustrialCraft), 193
   Solarhelm (IndustrialCraft), 194

S

Saatbeutel, 185
Saatgut, 44, 161
Samenanalysierer (IndustrialCraft), 190-193
Sand, 157
Sandstein, 113
Satteldach, 102, 107
Säule, 70
Schablone (BuildCraft), 175-178
Schaltkreis, 25
   instabiler, 25
Schiene
   Antriebs-, 33, 42, 50, 74, 121
   Aufnahme- (Railcraft), 211
   Aufzug- (Railcraft), 211
   Hochgeschwindigkeits- (Railcraft), 212
   Katapult- (Railcraft), 211
   Kopplungs- (Railcraft), 211
   Kreuz (Railcraft), 212
   normale (Railcraft), 208-218
   Routenführung, 141
   Sensor-, 36, 140
   Sperr- (Railcraft), 211
   T-Kreuzung, 36, 140
   verstärkte (Railcraft), 212
   Weiche, 140

Schienenbettersetzer (Railcraft), 216
Schild, 76, 83, 90
Schleimblock, 30
Schließmechanismus, 138
Schmiedehammer (IndustrialCraft), 195
Schnee, 116
Schraubendreher (Project:Red), 145
Schraubenschlüssel (BuildCraft), 158, 167, 174
Schraubenschlüssel (IndustrialCraft), 198
Schwarzpulver, 67, 88
Schwimmbecken, 100
Seelensand, 129
Seitenschneider (IndustrialCraft), 195
Sensorschiene, 36, 140
Sequenzer (Project:Red), 145
Server
   Mehrspieler, 6, 96, 122, 175, 178
Setzling, 185, 186
Sicherheitsplattform, 78
Sichtweite, 62
Signalstärke, 47
Smaragd, 174
Snapshots, 6
Solarhelm (IndustrialCraft), 194
Solarmodul (IndustrialCraft), 191
Solarzellen, 108
Sortieranlage, 47
Sortiersystem, 48, 142
Spawn, 67
Spawn-Ei, 77
Spawner-Ei, 89
Spawnpunkt, 61
Spawn-Punkt, 69
Speicher, 223
Spender, 57, 89, 114, 120, 145, 147, 238
   Füllstand, 90
Spielmodus
   Abenteuer, 238-256

Einspieler, 96, 122, 140
Kreativ, 70, 77, 95, 116, 143, 157, 167, 179, 224
PvP, 129
Überleben, 69, 74, 88, 95, 116, 143, 157
Spinnen
   Kanäle für, 69
Spinnweben, 96
Spitzhacke, 59
Spleef, 58
Springbrunnen, 178
Stahl, 114
Statue, 178
Stein, 59
   -generator, 59
Steinknopf, 39, 60, 88
Steinschienenbett (Railcraft), 213
Steinschwelle (Railcraft), 213
Stock, 185
Stolperdraht, 92
Straßenbau, 110
Strömungslimit, 80
Stufe, 105, 107, 112, 122
   Stein-, 46, 213
Swimmingpool, 110

T

Tageslichtsensor, 91
Tageszeit, verändern, 243
Tank (BuildCraft), 167
Teeröl (Railcraft), 206
Teleportieren, 244
Terraforming, 142
Texturpakete, 119
T-Kreuzungen (BuildCraft), 159
TNT, 67, 90, 140, 176
Ton, 113
Transportsystem, 42
Treppe, 112

Trichter, 30, 34, 37, 41, 42, 43, 46, 47, 57, 76, 80, 84, 91
  Füllstand, 47
  Gitter, 74
  Inventar, 47
  Lore, 74
  Raster, 81
  Standard-, 74
Truhe, 41, 46, 74, 76, 129, 157, 164, 165, 209
  Doppel-, 81, 90, 158
  Ender-, 61
Tunnelbohrer (Railcraft), 213
Tür, 137

U

Überlebensmodus, 49, 69, 74, 88, 95, 116, 143, 157
  Fliegen im, 225
UND-Gatter, 41, 58, 88, 92, 144
UND-Gatter (Project:Red), 149
Updates, 240
UU-Materie (IndustrialCraft), 200

V

Vanilla, 10
Verbrennungsmotor (BuildCraft), 167-170
Verladestation, 74, 140
Verstärker, 37, 40, 43, 48
  -Timer, 54
Verstärker (Project:Red), 145, 147
Verteidigungslinie, 89
Verteilersystem, intelligentes, 140
Verzauberung, 59
  Behutsamkeit, 59
Verzögerungsschaltkreis, 40
Video aufzeichnen, 219-236
  Audio und Titel hinzufügen, 227-231
  Auflösung, 223

Bildrate, 220
Dramaturgie, 224
Frame Rate. *Siehe* Video, Bildrate
Full-HD-Video, 224
Hardware-Aufnahme, 220
  AVerMedias Live Gamer Portable, 224
  Elgato Game Capture HD Recorder, 224
High Definition (HD), 224
Kamerafahrten und Animationen, 224-227
  Camera Studio, 224-227
    Aufnahmefunktion, 227
    Kommandos, 226
    Keyframes, 225
    Zeitraffer, 227
  Luftaufnahmen, 224
Publizieren, 231-235
  Basic-Info, 233
  Copyright, 232
  Dropbox, 235
  Twitch, 232
  Videos hochladen, 232
  YouTube, 232
QuickTime-Format, 223
Ressourcen, 223
Software-Aufnahme, 220
  Bandicam for Windows, 222
  FRAPS for Windows, 221
  QuickTime Player for Mac, 222
Timeline, 225
Videobearbeitung
  Exportieren, 230, 231
  iMovie, 227-230
    Audio, 229
    Titel, 228
  Movie Maker, 230-231
    Audio, 231
    Titel, 230
Videoqualität, 223
Windows Media Player, 221
Videoeinstellungen, 8

Vimeo, 231
Voxelization, 125

W

Waffen
  Bogen, 87
  Nano-Säbel (IndustrialCraft), 193
  Pfeil, 87
Waggonspender (Railcraft), 211
Walzmaschine (Railcraft), 208
Wasser, 26, 44, 54, 59, 69, 86, 88
  -becken, 83, 89
  Eimer, 70
  fließendes, 54, 59, 145
  -kanal, 70, 75, 85
  -quelle, 61
Wasserbecken, 46
Wasserfall, 115
Wassergraben, 29
Wasserturm, 40
Weichen, 140
Weltoptionen, 24
Werfer, 39, 44, 87
Werkbank, 119, 160, 196, 208, 213
Werkbank, automatische (BuildCraft), 178
Werkzeuge
  Brecheisen (Railcraft), 211
  Diamantspitzhacke, 61
  Schmiedehammer (IndustrialCraft), 195
  Schraubenschlüssel (IndustrialCraft), 198
  Seitenschneider (IndustrialCraft), 195
  Spitzhacke, 59, 127, 161
Wetter, ändern, 244
Windows Media Player, 221
Windows Paint, 123
Wither, 61
Wolle, 106, 108, 110, 112, 113, 114
WorldGuard, 140
Wüstenbiom, 113

Y

YouTube, 42, 217, 231

Z

Zaunpfahl, 106, 114, 121
Zauntor, 89
Zerkleinerer (IndustrialCraft), 199
Ziegel, 108, 122, 206
Zinnkabel (IndustrialCraft), 196
Zuschauermodus, 69
Zustandszelle (Project:Red), 145

Stephen O'Brien

Das große Minecraft-Buch

*2014, 306 Seiten,
durchgehend 4-farbig, Broschur
€ 19,95 (D)
ISBN 978-3-86490-217-8 (Buch)
ISBN 978-3-86491-560-4 (PDF)
ISBN 978-3-86491-561-1 (ePub)*

Entdecke und gestalte Deine Welt in Minecraft! Dieses Buch steckt voll mit wertvollem Wissen und vielen Tipps & Tricks, die der Autor auf seinen langen Streifzügen durch Minecraft gesammelt hat. Er erklärt Dir genau und Schritt für Schritt, was Du für maximalen Spielspaß wissen und können musst - vom Überleben der ersten Nacht bis zum Aufsetzen Deines eigenen Minecraft-Servers.

Andy Hunt

Programmieren lernen mit Minecraft-Plugins

*2015, 312 Seiten,
durchgehend 4-farbig, Broschur
€ 24,90 (D)
ISBN 978-3-86490-220-8 (Buch)
ISBN 978-3-86491-671-7 (PDF)
ISBN 978-3-86491-672-4 (ePub)*

Mit diesem Buch lernst du, deine eigenen Minecraft-Plugins zu programmieren – brennende Kühe, fliegende Creeper, Funktionen zum Teleportieren und vieles mehr. Du entwickelst deine Plugins in der Programmiersprache Java und auf einem Minecraft-Server, den du selbst aufsetzt (mit CanaryMod).

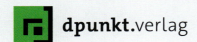

Wieblinger Weg 17 · 69123 Heidelberg
fon 0 62 21/14 83 40
fax 0 62 21/14 83 99
e-mail   hallo@dpunkt.de
http://www.dpunkt.de

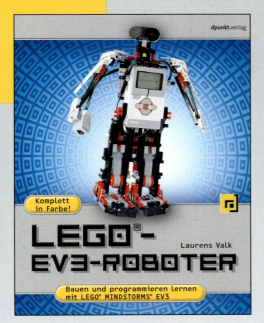

Laurens Valk

LEGO®-EV3-Roboter

Bauen und programmieren lernen mit
LEGO® MINDSTORMS® EV3

Bestseller-Autor und Robotik-Experte Laurens Valk vermittelt dir zuerst die Grundlagen der Programmierung und Robotik, indem du einen einfachen Roboter baust und programmierst, der sich bewegt und mit Sensoren auf seine Umwelt reagiert. Danach kommen zunehmend raffiniertere Roboter an die Reihe, an denen du fortgeschrittene Programmier- und Bautechniken kennenlernst.

Fünf tolle Roboter werden im Detail beschrieben: EXPLOR3R (ein Fahrzeug, das Sensoren verwendet, um in einem Raum zu navigieren), FORMEL EV3 Rennroboter, ANTY (eine sechsfüßige Roboterameise, die ihr Verhalten an ihre Umgebung anpasst), SNATCH3R, ein Roboterarm, der autonom ein Blinklicht finden, ergreifen und bewegen kann) und LAVA R3X (ein Maschinenmensch, der läuft und spricht).

Mehr als 150 Entdeckungs- und Konstruktionsaufgaben werden Dich anregen, eigene Roboter zu erfinden.

2015, 394 Seiten,
komplett in Farbe, Broschur
€ 27,90 (D)
ISBN 978-3-86490-151-5

 dpunkt.verlag

Wieblinger Weg 17 · 69123 Heidelberg
fon 0 62 21/14 83 40
fax 0 62 21/14 83 99
e-mail hallo@dpunkt.de
www.dpunkt.de

„Er (Valk) setzt nichts voraus, sondern erklärt alles, und er hilt den Anfänger genau da ab, wo er gerade steht. (...) Eine besondere Stärke des Buches ist, dass der Autor seine Leser immer wieder einlädt, selber auf Entdeckungsreise zu gehen. Dafür streut er - je nach Thema - immer wieder kleine Aufgaben ins Buch (...) Eine weitere Stärke ist der geschickte Mix aus Theorie und Praxis." (...) Natürlich kommt er um Fachbegriffe nicht herum, aber er verliert sich nicht im „Fachchinesich".
Das kann längst nicht jeder Fachmann (...) Laurens Valk ist so einer: den kann man weiterempfehlen!"
(1000steine.de)

Jordan Robert Schwartz

LEGO® kreativ

Außergewöhnliche Wege zu tollen Modellen

LEGO-Designer Jordan Schwartz entdeckt für Sie LEGO als künstlerisches Medium und enthüllt dabei kaum bekannte und kreative Wege, um beeindruckende Modelle mit LEGO zu bauen.

Von effektvollen Kompositionen bis hin zu komplizierten Textur-Designs gewährt Ihnen der Autor Einblicke in seine Kreativarbeit, und Sie lernen dabei sowohl realistische als auch stilvolle Modelle zu entwerfen. Er zeigt Ihnen auch unkonventionelle Einsatzmöglichkeiten für bestimmte Accessoires (zum Beispiel Arme oder Pistolen) und beschreibt ungewöhnliche Wege, um Nicht-Legoteile wie Reifen und Schläuche zu integrieren.

Farbige Bilder inspirierender Modelle werden begleitet von Interviews mit innovativen LEGO-Künstlern.

2014, 286 Seiten,
komplett in Farbe, Broschur
€ 24,90 (D)
ISBN 978-3-86490-181-2

„Es ist nebenbei auch ein intimer Einblick in die Denke eines LEGO-Lohn-Designers und allein schon deswegen ist dieses Buch lesenswert. (Und wie dann erst sehenswert!) Es verdankt sich dem weiteren Glücksfall, dass der Autor Schreiben als seine zweite Leidenschaft bezeichnet, und das spürt man in jedem Satz.
Derart anschaulich, bescheiden und sprachlich fettfrei hat man noch nie jemanden über LEGO philosophieren hören. Der junge Mann vereinigt zwei überaus seltene Begabungen, und wir wollen doch mal stark hoffen, dass wir nicht zum letzten Mal von ihm gehört haben."
(1000steine.de)

 dpunkt.verlag

Wieblinger Weg 17 · 69123 Heidelberg
fon 0 62 21/14 83 40
fax 0 62 21/14 83 99
e-mail hallo@dpunkt.de
www.dpunkt.de